一本书读懂恩格斯

刘建军　主编

全国百佳图书出版单位
时代出版传媒股份有限公司
黄　山　书　社

图书在版编目（CIP）数据

一本书读懂恩格斯 / 刘建军主编 . — 合肥 : 黄山书社 , 2024.3

ISBN 978-7-5461-5513-5

Ⅰ . ①一… Ⅱ . ①刘… Ⅲ . ①恩格斯著作研究 Ⅳ . ① A811

中国版本图书馆 CIP 数据核字 (2021) 第 110928 号

一本书读懂恩格斯
YIBENSHU DUDONG ENGESI

刘建军　主编

出品人　葛永波
策　划　马　磊　张　锐
责任编辑　张　锐
责任校对　马文旭
装帧设计　观止堂 _ 未　氓
责任印制　李　磊
出版发行　黄山书社（http://www.hspress.cn）
地址邮编　安徽省合肥市蜀山区翡翠路 1118 号出版传媒广场 7 层 230071
印　刷　安徽新华印刷股份有限公司
版　次　2024 年 3 月第 1 版
印　次　2024 年 3 月第 1 次印刷
开　本　700mm × 1000mm　1/16
字　数　273 千字
印　张　18.25
书　号　ISBN 978-7-5461-5513-5
定　价　39.00 元

服务热线　0551-63533706

销售热线　0551-63533761

开篇的话

在 19 世纪的德国有过这样一个人：他是马克思的亲密战友，并与马克思一起共同创立了马克思主义。在这举世无双的二人组合中，他自称“第二提琴手”，马克思则称其为“第二个我”。

——这个人，就是恩格斯。

关于马克思，大家已经有较多的关注——这是完全应该的，而且其实关注还是不够——但对于恩格斯，关注得就比较少了。这是很不应该的。

恩格斯不仅是伟大的革命导师，也是伟大的学者和思想家，还是一位才华横溢、文思泉涌的作家。出自他之手的许多文字，不论是理论著述、宣传作品，还是往来书信，都不仅有很强的思想性，而且有很突出的文学性。

也许可以尝试着从恩格斯这些可读性较强的原典入手，专门为年轻一代打造一本更好认识和了解恩格斯的入门书？这样便有了眼前这本书。

本书从恩格斯大量文稿中精选 47 篇闪耀着思想和文学光辉、值得反复阅读、文质兼美的经典佳作，并配以贴近年轻读者、契合当代生活的理论解读，严谨而生动地呈现出恩格斯的生平历程与思想观点。

本书面向年轻读者，以通俗化的语言，围绕原典，生动讲述恩格斯的生平、人格魅力及重要思想，将马克思、恩格斯的经典思想以深入浅出的方式加以介绍，并发掘这些经典思想的当代价值，以期带领年轻人在走近恩格斯，并继而理解马克思主义的过程中，坚定信仰，获得接续奋斗的力量。

希望青年朋友们，能够轻松地进入一种愉悦、自由又富有挑战趣味的阅读情境中，品读恩格斯、倾听恩格斯、致敬恩格斯。既为投身中华民族伟大复兴事业积蓄力量，也为点亮自己的人生呈现更多可能。

刘建军

2024 年 1 月

目录

CONTENTS

卷一 体悟多彩生活

卷二 科学评论人物

卷三　敏锐洞察社会

卷四　透彻阐述哲理

卷一

体悟多彩生活

不来梅实习生活趣谈

18岁的恩格斯在不来梅商行见习期间，与妹妹玛丽亚通信频繁，时而讲述日常琐事，时而打趣逗妹妹开怀，着实是个可亲、可爱又有趣的青年。

你们准备去克桑滕，这很好，既然妈妈已经答应了姨妈和外婆，你们就安心地去一趟吧，你们要在葡萄收获季节时赶到，那时就能吃个痛快了。我们这儿的园子里也有葡萄，但还没有成熟，不过我们有已经熟了的苹果，乐园苹果，比卡斯帕尔庄园里后来被砍掉的那棵大果树结的苹果美味可口得多。

你要知道，玛丽亚，我们这里养了一只母鸡，它带着出壳还不满一星期的7只小鸡。我们在商行里无事可做时，就到院子里去捉苍蝇、蚊子和蜘蛛；这时老母鸡就从我们手里把虫子叼去喂小鸡。可是有一只小黑鸡，跟金丝雀一般大小，直接从我们手里啄食苍蝇。所有这些小东西都会长成腿上有毛的矮脚鸡。我相信，你一定会很喜欢这只母鸡和它的小鸡。因为你自己就是这样的小鸡。你要说服妈妈，让她明年也养只母鸡来下蛋。我们这里还有鸽子——特雷维腊努斯和洛伊波尔德家都养鸽子，有信鸽和球胸鸽［Kröpper］，这里把它们叫做“王冠鸽”（因为这种鸽子胸前长一撮冠毛，这里管它叫王冠）和“Kropper”。信鸽特别好看。

我们——埃伯莱因和我——每天都喂它们，但是它们不吃野豌豆，这里没有这种豆，而是吃普通豌豆或小山毛榉果子，这种果子没有豌豆大。

你要是有一天能看到这里人群熙攘的早市该多好啊！农妇们穿戴得漂亮极了。特别是软帽和草帽很引人注目。要是什么时候我能从容地观察一个妇女，我想试着画一张速写寄给你。姑娘们把小小的红帽子兜住发髻。老年妇女则把大檐风帽平戴在头上遮住前额，或者戴着前檐镶黑色花边的大丝绒帽。这看上去真别致。

我房间的窗户面向一条巷子，那里常常闹鬼。如果我很晚还未上床睡觉，11点光景就听见巷子里开始闹腾起来了；猫叫狗吠，幽灵或大笑或哀号或敲打邻居的百叶窗。不过所有这一切都是很自然的事，因为巷子里住着一个点路灯工人，11点钟的时候还要出门巡查。

我已经写了整整两页，要是我像你那样，那我现在就会写："好了，我已经给你写了这么多，你现在总该满意了吧，下次我还是给你写这么多。"你就是这么做的；总是用稀稀落落的字填满两页了事，而让另外两面空着。为了证明我不像你那样，我不想以德报德，以怨报怨；我自讨苦吃，密密麻麻地给你写满4页。

今天早晨来了一个理发匠，牧师先生非要我刮刮胡子，说我的样子看起来很丑陋。但是我没有刮，因为爸爸留过话，叫我把剃刀放好，用的时候再拿。爸爸是在两个星期前外出的，在这段时间我的胡子不可能长那么长。我留起乌黑的小胡子之前，我是不刮脸的。而且你也知道，妈妈曾要爸爸给我一副刮脸用具带在身边，而爸爸说这等于怂恿我刮脸，而在曼彻斯特他亲自给我买了一副，不过我没有用它，这是原则问题。

我刚刚看完阅兵回来，这是每天都要在教堂广场上进行的。伟大的汉撒同盟军队在这里进行阅兵。这支队伍由大约40名士兵、25名乐队成员和6—8名军官组成；如果不把鼓手长算在内，所有人的小胡子加在一起，只相当于一个普鲁士骠骑兵的胡子。大多数人根本没长胡子，有些人刚要长胡子。阅兵总共进行了两分钟，士兵们走过来，列队，举枪致敬，再走开。但是音乐很棒（不来梅人说：非常棒，很出色，棒极了）。昨天押回来一个汉撒同盟的士兵，是个逃兵。这家伙是犹太人，在特雷维腊努斯牧师那里听过宗教课，想改宗新教。他开了小差，但没有离开本市，而是给特雷维腊努斯牧师写了一封信，说他在布林库姆，是一个亲戚劝他去那里的。他恳请牧师去说情，以减轻处分。牧师也准备这样做，可是昨天这个家伙忽然在不来梅附近被逮住了，他躲藏的地方也已搞清。这下他要吃苦头了，得挨 60 军棍，这里的士兵是经常挨军棍的。

不来梅城里根本没有犹太人，只有城外住着几个得到特许的犹太人，任何犹太人都无权定居城内。

今天又下了一整天雨。最近一个星期，只有一天没有下雨，其余的日子都在下雨，虽然下得不大。星期天很热，昨天还有些闷热，尽管天空常常乌云密布，可是今天，今天简直叫人受不了。只要一出门，就会浑身湿透。你们那里情况如何？我现在要给妈妈写信。小傻瓜们，你们和坎佩曼一家言归于好了吗？

再见，玛丽亚。

你的哥哥　弗里德里希

——（写于 1838 年 8 月 29 日），选自《马克思恩格斯全集》第四十七卷，人民出版社 2004 年版，第 84—86 页。标题为编者所加。

解读

恩格斯出生在德国莱茵省巴门的一个经营漂白和纺纱的家族，家境富裕，兄弟姐妹众多。恩格斯是家中长子，妹妹玛丽亚比恩格斯小 4 岁，排行老三。少年恩格斯早在 16 岁就初学商业，1838 年 7 月，还不满 18 岁的恩格斯被父亲派去不来梅的一家商业贸易公司实习，父亲期待恩格斯逐渐学会经商赚钱以便日后接手家族企业。在不来梅期间，恩格斯开始享受以前在家乡巴门狭小范围内不可能的体验。恩格斯当时是一个不拿薪水的办事员，工作不受严格监督，且在外有一处稳定住所，安然享受着不来梅这个大都会的舒适生活。

不来梅是德国北部的大城市，距离恩格斯的故乡巴门约 300 千米。恩格斯抵达不来梅后，便一直与母亲伊丽莎白、妹妹玛丽亚等家人保持通信。实习之余，恩格斯有着充足的休闲时间，生活饶有趣味。在给妹妹玛丽亚的信中，恩格斯充分展现了自己日常生活的闲情雅致。

首先是生活环境。花园里有着葡萄和苹果，还养着一只孵了 7 只小鸡的母鸡。平时恩格斯会在园子里与小动物们玩耍，恩格斯还在信中逗趣妹妹“你自己就是这样的小鸡”“小傻瓜”。由此可见恩格斯和妹妹玛丽亚的感情笃实，经得起将对方比喻成小动物来打趣的玩笑。除此之外，恩格斯还养了两只不同品种的鸽子，并给它们起了可爱的名字。

其次是逛早市。恩格斯向妹妹描摹了不来梅早市的风貌，他对妇女别致的穿戴和装扮啧啧称奇，还想画一张速写寄给玛丽亚。在人群熙攘、充满烟火气的早市上，恩格斯流露出了对生活的热爱和好奇心，不然他又怎会细致地关注到姑娘们用红帽子兜住的发髻呢？除了逛早市，恩格斯还向妹妹展现自己丰富有趣的日常见闻，比如巷子闹鬼、拒绝牧师给自己刮脸、汉撒同盟军队操练等。刚到不来梅安顿不久的恩格斯，对一切事物都充满新鲜感且迫切想与家人们分享。

最后恩格斯还以略带娇嗔的口吻抱怨玛丽亚写给自己的信字数少，希望玛丽亚能多向自己告知自身近况，这里面饱含着对妹妹浓烈的想念之情。恩格斯还说“我不想以德报德，以怨报怨；我自讨苦吃，密密麻麻地给你写满 4 页”，青年恩格斯着实可爱。

恩格斯刚到不来梅时的景象，和大多数小镇青年初涉大城市时的情况无异。对都市风物充满向往，对新生活满怀期待，对故乡亲人时常思念。恩格斯在不来梅做了两年半的实习生后，在 1841 年作为志愿兵去德国首都柏林服兵役。从此以后，他迈入了更大的世界，生活视野和人生格局进一步打开了。

风　景

年轻人喜欢旅行，喜欢谈论“诗和远方”，崇尚“身体和灵魂都要在路上”。青年恩格斯也是个“背包客”，他在游历欧洲多国后会有哪些所思所获呢？

古希腊很幸运地看到，它的风景的特点通过它的居民的宗教得到了反映。古希腊是一个泛神论的国度。它的全部风景镶在，至少可以说曾经镶在和谐的画框里。它的每一棵树，每一泓泉水，每一座山都太引人注目了，它的天空过分蔚蓝，它的阳光过分灿烂，它的海洋过分浩瀚，所以它们不能满足于雪莱所颂扬的自然精神的纯朴神化，不能满足于包罗万象的帕恩神的纯朴神化；大自然的每一个单独部分也因自己的完美无缺而都要求有自己的神祇，每一条河都有自己的河泽女神，每一片树林都有自己的森林女神——古希腊人的宗教就是这样创立起来的。其他地区没有这样幸运，没有哪一个民族把景物作为自己信仰的基础，它们只好等待诗人来唤醒沉睡在它们之中的宗教神灵。当你站在宾根郊区的龙岩山或罗胡斯山上，越过葡萄藤飘香的莱茵河谷眺望同地平线融成一片的远远的青山、洒满金色阳光的郁郁葱葱的田野和葡萄园、河里倒映的蓝天，这时，你会觉得明朗的天空垂落大地，并且在大地上反映出来，精神沉浸于物质之中，道成肉身并且生存于我们中间——

这就是具体化了的基督教。北德意志荒原同这种情景完全相反，那里无非是干枯的草茎和意识到自己柔弱而不敢从地面挺立起来的羞怯的欧石南；有些地方可以见到原来是坚韧挺拔而现在被雷电劈倒的树木；天空越是晴朗，它就越是扬扬自得地远离垂头丧气地躺在它面前的该诅咒的贫瘠大地，就越是会用它的眼睛，太阳，怒视着光秃秃的寸草不生的沙地：这里就表现了犹太人的世界观。

不少人咒骂荒原，整个文学充满了对它的诅咒，普拉滕在《奥狄浦斯》中也仅仅把荒原当作讽刺作品的陪衬。人们不屑于探寻荒原上那罕见的迷人的特征、揭示它那隐蔽的诗一般的魅力。其实，只有生活在风光明媚的地方，生活在葱郁苍茫的山坳中的人，才能真正感觉到北德意志的撒哈拉的恐怖和绝望，也才能有兴趣去寻找这块地方那种隐蔽的、像利比亚的海市蜃楼那样不常见的美。只有易北河左岸的马铃薯田才蕴藏着真正的德意志式的单调平凡。而萨克森人这个有着丰功伟绩的德意志部落的故乡，即使是一片荒凉也是富有诗意的。在暴风雨之夜，云像魅影似地在月亮四周飘浮，远处犬吠不已，你可以跨上骏马奔向茫茫荒原，在风化的花岗岩石块和巨大的坟丘之间纵马驰骋。远处，沼泽地的水洼映着月光，磷火在它的上面闪耀，暴风雨阴森可怖的呼啸声在辽阔的平原上震荡，大地在你的脚下颤动，你会感到好像进入了德国民间传说中的境界。只有当我熟悉了北德意志荒原，我才真正懂得了格林兄弟的《儿童和家庭童话集》。所有这些童话几乎都发生在这里：夜幕降临，人间的一切都消失了，而民间幻想中令人恐惧的、不成形的东西在大地上空一掠而过，荒凉的大地即使在晴朗的白天也使人胆寒。这些故事表现了荒原上一个孤独的居民在暴风雨之夜穿越自己乡土或从高塔上眺望荒凉的原野时的种种感情。于是，童年时代留下的荒原上暴风雨之夜的印象又在他的眼前浮现，并且形成了童话。在莱茵河流域或在士瓦本，你们听不到民间童话产生的秘密。然而在这里，每一个闪电之夜——按劳伯的说法，电光闪闪之夜——都以阵阵雷鸣叙述着这一点。

我为荒原辩护而倾吐的蛛丝，若不是缠在倒霉的、涂着汉诺威国旗颜色的路标上，也许会随风飘游，不绝如缕。我久久地思索着这些颜色的意义。普鲁士王国国旗的颜色本身固然不能表明蒂尔施在自己拙劣的普鲁士国歌中想要表明的色彩，但是，无论如何这些颜色的平淡无奇仍然会使人想起那冷酷无情的官僚制度，想起那普鲁士政权下的莱茵地区居民尚未完全理解的东西。可以看出，黑白之间的尖锐对比，犹如专制君主制中君臣之间的关系一样分明。既然按照牛顿的说法，白与黑原来根本不是颜色，那么它们的含意就可能是：专制君主制下奉公守法的思想方法是根本不带有任何色彩的东西。汉撒各城市居民的鲜明的红白旗至少在过去是合适的；法兰西的智慧在三色旗上大放异彩，连淡漠的荷兰也把这个旗子的颜色据为己有，看来，这大概是为了自我揶揄吧；当然，最美丽、最有意义的，无疑还是倒霉的德意志三色旗。可是汉诺威旗子的颜色呢！请设想一下，一个身穿白色裤子的纨绔子弟整个小时越野似地在渠边和刚刚犁过的土地上奔跑，请设想一下罗得的盐柱——昔日的汉诺威的 Nunquam retrorsum（“决不回头”，指汉诺威盾形徽章上的题字。恩格斯借此影射恩·奥古斯特宣布重新回到 1819 年的宪法。——编者注）的例子，很多人都可引为鉴戒，——请设想一下，没有教养的贝都英青年向这个高贵的纪念物抛掷土块，那你就可以得到一根绘有汉诺威徽章的界桩了。也许，白色表示清白无瑕的国家根本大法，而黄色表示某些御用文人用来溅脏根本大法的污泥吧？

如果要指明各地的宗教特点，那么荷兰的风景实质上是加尔文教派的。远望荷兰风景，十分单调平凡、没有灵性，与此相配的只有灰色的天空，这一切给人的印象，就像多德雷赫特宗教会议绝对正确的决议给我们留下的印象一样。风车，这种在风景中惟一活动着的景物，使人想起命运所选定的东西，它只有靠着神的那点儿安排才能转动；其他一切都处于“精神死亡”的状态。莱茵河，它像活跃涌动的、生气勃勃的基督教精神，在干涸的正统思想里正在失去自己肥沃大地的力量，而且必将完全被泥沙所淤积！隔河相望，对面荷兰那边的河岸就是这样；据说，该国的其他地方比较美，可是我不熟悉这些地方。——鹿特丹绿树成荫的码头、运河和舟楫，在来自德意志内地的小城市居民看来就是一片沙漠中的绿洲了；在这里你会懂得，弗莱里格拉特的幻想何以能随着离去的三桅舰奔向远方，奔向更繁茂的河岸。往前又是讨厌的泽兰诸岛，除了芦苇和堤坝、风车、钟声和鸣的教堂尖塔，就什么也没有了。轮船令人烦躁地穿行于这些岛屿之间！

最后，当我们走下庸人思想的堤坝，从令人窒息的加尔文教派的正统教义束缚下冲出来，进入自由精神的广阔天地时，我们感到多么惬意啊！赫尔弗特斯莱斯港消失了，瓦尔河的左右两岸都倒映在澎湃欢腾的浪涛之中，含沙的黄色河水变得一片墨绿，现在让我们忘掉已经过去的一切，兴高采烈地奔向碧透澄澈的河水！

你还是把加在你身上的痛苦
统统忘掉！
一心一意地走上
广阔的自由大道。
苍穹低垂，
与大海拥抱；
你被分成两半，
海空之间哪有通路可找？

苍穹低垂，
拥抱着美丽的寰宇；
它亲吻着寰宇，
陶醉于它美丽的肢体。
爱情的波涛，
急剧涌起；
你啊，你被分成两半，

怎能把自己的行程坚持到底？

看啊，爱的上帝
降临凡尘，
而人是
爱情永驻的保证！
上帝不正是
在你心中长存？
让它自然而然地流露吧，
做配得上它的人！

你攀上船头桅杆的大缆，望一望被船的龙骨划破的波浪，溅起的白色泡沫从你头顶高高地飞过；你再望一望那遥远的绿色海面，那里，波涛汹涌，永不停息，那里，阳光从千千万万舞动着的明镜中反射到你的眼里，那里，碧绿的海水同倒映在水中的蔚蓝色的天空以及金色的阳光交融成一片奇妙的色彩；——那时候，你的一切无谓的烦恼、对敌视光明的人和他们的阴谋诡计的一切记忆都会消失，并且你会融合在自由的无限精神的自豪意识之中！我只有过一次印象能够同这种体验相比：当最了不起的一位哲学家的神的观念，19 世纪最宏伟的思想，第一次呈现在我面前的时候，一阵同样幸福的战栗在我身上掠过，宛如从晴空飘来的一阵清新的海风吹拂在我身上；思辨哲学的深邃，宛如无底的大海展现在我面前，使那穷根究底的视线，怎么也无法从海上移开。我们是在神的怀抱中生活，行动，存在！在海上，我们开始意识到这一点；我们感到周围的一切和我们自己都充满了神的气息；整个大自然使我们感到如此亲切，波涛是如此亲密地向我们频频点头，天空是如此可爱地拥抱着大地，太阳闪烁着非笔墨所能形容的光辉，仿佛用双手就可以把它抓住。

太阳正在西北方徐徐沉落；在太阳左面，一条闪闪发光的云带突现在海面上，这是肯特州的海岸，是泰晤士河南岸。暮霭笼罩着大海，只是在西方，天空和大海披上了紫红色的晚霞；东方的天空闪耀着深蓝色，在那上面金星已经熠熠发光；在西南方，马盖特沿地平线伸展开来，城中房子的窗户上映着晚霞，像一条射出迷人光辉的金色长带。现在，你可以挥舞帽子，并且斟满酒杯，愉快地欢呼，向自由的英国致敬吧。晚安，祝你愉快地醒来时已到了伦敦！

你们这些从未见过火车，却抱怨火车单调乏味的人，现在就请坐一坐从伦敦开往利物浦的列车吧。如果说世界上有一个可以乘火车穿越全国的国家，那就是英国。这里没有令人眼花缭乱的美丽景色，没有崇山峻岭，但是这个到处都有缓缓起伏的丘陵的国家，在不太明亮的英国式阳光的照耀下却有着神奇的魅力。你会对那些经过简单的点缀所形成的各种组合感到惊讶；大自然用几座小丘、一片田野、一些树木和放牧的牲畜制作出千万幅优美的风景。田野上零散的和成片的树木与田野显得异常美丽，使得整个地区就像一座花园。接着是隧道，它使火车在黑暗中行驶几分钟以后进入峡谷，从这里出来你又会突然置身于欢乐的阳光灿烂的田野上。有个地方，铁路要经过一座高架桥，跨过一条很宽的山谷，紧底下是城市和村庄，树林和牧场，一条小河弯弯曲曲流经其间，左右两边都是连绵不断的山峦，而诱人的峡谷在阳光下变幻莫测——有时云雾缭绕，有时阳光明媚。但是你刚刚来得及看一眼这奇妙的地方，便已经离开了它，进入光秃秃的峡谷，这时你才有时间用想像去回忆这幅神奇的画面。就这样一直到夜幕降临，睡魔使你闭上因眺望而感到疲倦的双眼！啊，不列颠内地蕴含着多么丰富的诗意啊！你常常会觉得自己还生活在欢乐的英国的黄金时代，觉得自己见到莎士比亚背着猎枪在灌木丛中悄悄地寻找野物，或者你会感到奇怪，在这块绿色草地上竟然没有真正演出过莎士比亚的一出神妙的喜剧。因为不管剧中的情节发生在什么地方——在意大利，在法国，或在纳瓦拉，——其实展现在我们眼前的归根到底总是欢乐的英国，莎士比亚笔下古怪的乡巴佬、精明过人的学校教师、可爱又乖僻的妇女全都是英国的，总之，你随处都会感到，这样的情节只有在英国的天空下才能发生。只有在《仲夏夜之梦》这样一些喜剧里，才会有像《罗密欧与朱丽叶》中那样典型的南方气候的影响，就连剧中人的性格也是这样。

现在，让我们回头再来看看自己的祖国吧！风景如画并富于浪漫色彩的威斯特伐利亚对自己的儿子弗莱里格拉特大为恼火。弗莱里格拉特由于莱茵地区更是风景如画、更富于浪漫色彩而完全忘了威斯特伐利亚；让我们说几句恭维话，安慰安慰它吧，免得它在第二册（见斐·弗莱里格拉特《风景如画并富于浪漫色彩的威斯特伐利亚》1839年巴门—莱比锡版第1册。——编者注）出版之前失去耐心。威斯特伐利亚同德国的其余部分由群山相隔，只有朝向荷兰的那一面是敞开的，就好像它被德国推出去了似的。但是它的儿女们是地道的萨克森人，是忠诚善良的德国人。这些山全都有令人神往的地方：南面是鲁尔河谷和伦讷河谷，东面是威悉河谷，北面是从明登到奥斯纳布吕克的绵绵群山——到处都有极其瑰丽的景色，只有在威斯特伐利亚的中部有一片单调的沙质地常年生长着杂草和庄稼。这里有古老美丽的城市，首先是明斯特及其哥特式的教堂和市场的拱廊，这里还住着安奈特·伊丽莎白·冯·德罗斯特－许尔斯霍夫和莱文·许金。我有幸在这里结识了莱文·许金，他好心地建议我看看那位女士的诗，而我不能错过这个机会，并不是去分担德国读者对这些诗所犯的过失。这些诗再一次证明，备受赞扬的德国人的认真态度在评价诗时是十分轻率的。他们翻阅诗集，单看韵脚是否完美，诗句是否流畅，内容是否易懂，诗中是否有许多鲜明的、至少是动人的形象，——就凭这些作出判断。但是，有一些诗在描写大自然方面并不亚于雪莱，表现得感情深切、楚楚动人、独具一格，具有大胆的拜伦式的幻想，当然形式上略嫌生硬，而且没有摆脱方言；这样一些作品却没有引起人们的注意；谁愿意比平常更从容地读这些诗呢？人们在午休时随手拿一本诗来读读，因为诗的优美也许会驱走睡意！何况，这位女诗人是个虔诚的天主教徒，新教徒怎么会对这样的作者发生兴趣呢！但是问题在于，如果虔诚主义使阿尔伯特·克纳普这个男子汉、教师、首席副牧师显得可笑，那么，幼稚的信仰对冯·德罗斯特女士倒很相称。这是一件关于妇女宗教自由思想的棘手的事。像乔治·桑和雪莱的夫人这样的妇女是罕见的。怀疑心太容易销蚀妇女的情感，它把理智上升为它在女性那里不应具有的一种力量。但是，如果我们这些新时代的儿女们所完全依赖的思想是真理，那么，妇女的心很快也将为现代精神的思想之花而热烈跳动，就像如今为教父的虔诚信仰而热烈地跳动一样；——只有到那时，年轻的一代才会同吮吸母乳一起吮吸新事物，新事物的胜利才会到来。

——（写于1840年6月18日—7月2日），选自《马克思恩格斯全集》第二卷，人民出版社2005年版，第171—179页。

解读

青年恩格斯热爱旅行，是一个充满活力的“背包客”，同时他也爱文学创作，有着扎实的文学修养，尤其擅长写旅行札记。恩格斯曾根据自己独特的游历感受、审美体验和思想观念，捕捉与记录下了许多优美而奇妙的风物，《风景》这篇散文便是典范之作。

《风景》一文仿佛是一颗璀璨的珍珠，具有无穷的韵味、较高的艺术表现力和美学价值，在恩格斯的浩瀚著述中熠熠生辉，读之令人感到惊艳振奋、荡气回肠。

这篇文章既有着对欧洲各国风景的精彩描绘，又处处闪现着恩格斯独立思考的火花。在恩格斯华丽流畅的文笔之下，奔涌着一个热血青年炽烈的思想与情感，显示出作者独特的创作特色和思想品格，也容易引发读者的精神共鸣和心灵共振。

不同于普通游记专注于单一地域的自然和人文景貌的书写，恩格斯这篇文章的写法可谓独具匠心。恩格斯接连描绘了古希腊、德意志、荷兰和英国等地的风光，他精准洞察到每个国家自然风光的独有特性，寥寥数笔就将不同国家的风景浓缩并定格成一个简略而形象的画面，比如古希腊的全部风景“镶在和谐的画框里”，德国荒原有着“罕见的迷人的特征”和“隐蔽的诗一般的魅力”，荷兰风景则是加尔文教派式的“单调平凡、没有灵性”，英国风景却有着神奇的魅力、丰富的诗意和浪漫的色彩。由此可见，恩格斯对欧洲各国风景有着卓越的洞察力、感知力和概括力。这种高超创作能力的形成靠的不只是先天禀赋，还有丰富的生活、广博的知识、奔放的思想为其提供创作源泉。

恩格斯自青少年时期就酷爱读书、旅行、骑马等，留心观察世界上的一切景象并认真记录下来。1840 年的夏天，他进行了一次从德国到荷兰再到英国的漫长旅行，可谓身体和灵魂都一直在路上，加之极高的语言天赋和写作热情，自然就形成了他创作的基础。

恩格斯对风景之美那满怀深情且富有哲理的描述，使青春的气息、青年对战斗的渴望、对宗教束缚的鞭挞、对自由和真理的呼唤得到充分的彰显，既有着诗意的华美，又有着斗争般的澎湃激情，从而带给人独特的审美体验。

例如恩格斯笔下的荒原是这样的：“在暴风雨之夜，云像魅影似地在月亮四周飘浮，远处犬吠不已，你可以跨上骏马奔向茫茫荒原，在风化的花岗岩石块和巨大的坟丘之间纵马驰骋。远处，沼泽地的水洼映着月光，磷火在它的上面闪耀，暴风雨阴森可怖的呼啸声在辽阔的平原上震荡，大地在你的脚下颤动，你会感到好像进入了德国民间传说中的境界。”这充分表现出了恩格斯天马行空的想象力、无所畏惧的挑战精神和英勇气概。

再如恩格斯写大海：“你攀上船头桅杆的大缆，望一望被船的龙骨划破的波浪，溅起的白色泡沫从你头顶高高地飞过；你再望一望那遥远的绿色海面，那里，波涛汹涌，永不停息，那里，阳光从千千万万舞动着的明镜中反射到你的眼里，那里，碧绿的海水同倒映在水中的蔚蓝色的天空以及金色的阳光交融成一片奇妙的色彩……”恩格斯善用色彩来描绘海上风光，白色的泡沫、绿色的海面、蔚蓝的天空、金黄的阳光交织在一起，向读者展现出一幅五彩斑斓的绚烂风景图，画面感和色泽感强烈。

再比如恩格斯笔下的威斯特伐利亚："威斯特伐利亚同德国的其余部分由群山相隔，只有朝向荷兰的那一面是敞开的，就好像它被德国推出去了似的。"在这里恩格斯巧妙运用了拟人的修辞手法，将威斯特伐利亚独特的地理环境与相对位置勾勒了出来，展现出了丰富的想象力和高超的写作技巧。

恩格斯在散文写作中，十分娴熟地运用了大量的比喻、拟人、排比、对仗等修辞，丰富语言表达手法，使之更形象、生动、活泼，与文中蕴含的自由奔放的思想情感、优美畅达的意境相互映照。

恩格斯通过对欧洲四国风景的描绘，表现了自己在青年时代对僵化的宗教教条主义的反抗和对自由精神的憧憬和追求。正如文中所言："当我们走下庸人思想的堤坝，从令人窒息的加尔文教派的正统教义束缚下冲出来，进入自由精神的广阔天地时，我们感到多么惬意啊！"

齐格弗里特的故乡

齐格弗里特是德意志英雄史诗《尼贝龙根之歌》中的年轻英雄。1840 年秋，青年恩格斯游览了齐格弗里特的故乡——克桑滕。在那里，他仿佛找到了和他一样向往自由、反抗压制的灵魂。

那时在荷兰有一位富王的后裔，
父亲叫齐格蒙德，母亲叫齐格琳，
富有的城堡远近驰名，
屹立在莱茵河下游，
它的名字是克桑滕。

《尼贝龙根之歌》第 20 节

溯莱茵河而上，不能只参观科隆以上的地区。特别是德国青年不应该像约翰牛那样旅行：从鹿特丹到科隆，他一直闷在舱房里，只是到了科隆才登上甲板，因为他认为从科隆到美因茨才是莱茵河的全貌，他的莱茵河旅游者指南是从科隆开始的。德国青年应该选择一个少有人光顾的地方作为自己的旅行目的地。我指的就是刀枪不入的齐格弗里特的故乡——克桑滕。

同科隆一样，克桑滕是罗马人建造的，中世纪时是一个外表不起眼的小城市。然而，当科隆发展起来时，一个选帝侯大主教辖区就以科隆命名。但是从宏伟而完美的克桑滕大教堂可以远眺平淡无奇的荷兰沙土平原，而高大的科隆大教堂仍然是一座没有完工的建筑；克桑滕有齐格弗里特，而科隆只有圣汉诺，同《尼贝龙根之歌》相比，《汉诺之歌》就不值一谈了。

我从莱茵河来到这里。我穿过破败的狭窄城门进入城内；肮脏、狭窄的小巷把我引向令人喜爱的集市广场，从那儿我又走向围墙上开着的门洞，这座围墙曾经把从前修道院的院子和教堂圈在一起。门洞左右两侧的上方，在两个小塔的下面有两座浅浮雕，毫无疑问，这是两座齐格弗里特的雕像，与塑在每家大门上的护城神圣维克多的雕像很容易区别。英雄站在这里，身穿紧身鱼鳞铠甲，手执长矛。右边的雕像把长矛刺入龙形怪物的血盆大口；左边的雕像把“厉害的侏儒”阿尔贝里希踩在脚下。我感到惊奇的是，威廉·格林的《德国英雄传奇》几乎收集了齐格弗里特的全部材料，却没有提到这两座雕像。除此以外，我也不记得在什么地方读过有关这两座雕像的记载，但是它们也算是把中世纪的传说同一定的地方联系起来的最重要的证明。

我穿过回声飘荡的哥特式拱形门道，来到教堂前面。希腊式的建筑使人感到明快，摩尔式的建筑使人觉得忧郁，哥特式的建筑神圣得令人心醉神迷；希腊式的建筑风格像艳阳天，摩尔式的建筑风格像星光闪烁的黄昏，哥特式的建筑风格像朝霞。在这里，在这座教堂面前，我感受到了从未有过的哥特式建筑风格的威严气势。但是，哥特式教堂如果像科隆大教堂那样，坐落在现代化的建筑群中，或者竟像北德意志城市的教堂那样，被许多如同燕窝似的房屋所包围，那就不会给人留下十分强烈的印象；哥特式教堂应当位于林木繁茂的群山之间，像贝格区阿尔滕贝格的教堂那样，或者至少也应当像克桑滕大教堂那样脱离一切外国式的、现代的东西，置于修道院的围墙和古老的建筑中间。只有在那里，人们才能深刻地感觉到，一个世纪如果集中全部力量仅仅做成一件大事，它就能有所建树。假如科隆大教堂也像克桑滕教堂一样周围开阔，从任何一个方面来看，其雄伟的规模都一览无遗，那么，19 世纪真该羞愧得无地自容，它即使发挥其全部过人的聪明才智，也建造不出这样的建筑物。如此的宗教功绩，我们再也没有听说过，因此，就连弗赖太太这个在中世纪本来会是一个最普通的人物，也使我们惊叹不已。

我走进教堂，那里正在做大弥撒。从唱诗班那里传下管风琴的琴声，它像一支能征服人心的欢呼着的大军，穿过回声震荡的中厅，随后渐渐消散在教堂回廊的深处。19 世纪的儿子啊，让琴声征服你的心灵吧，因为比你更强悍、更奔放的人也被这些声响征服了！它把古老的德意志诸神从他们的树林里驱赶出来，它带领着伟大时代的英雄们越过澎湃的大海，穿过荒漠，并且把他们的不可征服的子孙引向耶路撒冷，他们是满腔热血的渴望建功立业的世纪的影子！但是，当长号宣告化身的奇迹的时候，当牧师举起锃亮的圣杯，而教民们的全部意识已沉醉于祈祷之酒的时候，你就冲出去吧，拯救自己吧，把自己的思想从淹没了教堂的感情之海中拯救出来，到教堂外面向上帝祈祷吧，因为他的大厦不是凡人的双手建造的，他的气息渗透于尘世间，他要人们顶礼膜拜的是他的精神和真理。

我非常激动地从教堂出来，打听往这座小城惟一的那家旅馆怎么走。当我进入旅馆的休息室时，我感到我就在荷兰附近。挂在墙上的油画和铜版画，刻在窗玻璃上的风景，放在镜子前面的金鱼、孔雀羽毛和热带植物的叶脉，这种罕见的混合性陈设十分清楚地表明，这家旅馆的主人以拥有别人所没有的东西而感到骄傲。这种猎奇狂是荷兰人的陋习，它由于毫无鉴赏力而使人良莠不分地把许多艺术作品和大自然产物搜集在身边，而且在一间摆满类似废物的房间里，感到得其所哉。但是，当善良的主人要我欣赏他收藏的所谓绘画时，我才不寒而栗！这是一个小房间，墙上挂满了廉价的画，尽管主人硬说，沙多讲过，有一幅显然比其他的画漂亮得多的肖像画是给一个名叫汉斯·霍尔拜因的人画的。有些扬·范·卡尔卡尔（卡尔卡尔也是邻近的一座小城）画的教堂祭坛画色彩鲜艳，也许行家会感兴趣。可是这个房间装饰成什么样子了！棕榈树叶，珊瑚枝以及诸如此类的东西堆满了每个角落；到处都扔着蜥蜴的标本，壁炉上放着几个荷兰常见的用各色海贝镶嵌的人物像；一个角落放着科隆的瓦尔拉夫的胸像，胸像下面挂着一个像木乃伊一样干枯的死猫，猫的一只前爪不偏不倚正抓在一幅画中那个钉在十字架上的基督的脸部。要是我的哪一位读者有朝一日前来克桑滕时也正好住在城里这家惟一的旅馆，请他向这位殷勤好客的旅馆主人要求看一看他那块古希腊罗马时期的玉石；这位主人拥有一个用蛋白石雕刻的精美绝伦的黛安娜像，它的价值高于他收藏的全部绘画。

到了克桑滕千万不要忘记去看看公证人霍本先生收藏的古董。这里几乎汇集了古代兵营的全部出土文物。他的收藏品是很有趣的，但是没有什么特殊的艺术价值，这在古代这样一个兵营里也是可以预料的。在这里找到的为数不多的玉石分散在城内各处；惟一比较大的石雕纪念品，是前面提到的那位旅馆主人拥有的一个 3 英尺高的斯芬克斯像。它是用普通的砂岩雕成的，保存得并不好。再说，它从来就没好看过。

我出了城，登上一座砂岩山岗，这是方圆左近惟一的天然高地。传说齐格弗里特的城堡就建立在这个山岗上。我在进入松树林以前坐了下来，俯瞰山下的城市。城市四周是车道，整座城市就像坐落在盆地中间，只有教堂巍然耸立在盆地的边缘。右边是莱茵河，它那两条宽阔的、波光粼粼的支流环抱着一个绿色的小岛，左边，在蔚蓝色的远方，是克莱沃群山。

齐格弗里特的传说中究竟是哪一点如此强烈地打动了我们呢？不是故事情节本身，也不是置年轻的英雄于死地的那个最卑鄙的背叛行径，而是齐格弗里特这个人物本身所具有的深刻意义。齐格弗里特是德国青年的代表。我们所有的人，还怀着一颗尚未被生活的艰辛所制服的心的人，都知道这意味着什么。我们心中都同样渴望有所作为，同样感到要反抗迫使齐格弗里特离开他父亲城堡的那些习惯势力。我们都深恶痛绝那种永无休止的思前虑后，那种对敢作敢为的市侩式恐惧。我们要走出去，跨入自由的天地，冲破谨小慎微的束缚，为夺取生活的桂冠，为有所作为而奋斗。凡夫俗子也关心巨人和龙的故事，特别是教会和国家方面的事务。但是现在已经不是那种时代了，我们被投入人称学校的监牢，在那里我们不是战斗，而是不无讽刺地必须列出希腊语中“战斗”这个动词全部的式和时态的人称变位。而当我们摆脱了学校的严格纪律，我们也就落入本世纪的女神——警察的怀抱。你思考的时候，有警察；你讲话的时候，有警察；你走路、骑马和乘车的时候，也有警察。护照、居住证、海关税单——让魔鬼打死巨人和龙吧！他们留给我们的只是有所作为的假象，是钝头剑，而不是利剑，但是，不允许我们用利剑练剑术，那么用钝头剑练出的剑术又有什么用呢？而且，如果你们有朝一日冲破了束缚，克服了市侩习气和冷漠态度，有所作为的迫切愿望得以表达，那你们是否就能在莱茵河对岸看到韦瑟尔的塔楼呢？人称德国自由堡垒的那座城市的城防要塞已变成德国青年的坟墓。它正位于最伟大的德国青年的摇篮的对面！谁曾被关押在那里？是那些认为自己没有白白地学会击剑的大学生们——简言之，就是一批决斗者和蛊惑者。现在，在弗里德里希－威廉四世的这次大赦（指弗里德里希－威廉四世时，于1840年9月10日宣布的对政治犯的大赦。——编者注）后，我们可以说，这次大赦不仅是一次宽大为怀的行动，也是一次正义的行动。应当承认国家必须对这些团体采取行动是有其先决条件，特别是有其必要性的，然而一切认为国家的兴旺并不在于盲从和绝对服从的人，都会同意我的观点：通过大赦这些团体的参加者来恢复他们的荣誉和尊严。蛊惑者的团体在复辟王朝时期和在七月的日子以后出现，正如现在它们不可能出现，同样是可以理解的。究竟当时是谁压制了每一项自由的活动，是谁决定了对年轻心脏的跳动实行“临时的”监护？还有，那些不幸者的遭遇又是怎样的？有谁能否认，这一诉讼案正是为了彻底揭露纸上的和秘密的诉讼程序的一切害处和弊病，为了指出这种矛盾状况：必须由领取薪俸的公仆而不是由独立的陪审员审理对危害国家的罪行所提出的起诉？又有谁能否认，整个宣判就像商人所说的，是成批地或“批发式”地进行的？

我要下山走向莱茵河，去谛听晚霞映照的波浪向哺育齐格弗里特的大地诉说他在沃尔姆斯的陵墓，诉说已经沉没的财宝。某个善良的仙女摩尔根娜也许会为我重新建起齐格弗里特宫，或者向我指明齐格弗里特的19世纪的子孙们应当完成哪些英雄业绩。

——（写于1840年10月中—11月25日），选自《马克思恩格斯全集》第二卷，人民出版社2005年版，第255—260页。

解读

这是一篇青年恩格斯游览克桑滕小镇的游记。克桑滕是德意志英雄史诗《尼贝龙根之歌》中的年轻英雄——齐格弗里特的故乡。中世纪英雄的传说给这个平庸的小镇涂上了一层传奇的色彩，这是恩格斯去探访此地的真正目的。因为在这里，他仿佛找到了和他一样向往自由、反抗压制的灵魂。

在游记的前半部分，我们跟随恩格斯的足迹，穿过克桑滕狭窄的街道，来到热闹的集市广场，从那里又走到围墙的门洞，在门洞的上方看到齐格弗里特的雕像，这雕像成为克桑滕的象征，把这个小镇和中世纪的传说联结在了一起。穿过门洞，恩格斯发现了一座哥特式的教堂，它置身于修道院的围墙和古老的建筑之中，令人感到前所未有的威严气势。恩格斯进入教堂，管风琴声深入心灵，但是恩格斯奋力将自己的思想从淹没了教堂的感情之海拯救出来，离开了神圣的场所，重新回到人世的繁杂之中。恩格斯来到了小镇唯一的旅馆。旅馆的主人是一个荷兰人，他千奇百怪的所谓的“收藏”和旅馆的装饰风格令恩格斯哭笑不得。离开了奇怪的旅馆，恩格斯还去参观了公证人霍本先生收藏的古董，因为里面有古代兵营的出土文物，恩格斯感到非常有趣。小镇很小，恩格斯很快就穿城而过。他出城登上一座高地俯瞰克桑滕，开阔的景色尽收眼底。

坐在高地上，俯瞰着山脚下的克桑滕，恩格斯想到了英雄齐格弗里特。克桑滕是个普通的小镇，但是它流传着中世纪英雄齐格弗里特的传说。恩格斯是为了齐格弗里特才来到这里。在恩格斯眼中，齐格弗里特之所以令他难忘，是因为这个中世纪英雄身上所体现出的勇敢无畏、冲破束缚的现代气质。他认为具有反抗精神的英雄齐格弗里特，应当成为德国青年的代表。他写道："齐格弗里特的传说中究竟是哪一点如此强烈地打动了我们呢？不是故事情节本身，也不是置年轻的英雄于死地的那个最卑鄙的背叛行径，而是齐格弗里特这个人物本身所具有的深刻意义。齐格弗里特是德国青年的代表。我们所有的人，还怀着一颗尚未被生活的艰辛所制服的心的人，都知道这意味着什么。我们心中都同样渴望有所作为，同样感到要反抗迫使齐格弗里特离开他父亲城堡的那些习惯势力。我们都深恶痛绝那种永无休止的思前虑后，那种对敢作敢为的市侩式恐惧。我们要走出去，跨入自由的天地，冲破谨小慎微的束缚，为夺取生活的桂冠，为有所作为而奋斗。"

恩格斯的这篇游记，笔触生动明快，描写细致，蕴含着一种幽默感以及年轻人明朗锐利的气质。读此文时，常常会被作者那种热情和年轻人的朝气所感染，也能体会到青年恩格斯心中对民主自由的渴望。

从这篇游记中，我们能够感受到青年恩格斯思想中的革命民主主义倾向。他用激昂的文字表达对自由民主国家的热切希望，也号召和鼓舞德国青年去反抗当时德意志各邦在政治上的控制和压迫。

翻越阿尔卑斯山！

第二次反法同盟战争期间，拿破仑率领军队翻越阿尔卑斯山的故事传颂甚广。半个世纪后，这座雄伟壮丽的山脉同样吸引着青年恩格斯的目光和脚步，激发他写下了这篇优美而富有激情的散文。

第二天早晨，我们从库尔出发，顺着一条两边都是峭壁的宽阔河谷，沿莱茵河溯流而上。几小时后，在微薄的晨雾中，一座顶上有城堡的残垣断壁的陡峭悬崖挡住了去路。眼前的河谷好像被一堵墙封死了似的，我们只能沿着一条峡谷前进。一座狭长的白色塔楼耸立在我们面前：这是 Tusis，或者如伦巴第人所说的 Tosana（意为少女城）的塔楼。少女城坐落在这个狭窄的盆地中异常美丽，盆地四周是陡峭的山岩，其中最难攀登的山岩上是霍亨勒戚亚城堡的遗址。大自然给这个山村造成的与世隔绝的状况是空前绝后的。然而这里的人们终究比大自然更强大，他们好像有意同大自然作对，修筑了一条横穿少女城的公路。于是，每天都有英国人、商人、旅游者经过这里。过了少女城，我们在黄昏以前还要翻过阿尔卑斯山麓的一段高坡。我下了马车，喝了一杯当地最好的韦尔特林酒，便精神抖擞地上路了。这样的道路是世界上绝无仅有的。它开凿于悬崖峭壁之中，沿着莱茵河冲开的峡谷蜿蜒而上。小路两边高耸着陡峭的巨大花岗岩壁，有的地方连正午的阳光也照不到；而在深邃的峡谷中，这条汹涌的大河越过裂开的石头轰鸣着、呼啸着，将松树连根拔起，将巨石一块块卷走，犹如被一个天神迎面扔来的两座大山激怒了的狄坦神。最后几座倔强的大山似乎不愿屈从于人的绝对统治而逃到这里，为捍卫自己的自由而严阵以待。它们用令人恐怖的目光盯着行人。我们仿佛听到了它们的声音：人，你过来啊！有胆量的就登上我们的顶峰，把谷物种在我们前额的皱纹里吧；但是，在这高山之巅，你会头晕目眩，感到自己的渺小；土地会在你脚下下陷，你将会滚下重重山崖，跌得粉身碎骨！在我们中间修筑道路吧，我们的盟友莱茵河每年都会怒气冲冲地奔流而下，冲毁你的杰作！

自然力量对于人类精神的这种对抗，没有一个地方像这里这样巨大，甚至可以说，没有一个地方像这里这样意识到自己的力量。这条道路的令人毛骨悚然的偏僻以及以前有人在这里翻越阿尔卑斯山时遇到的危险，使这段通道又有险途之称。现在，情况当然不同了。即使在这里也是精神战胜了自然，山路如练，在峭壁间蜿蜒不绝，而且安全方便，几乎坚不可摧，四季通行。但是，当仰望险峻的悬崖峭壁时，总有一种恐惧的感觉袭来，它们仿佛正盘算着要进行报复和谋求解放。

峡谷逐渐展宽，湍急的瀑布越来越少，莱茵河常常不得不流过宽度以英寸计算的峡谷，它的河床现在变宽了。陡峭的崖壁越来越平缓，越来越向后退让，出现了一片绿茵茵的河谷。而小村镇安代尔，格劳宾登人和韦尔特林人所熟知的疗养地，就坐落在施普吕根山口第一层台地的中部。这里的植物已不是那么稀少了，这一点特别引人注目，因为自少女城起，一片树叶，一根草茎也看不到，只有云杉能攀附在悬崖峭壁上。走过所有这些阴暗的灰褐色花岗岩峭壁以后，又看到了铺满绿草的山谷和长满灌木的山峦，毕竟使人眉目舒展。一过安代尔，道路便向险峻的悬崖伸展，蜿蜒曲折，看不到尽头。我下了邮车，自己踩着溜滑的山岩，穿过灌木和密密缠绕的藤蔓植物向上攀登，一直走到道路开始向山的另一侧拐弯的地方。脚下是深邃的绿色山谷，莱茵河逶迤其间，哗哗的流水声响彻耳边。我再一次向下看一眼表示致意，便继续赶路！我进入一片盆地，周围是高耸入云的陡峭山崖，——我又来到世界上一个人迹罕至的地方。我倚着石壁俯视莱茵河，莱茵河由于密林环绕而像一个水池。静静的绿色水面，水面上枝叶低垂，遮掩着许多僻静隐蔽的小角落；长有苔藓的石壁；这里、那里投下的一束束阳光；——所有这一切都有一种无可名状的魅力。平静的河水的潺潺声，听来几乎就是一群美丽的天鹅姑娘在喁喁私语。她们从遥远的地方飞越重重山岭来到这个僻静的地方，脱去身上的天鹅外衣，准备在绿荫下的凌波中沐浴。这时雷鸣般的瀑布声犹如河神在怒吼，责骂天鹅麻痹大意。因为她们本来应该知道，谁把她们的天鹅外衣偷走，她们就得跟谁走。而后边正驶来一辆邮车，车上坐满了观赏天鹅姑娘的旅客。况且，女人，即使她们是浪漫的天鹅姑娘，在毫无遮拦的大路旁洗澡也是不合适的。漂亮的仙女却在耻笑这个胆小的老头，因为她们知道，只有那些了解大自然的梦幻生活的人，才看得见她们，而这种人是不加害于她们的。

山里越来越凉。将近中午，攀登没有多久便第一次看到雪。由于在炎热的阳光下匆匆登山，我周身发热，突然我明显地感到一股冷气向我袭来。这便是这个山口的第二层台地上的气温，施普吕根村就在这块台地上，这里是最后一个讲德语的地方。它位于高山之中，绿色的山坡上坐落着牧人居住的深褐色小茅屋。在一座完全按意大利式样布置、连上面几层都是石头地板和很厚的石墙的房子里，我们用了午餐，然后沿着几乎是垂直的峭壁继续向上攀登。在长满树木的峡谷中，我从阿尔卑斯山的这一侧看到的最后一片树林中有一处雪崩，从陡峭的山壁上滚落下一条宽阔的雪流。过不多久，我们面前出现了荒凉的峡谷；峡谷中，几条山间河流在拱状的坚硬雪层下轰鸣；光秃秃的山岩只有几处被青苔覆盖着。雪层越来越厚，越来越宽。山顶上清出了一条道路，路两旁的积雪有三四人深，我用鞋跟在雪墙上踩出一个个台阶向上攀登。我面前出现了一片宽阔雪白的谷地，谷地中央高耸着一个灰色屋顶——奥地利关卡，阿尔卑斯山意大利一侧的第一幢建筑物。在这座房子旁我们的行李接受检查——这时我幸运地使我的瓦里纳斯烟草躲过了边卡人员的眼睛——使我有时间环顾四周。周围有光秃秃的灰色山岩，岩顶覆盖着白雪；有山谷，由于都是雪而见不到一根草，更不用说一丛灌木或一棵树了；一句话，这是一片可怕的人迹罕至的蛮荒之地，从意大利吹来的微风和从德国吹来的微风在这里相遇，总是集聚起灰色的云块，这块荒原比撒哈拉大沙漠更令人恐怖，比吕讷堡荒原更单调；这是一个每年有9个月下雪、3个月下雨的地区。这便是我在意大利首先看到的。但是我们很快下了山。雪消失了，在冬天的积雪昨天刚刚溶化的地方，今天已盛开着黄色和蓝色的番红花，草开始返青，灌木丛又出现了，然后是树木，树林中，白色瀑布轰鸣着，飞泻而下；在下面，在笼罩着淡紫色阴影的幽深河谷中，流逝的是翻着泡沫的利罗河，河水从两岸的栗子树的深色树荫中透出亮闪闪的白光。虽然太阳已经下山，空气却越来越暖。我们来到了坎波多尔奇诺，这虽然不是在真正的意大利，但已是置身于真正的意大利人中间了。一群村民围着我们的邮车，操着带有卷舌音和鼻音的伦巴第方言，谈论着马匹、大车和旅客。他们都有一副真正意大利人的刚毅脸庞，尤其是全都长着浓密的黑头发和大胡子。我们很快又沿利罗河继续往下走，周围是草地和树林，我们经过无数巨大的花岗岩石块，这些石块不知是何时从阿尔卑斯山顶滚下来的，在碧绿的草地上，它们那些尖尖的、黑色的锯齿和棱角显得格外突出。一排漂亮的、紧靠峭壁的山村连同村里狭长、雪白的教堂钟楼从我们的视野中掠过，最醒目的是圣玛丽亚－迪加利瓦焦教堂钟楼。最后，出现了一片河谷；河谷的一角矗立着基亚文纳的钟楼，基亚文纳在德语中叫克莱文，这是韦尔特林的一座主要城市。它已经是地道的意大利城市了，房屋高大，街道狭窄，街上到处可以听到一阵阵伦巴第人的热情奔放的声音：fiocul d'ona putana，porco della Madonna（意大利语中骂人的话。——编者注）等等。当我们吃着意大利晚餐、喝着韦尔特林酒时，太阳已落到雷蒂亚的阿尔卑斯山后面去了。一辆有一名意大利车长的奥地利邮车在宪兵的陪同下，把我们送到科莫湖。一轮明月高悬在深蓝色的天空，星星开始不时地闪烁，空中晚霞似火，把群峰染成一片金黄。美丽的南方的夜晚降临大地。我乘车行进在绿色葡萄园中，葡萄藤爬满架并且爬上了桑树顶，意大利的暖风柔和地而且越来越柔和地迎面吹来，我从未见过而久已向往的大自然的魔力，使我陶醉激动，我一边想着即将出现在我眼前的种种壮丽景色，一边愉快地入睡了。

——节选自恩格斯《翻越阿尔卑斯山！》（大约写于1841年7月底—11月底），《马克思恩格斯全集》第二卷，人民出版社2005年版，第317—322页。

解读

恩格斯曾在1841年5月去巴塞尔旅行，巴塞尔是一座单调的城市，到处弥漫着宗教气息。恩格斯唯一向往的是瑞士的阿尔卑斯山。因此，他只是中途在苏黎世逗留一天，第二天便从苏黎世继续向南进发。

雄伟壮丽的阿尔卑斯山脉位于欧洲中南部，呈弧形，最高海拔超过4800米，覆盖了意大利北部、法国东南部、瑞士、奥地利、德国南部等地，莱茵河、多瑙河等欧洲大河均发源于此。恩格斯将赴阿尔卑斯山游历的整个过程写成了《翻越阿尔卑斯山！》，本文即节选自该文后半部分。在《翻越阿尔卑斯山！》的开头，恩格斯整体描绘了阿尔卑斯山脉的概貌："在远处，前面是一排丘陵，后面是连绵起伏的山脉。犹如巨大的圆形露天剧场中的一排排坐位。茫茫天际，重峦叠嶂，云雾缭绕，时而有白雪透过云雾熠熠生辉。彼拉多山耸立于群峰之巅，就像从前给它命名的那个犹太地方长官一样在主持法庭。这就是阿尔卑斯山！"

恩格斯在文中用了大量极富文采的笔墨展现了阿尔卑斯山的景色，他始终被沿途山脉的壮丽美景吸引，并陶醉其中，正如文末写道："我从未见过而久已向往的大自然的魔力，使我陶醉激动，我一边想着即将出现在我眼前的种种壮丽景色，一边愉快地入睡了。"

恩格斯以时间为线索，采用"移步换景"的写作手法来详细记载旅行沿途的风光和所思所感。恩格斯或写阿尔卑斯山脉，或写山谷中的白雪，或写莱茵河水，都极尽自然巧妙，令读者有身临其境之感，表现出作者对自然景物敏锐的观察力和丰富的想象力。他将视觉、听觉等感官效应同人物行动紧密融合在一起，不仅在方位转换、现实联想、景物变幻上衔接得当，而且还保持了较强的自由度和灵活性，比如既有远望也有近观，既有仰视也有俯视，既有白描也有议论等，极大地丰富了文章的观察视角与写作手法。

在欣赏和记录阿尔卑斯山美景之时，恩格斯也不忘思考自然与精神的辩证关系。翻越阿尔卑斯山并不是件容易的事，陡峭的崖壁、湍急的瀑布、偏僻的山路、恶劣的天气等都在考验着试图征服这座山的人们的意志与勇气。自然力量与人类精神的对抗在此过程中得以充分彰显。恩格斯断言："没有一个地方像这里这样意识到自己的力量。"在阿尔卑斯山，恩格斯鲜明地感受到了精神与自然的张力和抗衡，“最后几座倔强的大山似乎不愿屈从于人的绝对统治而逃到这里，为捍卫自己的自由而严阵以待。它们用令人恐怖的目光盯着行人”；“即使在这里也是精神战胜了自然，山路如练，在峭壁间蜿蜒不绝，而且安全方便，几乎坚不可摧，四季通行。但是，当仰望险峻的悬崖峭壁时，总有一种恐惧的感觉袭来，它们仿佛正盘算着要进行报复和谋求解放”。

恩格斯生动细致地描绘了翻越阿尔卑斯山时与自然作斗争的心理状态，读之令人荡气回肠，其中既有着征服险境的雄心壮志，又有如临深渊的恐惧体验，在这几种复杂情绪的交织下，恩格斯凭着顽强的意志力最终抵达了终点意大利。此情此景不禁令人忆起王安石在《游褒禅山记》中的名句：“夫夷以近，则游者众；险以远，则至者少。而世之奇伟、瑰怪、非常之观，常在于险远，而人之所罕至焉，故非有志者不能至也。”

一流大学的哲学课如何上

青年恩格斯虽未读过大学，但始终有着旺盛的求知热情。在柏林服役期间，他利用业余时间去柏林大学的哲学课堂“蹭课”，并写下了一篇有料且有趣的旁听生日记。

在柏林这样的城市里，一个外国人如果不参观这个城市的全部名胜古迹，那么对他自己、对欣赏能力都是真正的犯罪。然而经常有这样的情况：柏林最著名的地方，使普鲁士首都与所有其他城市迥然不同的那个地方，却往往为外国人所忽视；我指的是那所大学。我指的不是歌剧院广场上的雄伟大厦，不是生物解剖陈列馆和矿物陈列馆，而是数量很多的课堂，那里有机智的和迂腐的教授，年纪轻的和年岁大的、活泼的和严肃的大学生，新生和老生；在这些课堂内过去讲的以及现在每天仍在重复的内容，已经传播到普鲁士境外甚至讲德语的地区以外。柏林大学的荣誉就在于，任何大学都没有像它那样屹立于当代思想运动的中心，并且像它那样使自己成为思想斗争的舞台。有多少其他的大学，如波恩、耶拿、吉森、格赖夫斯瓦尔德，甚至莱比锡、布雷斯劳和海德堡等大学大都回避这种斗争，笼罩着只埋头学术的麻木不仁的气氛。这种麻木不仁长久以来正是德国学术界的不幸。相反，柏林大学的教师中却有各种派别的代表，从而造成活跃的辩论气氛，而这种气氛又使学生们轻而易举就对当代各种倾向有清楚的了解。在这种情况下，我就想行使一下当前大家都可以作为旁听生听课这一权利；于是，有一天早晨，正值夏季学期刚开始，我走进了大学校门。有些专业已经开课，大多数专业正好是今天开课。在我看来，最有趣的是马尔海内克开设的关于把黑格尔哲学引入神学的讲座。在这一学期，该校的青年黑格尔派的最初一些讲座一定非常有意思，因为他们当中有些人已经有言在先，说要同谢林的启示哲学进行直接论战，而另一些人，可以指望，他们在捍卫黑格尔被损害的亡灵的尊严方面不会持观望态度。马尔海内克的讲座显然是针对谢林的，这就不能不引起人们的特别注意。在他到来之前，课堂里早已挤满了人；青年人、老年人、大学生、军官、以及天知道还有些什么人。他们坐着、站着，拥挤在一起。终于他进来了；谈话声和嘈杂声戛然而止，一顶顶帽子像听到口令似的一下子都从头上摘了下来。他身材结实强壮；有着一副思想家的严肃、果断的相貌；高高的前额上披散着因绞脑汁而斑白了的头发。他讲课时，举止落落大方，没有那种埋头念讲稿的学究气，也没有装腔作势、故弄姿态的手势；他的态度像年轻人那样豪爽，目光专注地望着听众；他讲得很平静，语调庄重缓慢而又流畅通达，平铺直叙而又富有深刻的思想，这些思想一个接着一个涌现出来，而且一个比一个更加中肯。马尔海内克在讲台上以其坚定的信心、不可动摇的刚毅与尊严，同时也以自己的整个气质所焕发的自由思想而令人肃然起敬。而今天他登上讲台时情绪更不一般，使他的听众比平日更加敬佩。如果说他在整整一个学期内耐心地容忍了谢林对已故的黑格尔以及他的哲学进行不体面的抨击，如果说他一直心平气和地听完了谢林的讲座，——这对马尔海内克这样的人来说确实不是一件容易的事——那么，他进行反击、在战场上用自豪的思想去攻击自大的词句的时刻现在终于到来了。他从一般的意见谈起，出色地阐明了当前哲学对神学的态度，以赞赏的口气提到了施莱尔马赫；当谈到后者的学生们时，他说，这些人是在施莱尔马赫的激发人们思考的思想引导下走向哲学的，至于那些走上另一条道路的人，就让他们为此而吃苦头吧。渐渐地他把话题转向黑格尔哲学，很快就清楚了，他的话是针对谢林的。他说：

“黑格尔首先要人们在哲学中超脱自己的虚荣心，要他们别以为想出某种独特的东西就万事大吉；而且，他尤其不是那种满口诺言和高谈阔论的人，他平静地让哲学的业绩替他讲话。在哲学上他从来不是那种总是夸耀自己的吹牛大王。——不错，现在谁也不会自认为才疏学浅，竟无能反驳黑格尔及其哲学，而且谁要是在口袋里装有反驳他的哲学的论据，谁就一定会走运；因为从那些一味承诺驳倒黑格尔哲学而后来又不信守诺言的人身上可以看到，这种反驳是很容易取悦于人的。”

当他讲到最后这几句话时，听众原来就不时流露的赞同声一下子迸发成暴风雨般的欢呼声，神学讲座上出现的这个新现象使讲授人感到十分惊讶。这种活生生的自发形成的气氛同马尔海内克的论敌的那些讲座经过安排才在结束时勉强出现干巴巴的喝彩声形成了鲜明的对照。马尔海内克做了一个手势使欢呼声平静下来，继续讲道：

“可是所期望的这种反驳现在还没有，而且，只要不是平心静气地对黑格尔进行科学探讨，而是采取激怒、仇视、忌妒，总而言之采取狂热的态度，只要有人认为有了神秘学说和幻想就足以把哲学思想从它的宝座上推下来，所期望的这种反驳也就不会有。这种反驳的首要条件当然是正确地理解对手，看来，黑格尔在这里的某些论敌好像是和巨人搏斗的侏儒，或者像那位更加著名的、同风车搏斗的骑士。”

就广大听众感兴趣的方面而言，这是马尔海内克的第一讲的主要内容。马尔海内克再一次表明，如果事关捍卫科学的自由，他总是勇敢地、坚持不懈地站在战斗的岗位上。人们通常赋予加布勒以黑格尔继承人的称号，其实，以马尔海内克的性格和洞察力来说，他比加布勒更胜一筹。黑格尔用来洞察整个思维领域和理解生活现象的那种宽阔自由的眼光，也是马尔海内克本人所素有的。如果他不愿为了在最近 5 年才出现的进步而牺牲自己多年的信念，牺牲自己的来之不易的成果，有谁能责备他呢？马尔海内克长期与时代并进，因而有资格实现科学的终结。他善于使自己同哲学的最尖端成果保持同一高度，并以哲学事业为自己的事业。这是他很大的优点。从莱奥提出黑格尔门徒到布鲁诺·鲍威尔被解职时为止，他一直是这样做的。

此外，马尔海内克准备讲座一结束就把讲稿付印。

——节选自恩格斯《一个旁听生的日记》(写于1842年5月2日—5月中旬)，《马克思恩格斯全集》第二卷，人民出版社2005年版，第424—427页。标题为编者所加。

解读

恩格斯1841年11月去柏林服兵役，在近卫军炮兵连做了一年制志愿兵。那时候服兵役是比较自由的，平时也可以随意出入兵营甚至是住在外面。两个月之后，恩格斯就在离兵营不远的地方租了一个房子，过起了自由自在的单身生活。他花了大量的时间在饮酒、作诗这些消遣活动上。除此之外，恩格斯还去大学“蹭课”。青年恩格斯虽然当过兵、做过商业学徒，但骨子里是个名副其实的文艺青年，喜欢文学、历史与哲学这些人文学科，恩格斯去柏林大学旁听的便是哲学学者马尔海内克开设的关于黑格尔哲学的讲座。

柏林大学是德国顶尖的高校，是德国前沿理论和社会思潮的交汇处，也是对青年恩格斯有强大吸引力的青年黑格尔派的中心阵地。恩格斯将彼时的柏林大学视作“屹立于当代思想运动的中心，并且像它那样使自己成为思想斗争的舞台”。柏林大学是如何做到这点的呢？这主要缘于当时柏林大学开放包容的氛围。恩格斯刚到柏林的时候，正值青年黑格尔派短暂的兴盛期，当时德国很多大学都在逃避纷繁复杂的思想斗争，“笼罩着只埋头学术的麻木不仁的气氛”，但柏林大学呈现出不同的学术气象，思想争鸣和辩论气氛浓烈，主要议题就是谢林哲学与青年黑格尔派的较量。青年黑格尔派是当时柏林大学最重要的思想派别，旨在发掘黑格尔思想中的积极因素从而推动德国宗教和政治改革。当时的国王威廉四世为了打击激进黑格尔主义的势头，曾专门聘请大哲学家谢林赴柏林大学开课。谢林曾是黑格尔的室友和同事，黑格尔在生前也曾深受谢林哲学的影响，但后来黑格尔逐渐与谢林分道扬镳，攻击谢林哲学的合理性，形成了一整套独立的哲学体系，逐渐成为有显著影响力的德国“国家哲学”。在黑格尔逝世后，谢林开始了对黑格尔的反击，并与青年黑格尔派成为论敌。黑格尔的拥趸们当然不甘心黑格尔被攻击，在谢林开课一学期之后，青年黑格尔派成员马尔海内克便开设了专门回应谢林的针尖对麦芒式的哲学讲座。恩格斯在日记里记录的便是第一次旁听这个讲座时的具体景象。

在马尔海内克教授讲课之前，讲堂里就已经人满为患，多数是和恩格斯一样来旁听的人，而且听众有着多元的身份，既有大学生，也有军官、普通市民等，由此足见当时黑格尔哲学在德国国民中很受欢迎。讲座开始后，恩格斯详细观察了马尔海内克教授的外貌特征，无论是身材、外貌轮廓，还是眼神、手势、语气、情绪等，恩格斯都描述得非常细致。随后恩格斯记述了讲座的具体内容，马尔海内克教授先“从一般的意见谈起，出色地阐明了当前哲学对神学的态度”，而非一上来就开足马力展开批判，随后逐渐地把话题转向黑格尔哲学，指出黑格尔及其哲学的特色——黑格尔不是满口诺言和高谈阔论的人，他平静地让哲学的业绩替他讲话。随后马尔海内克将批判的矛头指向了谢林，指出对待黑格尔思想的合理态度应该是平心静气地进行探讨，而非采取谢林式的激怒、仇视等狂热的态度。恩格斯对此也深以为然，并高度认同了黑格尔以及弟子们“洞察整个思维领域和理解生活现象的那种宽阔自由的眼光”，同时认为马尔海内克是“黑格尔继承人”。

尽管恩格斯在不久之后就与青年黑格尔派决裂，并在三年之后的1844年与马克思共同写作了专门批判黑格尔主观唯心主义的《神圣家族》，但正是年轻时在柏林大学旁听哲学课的经历及其留下的思考与探索，成为恩格斯关注与钻研哲学、开启历史唯物主义思想征途的重要契机。

莱茵省的节日

年轻的恩格斯在春天参加了莱茵音乐节。他置身于音乐和人群之中，深深地被美好的音乐和欢乐的人群打动。恩格斯热爱音乐，更热爱美好的生活，因为他认为“人”才是一切艺术的最终目的。

柏林，5 月 6 日。一年中总有一些时候使漂泊异乡的莱茵人特别思念自己美丽的故乡。春天，在过圣灵降临节期间，在莱茵音乐节的日子里，这种思念就格外强烈。这完全是人之常情。这会儿，大家知道得可清楚啦，现在莱茵河流域一片绿色；春风吹拂，清澈的河水微波荡漾，大自然披上了节日的盛装；这时，人家正在家里准备着去参加歌咏踏青，明天就要动身了，而你却不在家里。

啊，莱茵音乐节是个美妙的节日！拥挤的、点缀着青枝绿叶的轮船上旌旗飘扬，号声阵阵，歌声嘹亮。一列列火车和成行的驿车上帽子在挥舞、头巾在飘扬，旅客从四面八方纷至沓来。这里有老老少少兴高采烈的男人，也有嗓音优美的漂亮妇女。人人满怀着节日的心情，个个露出节日的笑颜。多么高兴呀！一切烦恼、一切事务统统置诸脑后了。在熙熙攘攘的来客中，看不到一张严肃的面孔。旧友重逢，新交相识，青年人的笑语喧哗连成一片，就连那些被爱女硬劝来参加节日活动的老年人，尽管身患关节炎、痛风、感冒和疑心病，也被大家的欢乐情绪感染了，而且既然来了，就得尽情欢乐。大家都准备庆祝圣灵降临节，然而起源于纪念圣灵普降的节日，不可能比沉浸在神圣的欢乐和生活享受的气氛中更有意义，因为构成生活享受最内在的核心正是艺术享受。而在一切艺术中，正是音乐最适于构成这种友好的省城集会的核心，使得附近所有受过教育的人都聚集在一起，互相激励生活的勇气，重温青春的欢乐。如果说在古代吸引群众的是雅典娜节和酒神节上的喜剧表演、悲剧诗人的比赛，那么今天在我们的气候条件和社会情况下，与此相应的就只有音乐了。因为正像音乐只有乐谱而不演奏出来让人听到，就不能使我们得到享受一样，悲剧只要没有通过乐队席和合唱席的演员用生动的语言讲述出来，对于古代人来说就是僵死的和陌生的。现在，每座城市都有自己的剧院，每天晚上都有演出，而对古希腊人来说，只有逢到重大节日，舞台才活跃起来；现在，印刷术使每一个新剧目都传遍全德国，而在古代，手抄的悲剧剧本，只有不多的人才能读到。因此，戏剧再也不可能成为重大集会的核心了。应当起用另一种艺术，而这只能是音乐，因为只有音乐才允许为数众多的人进行协作，甚而由此获得相当强的表现力；音乐是惟一使享受和生动的演奏协调起来的艺术，它影响所及的范围相当于古希腊的戏剧。的确，德国人能赞美和扶植音乐，他们在各民族中是音乐之王，因为只有德国人才能把人类情感中最崇高和最神圣的东西，即最内心的秘密从其隐匿的深处揭示出来，并且通过音乐表现出来，同样，也只有德国人才能极其充分地感受到音乐的力量，彻底地理解乐器和歌曲的语言。

但是，音乐在这里不是主要的。那什么是主要的呢？音乐节才是主要的。圆心没有圆周就不成其为圆，同样，没有愉快友好的生活，音乐也就不成其为音乐了，因为愉快友好的生活构成音乐这一中心的圆周。莱茵人天性十分活泼。他们的血液在血管里像新鲜的莱茵葡萄酒一样轻快地流动，他们的眼睛总是敏锐地、愉快地注视着周围的世界。在德国人中，他们是幸运儿，同其他人相比，他们感到世界总是美好的，生活总是愉快的；他们坐在葡萄架下，边说笑，边喝酒，自己的烦恼早已置诸脑后，而别人还在从长计议要不要也这样干，蹉跎了大好时光。

毫无疑问，没有一个莱茵人会错过享受生活的机会，否则就会被当作大傻瓜。这种愉快的性情使他们青春永驻，而地道的北德意志人早已进入老成持重和平凡无聊的平庸生活时期了。莱茵人一生都喜欢愉快、纵情戏谑，像年轻人似的嬉闹，或者按照贤明、持重的人的说法，如痴如狂地干傻事和蠢事；自古以来，波恩大学和海德堡大学是两所最愉快的、最自由自在的大学。就连在枯燥无味的日常生活中因为操劳而精神不济的平庸老人，即令他早上鞭打了顽皮的孩子，晚上照旧端着酒杯津津有味地向孩子们讲述自己年轻时所干的那些已成往事的恶作剧。

由于莱茵人的性格永远是那样开朗坦诚、那样无拘无束、无忧无虑，所以毫不奇怪，在音乐节期间几乎所有的人都不满足于听听人家的或让人家听听自己的。这里有欢乐的气氛，有活跃、随意的生活；有清新的享受，在别处这是人们长期以来梦寐以求的。这里到处都可以遇到欢乐的、善良的面孔，他们对前来共享欢乐的人都是友爱和诚挚的。3 天的节日活动就像几个小时一样在畅饮、歌唱、嬉笑中飞逝了。到第四天早晨，当大家已经尽兴待归的时候，他们又欣然期待着来年，相约再见，之后，每一个人依然兴高采烈、精神焕发地踏上归途，从事各自的日常工作。

——（写于 1842 年 5 月 6 日），选自《马克思恩格斯全集》第二卷，人民出版社 2005 年版，第 437—439 页。

解读

这是恩格斯在1842年写的一篇关于莱茵音乐节的小文。文章笔触明快，描写细腻，通篇洋溢着欢乐、轻松的气氛。

文章的开头描写了音乐节欢乐的场景：人人满怀着节日的心情，个个露出节日的笑颜，大家尽情欢乐。虽然这是一个起源于庆祝圣灵降临的节日，但是音乐才是令人们欢乐的源泉。他说："大家都准备庆祝圣灵降临节，然而起源于纪念圣灵普降的节日，不可能比沉浸在神圣的欢乐和生活享受的气氛中更有意义，因为构成生活享受最内在的核心正是艺术享受。""多么高兴呀！一切烦恼、一切事务统统置诸脑后了。""旧友重逢，新交相识，青年人的笑语喧哗连成一片，就连那些被爱女硬劝来参加节日活动的老年人，尽管身患关节炎、痛风、感冒和疑心病，也被大家的欢乐情绪感染了，而且既然来了，就得尽情欢乐。"恩格斯用生动的描写为我们展现了春天的音乐节给莱茵人带来的欢乐。

在这春日欢乐的氛围之中，恩格斯开始思考音乐的意义。音乐是将社会凝聚在一起的感性的、生动的、具有强烈表现力的艺术，他自豪地认为"德国人能赞美和扶植音乐，他们在各民族中是音乐之王，因为只有德国人才能把人类情感中最崇高和最神圣的东西，即最内心的秘密从其隐匿的深处揭示出来，并且通过音乐表现出来，同样，也只有德国人才能极其充分地感受到音乐的力量，彻底地理解乐器和歌曲的语言”。

在文章的后半部分，恩格斯笔触一转，从对音乐的感触转向对音乐节的关注。他想到了音乐和生活、艺术和现实之间的紧密的连接。他说：“音乐在这里不是主要的。那什么是主要的呢？音乐节才是主要的。圆心没有圆周就不成其为圆，同样，没有愉快友好的生活，音乐也就不成其为音乐了，因为愉快友好的生活构成音乐这一中心的圆周。”恩格斯发现，莱茵人天性活泼，他们愉快友好的生活是他们热爱音乐的根源。莱茵音乐节是因为开朗坦诚、无拘无束、无忧无虑的莱茵人才如此吸引人，才如此感染人。

美好的莱茵音乐节，处处是动听的音乐和欢声笑语，但是这一切并不是宗教带来的，而是音乐带来的，更重要的是，这是热爱音乐、天性乐观的莱茵人带来的。青年恩格斯对“人”的关注、对生活的热情很明确地展现在这篇文章之中。

不做兜售哲学的人

恩格斯没有接受过高等教育，但聪敏睿智、学识渊博，曾被卢格称作“博士”。恩格斯怎样看待被授予的这一称号呢？我们可以从他致卢格的信中窥知。

尊敬的先生：

我这次给您写信，是想告诉您，我什么也不给您寄了。

阿尔诺德·卢格

我决定在一段时间里完全放弃写作活动，而更多地进行学习。原因很清楚。我还年轻，是个哲学自学者。我所学到的知识足以使自己形成一个信念，并且在必要时捍卫它；但是要想有效地、有的放矢地为这种信念去工作，这些知识还不够。我当了“兜售哲学的人”，人们就会对我提出更高的要求，而且我没获得博士文凭，也就无权探讨哲学问题。我希望，当我再写点什么，同时署上自己的名字的时候，能够满足这些要求。此外，现在我不能过于分散我的时间，因为不久以后，我大概又要把更多的时间用于经商。迄今为止，我的写作活动，从主观上说纯粹是一些尝试，尝试的结果就说明我的天赋是否允许我富有成效地促进进步事业，是否允许我积极参加本世纪的运动。我对尝试的结果感到满意了；现在我认为我的义务是学习，我要以更大的兴趣继续学习，去越来越多地掌握那些不是先天赋予一个人的东西。

我将在10月份回到我的故乡莱茵，我想在德累斯顿同您见面，和您更详细地谈谈这个问题。现在祝您一切顺利，也请您不时想起我。

您的　弗·恩格斯

——（写于1842年7月26日），选自《马克思恩格斯全集》第四十七卷，人民出版社2004年版，第301—302页。标题为编者所加。

解读

阿尔诺德·卢格是19世纪德国著名政论家，青年黑格尔派代表人物，《德国年鉴》的创始人之一。卢格曾于1821—1824年先后在哈雷、耶拿和海德堡大学学习哲学，与马克思和恩格斯有着多年的书信往来。恩格斯曾在《德国年鉴》发表文章，并就此事与卢格一直保持书信沟通。卢格曾在致恩格斯的信中称呼恩格斯为博士，恩格斯在1842年6月15日回信中表示，自己不是博士，而且永远也不可能成为博士，只是一个商人和普鲁士王国的一个炮兵。

博士作为全世界教育序列的最高峰，令许多人敬畏和向往，但青年恩格斯没有“学历崇拜”，且对别人赋予的称号和头衔保持着实事求是、严肃谨慎的态度。尽管恩格斯连大学都没有上过，但他的学识、思想和理论水平并不亚于同时代的哲学博士们，且日后逐渐成为全世界无产阶级的革命导师和理论导师。

在这封致卢格的信中，恩格斯再次强调了自己没有获得博士文凭，只是个哲学自学者，无权探讨哲学问题。此时的恩格斯和其他初出茅庐的哲学学者一样，热爱哲学、有一定的哲学基础，但又深知哲学这座山峰的高峻和艰难，如果不下大功夫潜心钻研，也许连入门都困难。

早在1841年在柏林服役期间，恩格斯就利用业余时间在柏林大学旁听哲学课程并参与了青年黑格尔派的活动，随后便撰写了一系列文章对当时的大哲学家谢林作了尖锐的批判。虽然20岁出头的青年恩格斯对哲学和人文社会科学始终有着浓厚的兴趣，但他并没有系统接受高等教育，在思想和学术理论上也不是严格的“学院派”，所以恩格斯也多次主动否认自己被授予的博士称号，尽管他的学识和视野并不逊色于一个真正的哲学博士。

恩格斯本人并不在意是否有博士之名，事实上，马克思与恩格斯终生都秉持着严谨与务实的精神从事革命斗争与理论创建，他们并不重视世俗名利，更不会汲汲于虚名。恩格斯哲学思想的获取更多是通过自学、阅读、旁听以及观察、参与社会生活，带有明显的自主特色和实践风格。

尽管恩格斯在很年轻的时候就在哲学方面崭露头角，表现出卓尔不凡的天赋和智慧，但恩格斯并没有自恋自夸和急功近利，反而对自身的能力素质有着清晰的认知，始终保持着虚怀若谷的态度——“但是要想有效地、有的放矢地为这种信念去工作，这些知识还不够”。也正是有了这种谦逊而诚恳的态度，才能将其进一步转变为努力学习的决心与毅力——“现在我认为我的义务是学习，我要以更大的兴趣继续学习，去越来越多地掌握那些不是先天赋予一个人的东西”。

在一百多年后的今天，学历依旧是评价人才综合素养的重要指标，但绝非唯一指标。越来越多的企事业单位在招聘和考核人才的过程中，更加看重能力而非学历和资历，逐渐打破了对于出身、学历、专业等的过度推崇，这也有利于在全社会形成一种鼓励年轻人干事创业、奋发图强的良好风气。年轻人自身也需要打破“学历崇拜”，无论学历高低，都需要扎实地学习真知、磨炼真功。

马克思被逮捕和驱逐

马克思为了实现人类解放的崇高理想，不仅孜孜不倦地求知、坚持不懈地奋斗，更饱尝了颠沛流离的艰辛和贫病交加的煎熬。本文揭示的只是其苦难生活的一角。

过了几天，星期日和星期一那种不寻常的激昂情绪平息了，人们回到各自的工作岗位，政府也从第一次惊恐中恢复了常态，这时候又发生了一系列迫害德国人的事情。政府颁布了许多命令，根据这些命令，所有失业的外国工人将被立刻驱逐出境，而所有身份证不妥贴的外国人也要遭到同样的对待。除了采取这些措施外，政府同时还散布各种各样的谣言使企业主也反对所有的外国工人，结果德国人便无法找到工作。连那些原来有工作的德国人也失掉了工作，从此就听候驱逐出境法令的支使了。

政府不但迫害失业的工人，而且还迫害妇女。一个年轻的德国民主主义者以丈夫的资格和一个法国女子同居（这是符合法国和比利时的风俗习惯的），大概由于他在布鲁塞尔的居留使警察局感到不安，于是便突然遭到了迫害，这迫害表现在对他的情人的追究上。借口她没有身份证（哪一个住在比利时的人以前曾想到向一个妇女要身份证的事！），就威胁要把她立刻驱逐出境，警察局还声明说，这样做与其说是由于她本人，不如说是由于和她同居的那个人。三天内警官就到她家里去了七次。她被叫到警察局好几次，最后，由一个警察把她带到了警察总局。要不是一位有威信的比利时民主主义者出面干预，她必然会被迫离开这个国家的。

但是，所有这一切都算不了什么。迫害工人，放风声说某某人将被逮捕，星期二晚上将在城市所有的咖啡馆里搜捕德国人，——所有这一切，我再重复一遍，和我现在所要告诉您的事情比较起来，是算不了什么的。

星期五晚上，马克思博士（还有其他一些人）接到了国王的一道命令，限他在二十四小时内离开国境。夜里一点钟，当他收拾行李准备启程的时候，一个警官带着十个武装警察，违反在日落到日出这段时间公民住宅不可侵犯的法律，闯入马克思的住宅，逮捕了他，把他押解到市政厅监狱。除了说他的身份证不妥贴（虽然他至少给他们拿出了三个身份证，并且他在布鲁塞尔已经住了三年）外，没有说明逮捕他的任何理由！马克思就这样被带走了。他的妻子非常惊惶不安，立刻跑到一位比利时律师、民主协会主席若特兰先生那里去。若特兰先生总是乐于帮助被迫害的外国人，我在叙述前面那件事情时所提到的正是他的友谊的干预。马克思夫人在回家的路上遇见了一位比利时友人日果先生。他送她回家去。到家时，他们看到两个曾逮捕马克思的警察站在门口。马克思夫人问道："你们把我的丈夫带到哪里去了？"他们回答说："如果您跟我们走，我们就告诉您他在哪里。"警察把她和日果先生一起带到市政厅，但是，他们并没有履行自己的诺言，反而把马克思夫人和日果先生交给了警察局，于是马克思夫人和日果先生就被关进监狱。马克思夫人的三个小孩子被留在家里由女仆照管，她自己被关进一间囚着一群最下流妓女的牢房，她便和这些娼妓在一块度过了一夜。第二天早上，她被移到另一个根本没有生火的房间，在那里一直待了三小时，冷得直打哆嗦。日果先生也被扣留起来。马克思先生同一个狂暴的疯子关在一个牢房里，因此他必须时刻提防着这个疯子。所有这些卑鄙的行为还不算够，看守人也用最粗暴的态度对待他们。

下午三时马克思夫人和日果先生终于被提审，法官很快就释放了他们。他们到底犯了什么罪呢？游荡罪，因为他们两个人没有随身带着身份证！

马克思先生也被释放了，但是命令他在当天晚上离开国境。原来给他料理私事的二十四小时中，有十八小时他被非法关在监狱，在这期间，不但他本人，连他的妻子也被迫离开他们的三个孩子（其中最大的女孩还不满四岁）；最后，他来不及料理一下私事就被驱逐出境了。

日果先生在被捕的前一天才从监狱释放出来。他上一次是在星期一早晨六点钟和三个列日的民主主义者一起在旅馆里被逮捕的；他们全部是被加以游荡罪名而被逮捕起来的，因为他们没有带身份证。星期二就已经下令释放他们，但仍然非法地把他们扣留到星期四。他们之中的特德斯科先生直到如今还在监牢里，而且谁也不知道究竟给他加的是什么罪名。他和沃尔弗先生俩人不是即将被释放，就是在这个星期内提交法庭审判。

但是，我必须指出，比利时的工人和比利时的许多民主主义者，尤其是若特兰先生，对被迫害的德国人的态度是非常好的。他们已经摆脱了一切狭隘的民族感情。他们不是把我们看作外国人，而是看作民主主义者。

我听说，政府已经下令逮捕比利时工人、英勇的民主主义者德·居阿斯科先生。昨天法庭审讯了被指控为参加叛乱而在上个星期日被捕的另一个民主主义者达希先生；可是还没有宣判。

我时刻都在等待着驱逐出境的命令，如果没有更坏的遭遇的话，因为谁也不能预料这个俄国式的比利时政府还会采取什么手段。我已作好准备，驱逐令什么时候下来都行。这就是德国民主主义者在这个“自由的”、如报纸所说，比法兰西共和国毫不逊色的国家里的处境。

致以

敬礼和兄弟般的情谊

您的老朋友

3月5日于布鲁塞尔

——节选自恩格斯《给“北极星报”编辑的信》(写于1848年3月5日),《马克思恩格斯全集》第四卷,人民出版社1958年版,第551—554页。标题为编者所加。

解读

1845年2月，马克思在巴黎接到驱逐令，因为其领导的报纸发表了反政府的言论而被基佐政府驱逐出法国，来到布鲁塞尔。1848年3月，马克思在布鲁塞尔又经历被比利时政府驱逐出境的遭遇。

这是因为巴黎二月革命之后，布鲁塞尔也发生了一场游行骚动。比利时政府便把矛头对准了德国人，捏造指责所有为争取共和制度的鼓动都是一些德国人搞起来的。比利时政府认为德国人打算独揽未来比利时共和国的大权，并进行了一系列迫害德国人的蛮横行动。其中尤其恶劣的是，马克思被警察非法逮捕，和一个狂暴的疯子关在一个牢房里；马克思夫人燕妮也受此牵连，被关进一间囚着一群最下流妓女的牢房；并且，他们还遭受了看守人最粗暴凶狠的对待。三个年幼的孩子则被留在家里由女仆照管。马克思被释放后，还来不及料理一下私事就被驱逐出境了。

马克思自己在给《改革报》编辑的信中也愤怒地叙述了这件事："编辑先生，我的被捕和遭到的粗暴对待甚至在奥地利都是难以想象的，否则我也不谈这些了。我被捕后，我的妻子就立刻去找比利时民主协会主席若特兰先生，请他采取必要的措施。当她回到家里的时候，在门口碰见了警察，后者彬彬有礼地告诉她，如果她想和马克思先生谈话，请随他走。我的妻子马上就接受了这个建议。她被带到警察局，警官一开头就对她说，这里没有马克思先生，接着就粗暴地审问她，问她是什么人，为什么到若特兰先生那里去，她是否持有身份证。陪她一起去警察局的比利时民主主义者日果先生对警官提出这些荒谬而无礼的问题表示愤怒，但警察禁止他说话，把他抓起来送到监狱里去。他们以游荡罪名，把我的妻子送进市政厅监狱，和妓女一起关在阴暗的牢房里。次日上午十一时，一队宪兵在众目共睹之下把她送到侦讯室。不顾各方面的坚决抗议，把她拘留在禁闭室达二小时之久。她在那里忍受了严寒和宪兵的极其可恶的对待。"

其实，这样被逮捕、被驱逐、被迫流亡的遭遇在马克思的一生中发生过很多次。马克思出生在一个幸福的律师家庭，受过良好的大学教育，夫人燕妮出身于贵族，他原本可以和燕妮过着安安稳稳、富裕优越的生活。但为了改变无产阶级悲惨贫穷的命运，为了实现全人类的解放，马克思自愿过着颠沛流离、饥寒交迫的苦难生活。

恩格斯同样也是如此。他原本出生在一个富裕的资产阶级工厂主家庭，却选择站在资产阶级的对立面——无产阶级的立场上，和马克思并肩前行，一起遭受反动政府的迫害，一起经历艰苦岁月的磨炼，并一起谋划共产主义的美好未来，一起为实现全人类的解放而不懈奋斗。

马克思主义两位创始人这样无私的奉献令我们潸然泪下，这样宽广的胸怀也令我们深深钦佩。

巴黎已经死了

恩格斯很喜欢巴黎这座城市，在 1848 年的逃亡路途中，他故地重游。然而，面对这里依旧美丽的风光，他失望地哀叹道，六月起义之后的巴黎已经死了。

法国可就好得多了！法国三面临海，境内有 5 条大河朝着 3 个方向奔流；北方的气候同德国和比利时差不多，南方的气候和意大利差不多；北方出产小麦，南方出产玉蜀黍和稻米，北方出产油菜，南方出产橄榄树；北方出产亚麻，南方出产丝绸，而且几乎到处都出产葡萄酒。

什么样的葡萄酒呵！从波尔多酒到勃艮第酒，从勃艮第酒到圣若尔日烈酒、律内尔酒和南方的弗朗亭南酒，从南方的弗朗亭南酒到起泡沫的香槟酒，有多少种类呵！从普提—马康酒或沙布利酒到沙姆彼尔田酒、沙托—拉罗兹酒、索帖尔涅酒，到卢西利昂酒和起泡沫的阿伊酒，有多少种白的和红的葡萄酒呵！妙不可言的是：喝了其中的每一种酒都会产生一种别致的醉意，喝了几瓶酒以后就能使一个人的情绪发生各种各样的变化——从跳轻佻的四人舞到唱“马赛曲”，从跳康康舞的狂热到革命热情的激发，最后，喝了一瓶香槟酒，又能鼓起人间最愉快的狂欢节的情绪！

只有法国才有巴黎，在这个城市里，欧洲的文明达到了登峰造极的地步，在这里汇集了整个欧洲历史的神经纤维，每隔一定的时间，从这里发出震动全世界的电击，这个城市的居民和任何地方的人民不同，他们把追求享乐的热情同从事历史行动的热情结合起来了，这里的居民善于象最讲究的雅典享乐主义者那样地生活，也善于象最勇敢的斯巴达人那样地死去，在他们身上既体现了阿基比阿德，又体现了勒奥尼达斯；这个城市就象路易·勃朗所说的那样，它真的是世界的心脏和头脑。

当你在城市的某一高处，或者在蒙马特尔，或者在圣克鲁平台上眺望巴黎的时候，当你沿着城市的四周漫步的时候，你就会情不自禁地产生这样的想法：法国懂得巴黎对于它有什么意义，所以法国曾不遗余力地细心抚育巴黎。就象一个宫女静静地躺在闪闪发光的青铜长沙发上一样，这个骄傲的城市安闲地屹立在蜿蜒曲折的塞纳河河谷中沐着阳光、栽着葡萄的丘陵上。在凡尔赛的两条铁路上从车窗下望，可以看到村落和小城市星罗棋布的一片翠绿的河谷，世界上哪儿能找到这样美丽的景色呢？象修伦、圣克鲁、色佛尔、蒙莫兰锡以及其他许许多多的乡村和城市，环境是那么引人入胜，建筑是那么精致优美，布置是那么别具风味，世界上哪儿能找到这样美丽的地方呢？随便走到哪一个关卡，随便沿着哪一条道路信步走去，到处都可以看到那样美丽的环境，那样别具风味地利用每一个地方，那样优美和精致。而这颗城市中的珍珠，是自己给自己创造了这样一个绝美的托盘的。

但是，当然，只有法国这样的国家才能创造巴黎。只有当你看到了这一美丽国家的惊人的财富时，你才懂得这个光辉灿烂、宏伟壮丽的无与伦比的巴黎是怎样产生的。如果你从北方来，如果你乘火车奔驰过弗朗德里亚和阿尔图阿平原，奔驰过既无森林又无葡萄园的皮卡尔第山地，你当然感觉不到这一点。在那里，你只看见一片稻田和草地，只是因为还有低洼的河谷和灌木成林的远山，才不觉得单调；当你在庞图阿兹附近进入快要呼吸到巴黎的空气的区域时，你才开始有一点觉察到“美丽的法国”本身。当你乘车通过富饶的洛林河谷，越过满布葡萄园的白垩质的香槟山坡，沿着美丽的马尔纳河谷向首都进发的时候，你就会比较清楚地了解巴黎。当你乘车通过诺曼底，在从卢昂到巴黎这一条路上看到火车时而沿着蜿蜒曲折的塞纳河前进，时而穿过塞纳河奔驰的时候，你就更清楚地认识巴黎了。在塞纳河上，一直到塞纳河口，都散发出巴黎的大气；这里的村庄、城市和山岗，都使人联想到巴黎的郊区，不过你愈接近法国中部，这一切就愈显得美丽、繁华和优雅。但是，只有当我沿着罗亚尔河岸行走，并从那里越过丛山进入遍地葡萄园的勃艮第山谷时，我才完全了解到怎么会有巴黎。

我知道巴黎是在它受君主政体统治的最后两年，当时资产阶级还在尽情地欣赏它的全部权力，工商业还能勉强维持，大资产阶级和小资产阶级中的青年还有足够的金钱去行乐和狂饮，甚至一部分工人的生活也还有保障，他们还能无忧无虑地参加一般的娱乐。我又一次看到巴黎是在 3 月和 4 月，在它暂时陶醉于共和国的蜜月中的时候，当时工人们不加考虑地相信共和国，满不在乎地下了决心，表示“甘愿贫困 3 个月来让共和国支配”，他们白天吃干面包和马铃薯，晚上在大街上种植自由树、放烟火和兴高采烈地唱“马赛曲”，而资产者则成天躲在家里，企图用五颜六色的灯盏来平息人民的怒火。在 10 月里，我又来到了巴黎，但是，我向黑克尔发誓，我决不是自愿来的！从那时到现在，巴黎经历了 5 月 15 日和 6 月 25 日，经历了空前残酷的斗争，曾经血流成海，有 15000 人死亡。卡芬雅克的榴弹把巴黎人的不可遏止的欢乐轰得烟消云散了。“马赛曲”和《Chant du départ》〔“进军曲”〕的歌声沉寂了；只有资产者还在低吟《Mourir pour la patrie》〔“为祖国牺牲”〕。工人们没有面包，没有武器，咬紧牙关，把仇恨藏在心里。在戒严的学校中，鲁莽的共和国很快就变得循规蹈矩、千依百顺、考虑周到和举止稳重（sage et modérée）了。可是巴黎已经死了，这已经不是巴黎了。大街上只有资产者和警察密探；舞场和戏院空无一人；街头的流浪儿穿上了别动队的制服，每天为了 30 个苏为正直的共和国卖命，而且他们愈是愚蠢，就愈受到资产阶级的赞扬，——总之，这又是1847年的巴黎，不过没有灵魂，没有生命，没有火焰，没有工人们当时所表现出来的那种不满情绪的因素罢了。巴黎已经死了，而这个美丽的死人愈是美丽，就愈显得可怕。

我不能在这个已死的巴黎久留。我必须走开，不管到哪里去都行。于是我先动身上瑞士去。因为我身边的钱不多，所以只好步行。并且我也不愿意选择最短的路程，因为我心里是不想轻易离开法国的。

——节选自恩格斯《从巴黎到伯尔尼》（写于1848年10月底—11月），《马克思恩格斯全集》第五卷，人民出版社1958年版，第550—553页。标题为编者所加。

解读

本文节选自恩格斯一篇未写完的旅途随笔《从巴黎到伯尔尼》。虽然是旅途随笔，但恩格斯的这次旅行并不是为了娱乐游玩，而是被驱逐之后的不幸流亡。1848 年秋天，德国反革命势力以阴谋进行颠覆活动的罪名起诉《新莱茵报》的编辑，于是，恩格斯为了躲避通缉而来到布鲁塞尔。但刚到不久，比利时政府就指责所有为争取共和制度的鼓动都是一些德国人搞起来的，将恩格斯逮捕并驱逐出境。无奈之下，他开始逃亡，并于 1848 年 10 月 5 日到达巴黎，但在这里仅逗留了几天，他就转而决定去瑞士。这篇文章记叙的就是他在法国巴黎的见闻。

巴黎是一座美丽的城市，是法国一颗璀璨的珍珠，曾是欧洲文明的前沿与焦点、世界的心脏与头脑。它坐落在法国北部巴黎盆地的中央，塞纳河自东南向西北蜿蜒穿过，其“环境是那么引人入胜，建筑是那么精致优美，布置是那么别具风味”，而且它的居民也充满智慧与个性，不仅具有追求生活享乐的热情，更具有从事历史行动的热情，敢于在时代浪潮中搏击前行。恩格斯在这篇文章中，用光辉灿烂、宏伟壮丽、无与伦比、美丽、繁华、优雅等众多优美词汇来赞美巴黎的独特品质，用排比、反问、比喻、比拟等多样修辞手法来描摹巴黎的美丽风光，字里行间流露了对这座城市的喜爱之情。

那么，在如此美丽的风貌面前，恩格斯为什么哀叹“巴黎已经死了”“这个美丽的死人愈是美丽，就愈显得可怕”呢?

这里的死亡并不是指巴黎的“形体”毁灭了，而是指巴黎的“灵魂”丧失了。恩格斯在本文中比较了巴黎的三个时期。第一个时期是巴黎受君主政体统治的最后两年。在这期间，工人的生活有基本的保障。第二个时期是巴黎二月革命建立法兰西第二共和国之后。在这期间，工人受资产阶级的哄骗，甘愿贫困 3 个月来让共和国支配，沉湎于虚妄的美好幻想中。第三个时期则是巴黎六月起义之后。巴黎六月起义是现代社会中两大对立阶级间的第一次伟大战斗。由于二月革命后工人的利益依旧没有得到维护，建立不久的“国家工场”也被临时政府计划取消，工人的幻想彻底破灭了！因此他们揭竿而起，与资产阶级展开了激烈的战斗！不幸的是，起义以失败而告终。资产阶级刽子手卡芬雅克的榴弹把巴黎人民的欢乐轰得烟消云散，革命的火焰熄灭了，《马赛曲》和《进军曲》的歌声沉寂了，工人们又回到受统治与剥削的悲惨生活中。他们没有面包，没有武器，只有深藏心底的仇恨。

所以，恩格斯怀着失望悲伤的心情离开巴黎了。

革命挚友的动人时刻

恩格斯在德国参与人民武装起义时身陷囹圄，但当他听说马克思在巴黎被捕的消息，他非常担心和挂念，来不及顾念自身安危，于战场紧张的空隙之中，给马克思的夫人燕妮写下了这样一封信。

亲爱的马克思夫人：

您和马克思想必都会感到奇怪，我这么久没有给你们一点音信。原因在于：就在我从凯撒斯劳滕给马克思写信的那一天，传来消息说，霍姆堡已被普鲁士人占领，因而同巴黎的联系被切断了。当时我不能再发信，就到维利希那里去了。在凯撒斯劳滕，我本来没有参加任何所谓的革命活动；但是当普鲁士人到来时，我就情不自禁地参加了战斗。维利希是唯一有些才干的军官，于是我就到他那里去，做了他的副官。我参加了四次战斗，其中有两次，特别是拉施塔特会战，是相当重要的；我发现，备受赞扬的冲锋陷阵的勇敢是人们能够具备的最平常的品质。子弹飞鸣简直是微不足道的事情；在整个战役中，虽然有不少胆怯行为，但我并没有看到有多少人在战斗中畏缩不前。而更多的却是“蛮勇举动”。总之，我幸运地摆脱了各种危险；不管怎样，《新莱茵报》方面有一个人参加了战斗是件好事，因为所有的民主派无赖当时都在巴登和普法尔茨，而目前他们正在吹嘘他们所没有干过的英雄业绩。否则，又会有人叫嚷什么《新莱茵报》的先生们胆子太小，不敢参加战斗。可是，在所有的民主派先生当中，除了我和金克尔，没有一个人参加过战斗。金克尔加入我们的军团当了火枪手，他干得很出色；他在第一次参加战斗时头部被枪弹擦伤，并被俘。

在我们的军团掩护巴登的军队撤退以后，我们比其他所有部队都晚 24 小时进入瑞士，于昨天到达沃韦这里。在战役中以及在进入瑞士的行军途中，我根本无法写信，甚至连一行也写不了。但是现在，我要赶快报告一下情况，尤其是赶紧写信给您，因为我在巴登某处听说马克思已在巴黎被捕。我们看不到任何报纸，因而什么也不知道。这件事情究竟是真是假，我根本无法断定。您可以理解，我为此多么焦急不安，我急切地恳求您消除我的不安，把有关马克思的命运的确实情况告诉我。因为马克思被捕的这个传闻我还没有得到证实，所以我仍然希望它不是真的。不过，德朗克和沙佩尔都在监狱里，对此我几乎是深信不疑的。总之，如果马克思还是自由的，那就请您把这封信转交给他，并请他马上给我写信。如果他感到在巴黎不安全，那么他在瓦特州这里将会是十分安全的。政府本身自称是红色的，是不断革命的拥护者。日内瓦的情形也是一样。曾在美因茨军团里担任过指挥官的那个特里尔人席利，目前就在那里。

如果我能从家里搞到一些钱，那我很有可能到洛桑或日内瓦去，然后再考虑以后怎么办。我们那个曾经勇敢地作过战的部队现在使我感到腻烦，我在这里简直无事可做。维利希在战斗中勇敢、沉着、机智，并且能迅速而准确地总览全局，但是在不作战时他却或多或少是一个无聊的意识形态家，一个“真正的社会主义者”。军团里能够谈得来的人大都分配到别的地方去了。

但愿我能确实知道马克思是自由的！我常常这样想，处在普鲁士的枪林弹雨中的我同在德国的其他人相比，特别是同在巴黎的马克思相比，危险还是小得多的。因此，请您立即使我摆脱这种不明真相的处境。

您的　恩格斯

来信寄瑞士沃韦德国流亡者弗·恩格斯收（如有可能，就用寄到蒂永维尔或梅斯的信封）。

燕妮·马克思，父姓冯·威斯特华伦收。

——（写于1849年7月25日），选自《马克思恩格斯文集》第十卷，人民出版社2009年版，第59—61页。标题为编者所加。

解读

《新莱茵报》停刊后，恩格斯作为维利希的副官，前往德国西南部参加了巴登—普法尔茨地区的人民武装起义。恩格斯先后四次参加了战斗，在枪林弹雨的战场上睿智大胆，积极奋战，并表现出了卓越的领导才能，受到了战友们的热烈赞扬。恩格斯在完成一系列战斗后，听说了马克思在巴黎被捕的消息，他非常担心和挂念，于战场紧张的空隙之中，给马克思的夫人燕妮写下了这样一封信。

恩格斯在文中写道：“我发现，备受赞扬的冲锋陷阵的勇敢是人们能够具备的最平常的品质。子弹飞鸣简直是微不足道的事情；在整个战役中，虽然有不少胆怯行为，但我并没有看到有多少人在战斗中畏缩不前。”从他穿梭于子弹飞鸣的经历中、从他对冲锋陷阵的勇敢的赞扬中，我们可以感受到其在战场上不畏牺牲、勇猛向前和沉着冷静的气质。不仅如此，“我参加了四次战斗，其中有两次，特别是拉施塔特会战，是相当重要的”，“在所有的民主派先生当中，除了我和金克尔，没有一个人参加过战斗”。这说明恩格斯不但是思想上的大家，也是实践中的巨人。在现实的考验中，恩格斯并未将自己困于书斋之中，而是以大无畏的精神积极参与战斗，从而焕发出了耀眼的光彩。

“我们看不到任何报纸，因而什么也不知道。这件事情究竟是真是假，我根本无法断定。您可以理解，我为此多么焦急不安，我急切地恳求您消除我的不安，把有关马克思的命运的确实情况告诉我。因为马克思被捕的这个传闻我还没有得到证实，所以我仍然希望它不是真的。”在这里，恩格斯尽管使用了平常的词语和镇静的表达，我们还是能够从字里行间看到恩格斯对于很可能身陷囹圄的挚友马克思的牵挂。这种牵挂一部分来自马克思对于革命事业的重要性，但更多地来自两人之间的革命情谊。这种情感在那个思想激烈变革、现实风雨飘摇的时代，显得尤为不易和动人。

平淡而真挚的母子感情

恩格斯与自己的母亲互相惦念、互相关怀，母子之间温情常在。虽然恩格斯的母亲从来没有同意过她长子恩格斯的政治观点，却始终亲切地关怀着他。

亲爱的妈妈：

很久没有给你写信，因为我想用适当的形式来答复你最近对我的政治活动提出的意见，以便使你不致感到不快。但是，当我一次又一次地看到《科伦日报》上极端无耻的谎言，特别是瓦亨胡森这个坏蛋的卑鄙行为，当我看到那些在战时把所有法国报刊上的东西全都看作是谎言的人，现在却把警察局的每一个捏造和卖身投靠的巴黎下流报纸对于公社的每一个诽谤，都当作福音书一样在德国各地传

恩格斯的父亲母亲

布，这时我的心情就不太适于写回信了。由于照普鲁士的样板枪毙了几个人质，由于照普鲁士的先例烧毁了几座宫殿——而其余一切全是谎言——，就大叫大嚷起来，而对于凡尔赛分子枪杀已经解除武装的四万男人、妇女和儿童一事，却无人谈论！然而，你们不可能知道这一切；你们只有从《科伦日报》和《爱北斐特日报》上得到消息，而这两家报纸简直是向你们灌输谎言。不过，你在自己的一生中也曾听说过，有不少人，例如在老拿破仑统治时期的道德协会会员、1817 年和 1831 年的蛊惑者、1848 年的人们，都曾被诽谤为真正的食人生番，而后来总是证实，他们根本不是那么坏，由于出自私利的迫害狂，起先给他们编造了各种各样骇人听闻的故事，但后来这些故事都烟消云散了。亲爱的妈妈，我希望你在报纸上读到关于这些捏造的恶行时，会记起这些，这样你对 1871 年的人们也就会怀有好感。

我丝毫没有改变将近三十年来所持的观点，这你是知道的。假如事变需要我这样做，我就不仅会保卫它，而且在其他方面也会履行自己的义务，对此你也不应该觉得突然。我要是不这样做，你倒应该为我感到羞愧。即使马克思不在这里或者甚至根本没有他，情况也不会有丝毫改变。所以，归罪于他是很不公平的。并且我还记得，从前马克思的亲属曾经断言，似乎是我把他带坏了。

关于这一点不用多谈了。这里毫无办法，只好任其如此。如果再平静一段时间，叫嚣自然会消失，而你自己也就会比较平静地看待这些事情了。

9 月份我在兰兹格特度过了一段时间，这是多维尔稍北部东岸的一个不大的，或者确切些说是一个相当大的海滨疗养区。这是我所知道的最有趣的疗养区之一，在这里可以过着无拘无束的生活，在陡峭的白垩岩石下面有个很漂亮的石头浴场，那里到处是沿街卖唱的假黑人、变戏法的、耍杂技的、演傀儡戏的等等诸如此类的玩意儿。地方不很讲究，所以花费不多，令人感到自由自在。海水浴非常好，而且由于天气凉爽，这就使我得到双倍的好处：我的胃口大开，一天能睡十个小时。尽管我住在伦敦的一个最有益于健康的地区，那里的空气，按医生的说法，象农村一样好，但是我仍然觉得，和这里的空气比较还有很大差别。你的确应该考虑在明年夏天来呼吸三四个星期的海滨空气，这种空气甚至能使最健康的人变得更健康。

我那位有意思的邻居已有一些时候没有弹钢琴吵我了，也许她已经离开。但是，现在在对面盖新房子的地方，有个女音乐师；下面有一家裁缝铺，上面的房子已租出去。目前情况还不错，所以我也就无可抱怨了。

令人讨厌的雨还在下着，这在秋季的晴朗天气以后，完全是出乎意料的。于是不得不生起炉子，而在三天以前，天气还很闷热，以致不开窗户就受不了。但是整个说来，这里的气候要比曼彻斯特好得多；几乎从来没有整天下雨的，而在曼彻斯特，这个时候却常常是两三天连绵不断地下雨。

从海尔曼和艾米尔的话中我感到，大概还需要过一些时候，他们才能在一定程度上与阿道夫和解。如果他们彼此先分开一些时候，和解可能会快些。不管怎样，好在分产至少基本上已告结束；既然钱财问题解决了，不管怎样，就没有任何新的借口进行争吵了。但愿一切都会顺利解决。

总的说来，我的自我感觉良好，精神饱满，我终于在这里买到了好烟叶，于是我又拾起了我最初心爱的长烟斗。今天晚上我要使自己特别愉快一番，要冒着大雨到滨河路的维也纳啤酒店去痛饮一场。小艾米尔·布兰克这几天常到我这里来呆一会儿，不然我根本见不到这个轻佻的人，因为我几乎从来不到西蒂区去。

好吧，祝你健康！向弟妹们衷心问好，不要因为我久未写信而责怪我。

衷心地爱你。

你的　弗里德里希

可以转告艾米尔·布兰克，马克思不需要我的钱。不过，我倒要看一看，如果我向他提出马克思要用他的钱，艾米尔·布兰克会是一副什么样的面孔。

——（写于1871年10月21日），选自《马克思恩格斯全集》第三十三卷，人民出版社1973年版，第307—310页。

解读

1871 年 3 月 18 日，巴黎工人举行起义，国民自卫军占领蒙马特尔高地，推翻了资产阶级的反动统治，建立了无产阶级革命政权。3 月 28 日，巴黎公社宣告成立；5 月 28 日，坚守在拉雪兹神父公墓的最后的公社战士倒下，公社以失败告终。巴黎公社诞生于资本主义仍处于上升的历史时期，政权失败后，德国、英国、比利时、瑞士等国家的统治阶级都采取了报复手段来对付工人运动。资产阶级的报刊以猛烈的宣传攻势将巴黎公社污名化。国际工人协会发表宣言表明对巴黎公社的绝对拥护，但在资产阶级报刊铺天盖地的"狂轰滥炸"面前，作为第一国际创始人的乔治·奥哲尔和本杰明·鲁克拉夫特却投降了。为打击资产阶级对巴黎公社的抹黑报道，马克思写作《法兰西内战》对公社进行科学分析，将公社看作"是终于发现的、可以使劳动在经济上获得解放的政治形式"，是人类历史上第一次无产阶级政权的伟大尝试。恩格斯公开拥护巴黎公社，并将《法兰西内战》一文翻译为德文，致力于总结巴黎公社政权的经验教训以指导推进其他国家的工人运动。

由于恩格斯公开拥护巴黎公社，他的母亲爱利莎·恩格斯在 1871 年 10 月 21 日给恩格斯寄来了一封不满他掺和其中的信件，更表达了对马克思"教坏"自己长子的不满。恩格斯尽力"辩驳"——巴黎的下流报纸对公社进行诽谤，而德国各地却将其当作福音书一样传播，《科伦日报》和《爱北斐特日报》“妖言惑众”，简直就是在向民众们灌输谎言。在这封给母亲的回信中，恩格斯一方面竭力地维护着他的战友，“即使马克思不在这里或者甚至根本没有他，情况也不会有丝毫改变。所以，归罪于他是很不公平的。并且我还记得，从前马克思的亲属曾经断言，似乎是我把他带坏了”；另一方面表达了自己对于共产主义事业的坚定与忠诚，“如果再平静一段时间，叫嚣自然会消失，而你自己也就会比较平静地看待这些事情了”，“我丝毫没有改变将近三十年来所持的观点，这你是知道的。假如事变需要我这样做，我就不仅会保卫它，而且在其他方面也会履行自己的义务，对此你也不应该觉得突然”。

恩格斯在委婉却坚定地表达了自身政治观点之后，谈起了自己近期的生活状况，从石头浴场到沿街卖唱的假黑人等，从有意思的邻居到女音乐师到裁缝铺，从令人讨厌的雨到让人健康的海滨空气，琐碎而温馨，充满着浓浓的爱意，正如信件的结尾——“衷心地爱你”。这也是我们所知恩格斯写给他母亲的最后一封信，不过两年，爱利莎·恩格斯便逝世了。

美国旅行印象

“美国是一个新世界”？美国人是“最先进的民族”？让来自“旧式的、沉睡的”欧洲的恩格斯用他的所见所闻来告诉你答案吧。

我们通常都以为，美国是一个新世界——新不仅是就发现它的时间而言，而且是就它的一切制度而言；这个新世界由于藐视一切继承的和传统的东西而远远超过了我们这些旧式的、沉睡的欧洲人；这个新世界是由现代的人们完全根据现代的、实际的、合理的原则在处女地上彻底新建的。美国人也总是竭力使我们相信这种看法。他们瞧不起我们，认为我们是迟疑的、囿于各种陈腐偏见的、害怕一切新事物的不切实际的人；而他们这个最先进的民族（the most go-ahead nation），对于每一个新的改进方案，会纯粹就它的实际好处进行检验，这个方案一旦被认为是好的，差不多第二天就会立即付诸实行。在美国，一切都应该是新的，一切都应该是合理的，一切都应该是切合实际的，因此，一切都应该与我们不同。

在柏林号轮船上，我第一次遇到一大群美国人。他们大多数是很可爱的人，有男有女，比英国人容易接近，有时谈吐过于直率一些，而在其他方面，就跟任何地方穿着较好的人们差不多。他们与众不同之处至多是一种独特的小资产阶级的姿态，这不是畏首畏尾、缺乏自信的德国小资产者的姿态，也不是英国小资产者的姿态；这种姿态由于同十分自信的举止结合，由于好像是一种自然而然的东西，所以看起来就像是一种天性。年轻一些的女士尤其给人一种天真的印象，这在欧洲只有在小一些的城市里才可以看到。当她们双双手挽着手或者挽着男子的手臂，精神饱满地、几乎是横冲直撞地走过甲板的时候，她们那种跳跳蹦蹦的步子，她们那种一阵风吹来便正正经经地按住裙子的姿态，都同我们天真的乡下姑娘一模一样。她们老是使我想起瑞典女人——她们和瑞典女人一样健壮高大——，我也总是觉得，她们随时准备向人行礼请安，就像瑞典女人所做的那样。我的美国旅伴们也继承了一点日耳曼种族普遍固有的肉体上和精神上的笨拙，还完全没有克服掉。总之，我对美国人的第一个印象绝对不是认为他们对欧洲人具有民族优越性，也绝对不是认为他们是一个崭新的、年轻的民族类型。相反，我的印象是：他们仍然顽固地坚持着继承下来的、在欧洲被认为是过时了的小资产阶级习惯；在这方面，我们欧洲人同美国人相比，就跟巴黎人同外省人相比一样。

在纽约，当我第一次走进我的卧室的时候，我发现了什么呢？人们可以想象的最老式的家具，带铜环或弓形拉手的抽屉柜，这在本世纪初是很时髦的，在欧洲只有农村里还保存着；紧挨着的是一些比较新式的英国或法国样式的家具，不过也已经相当陈旧了，而且大部分都摆得不是地方；最新的东西是一张巨大的摇椅，摇动起来弧形有 240 度，这也是过了时的。到处都是这样，椅子、桌子和衣橱，大部分看来都像是祖祖辈辈传下来的。纽约街上的马车也是旧式的，乍看起来，好像这种两侧带有栅栏的马车在欧洲任何一个农家的院子里都找不到。当然，如果再靠近一点仔细看看，就会发现这种马车是大大改进了的，很舒适，装有很好的弹簧支架，特别轻便，而且是用特别结实的木料制成的；尽管有这一切改进，旧的样式却仍然原封不动。伦敦在 40 年代初期还有出租马车，旅客从后面上车，在左右两边面对面地坐着，像在公共马车里一样；1850 年以后，这种马车就绝迹了。

而在波士顿，这种厢式马车今天还很盛行——就我所知，波士顿是唯一一个实际上还在用出租马车的美国城市。设备豪华、房间数以百计的现代美国旅馆，从它们纯粹美国式的膳宿安排上可以看出，它们是从人烟稀少的地方的偏僻农舍演变来的，而这些农舍，就是在今天，还偶尔收费供给旅客食宿（这一点我回头再谈）。由此可见这些旅馆的特点，这些特点在我们看来不仅是奇怪的，而且简直是太不合时宜了。很多事情都是这样。

凡是想尝试三十年战争时期在欧洲旅行的滋味的人，都应该到美国随便哪个山区去一趟，旅行到铁路线的终点，再从这里坐乡间马车到野外去。我们四个人（弗・恩格斯、卡・肖莱马、爱・艾威林和爱琳娜・马克思－艾威林。——编者注）就这样到阿迪朗达克山脉去游览了一次，我们难得像坐在这种马车的顶上那样开怀大笑。一辆样式无法形容的破旧的厢式马车——有名的古代普鲁士拖车跟它比起来，就像是豪华的轿式马车了——，车顶上和车厢里有六个或九个与之配套的座位，这就是所谓马车。还有那公路，对不起，那简直不是公路；我们也很难管它叫路：上山和下山，有两道车轮走过的痕迹深深陷在沙质的黏土里……（手稿到此中断。——编者注）

——（写于1888年9月19日—29日），选自《马克思恩格斯全集》第二十八卷，人民出版社2018年版，第562—564页。

解读

1888年，恩格斯携家人到美国旅行和疗养。在此期间和回到欧洲之后，恩格斯陆陆续续写下一些文字，记录和回忆了他在美国旅行期间的种种见闻。《美国旅行印象》就是其中一篇。

游记的开始并没有直接描写他在美国的所见所闻，而是用“我们通常都以为”开头，对人们想象中的美国展开了描述。在人们通常的认识中，美国是一个“最先进的民族”，是新世界，一切都是新的、有效率的、生机勃勃的、合理的、切实的；一切都与恩格斯所生活的那个旧式的、沉睡的、迟疑的、陈腐的欧洲不同。

恩格斯显然并不打算轻率地认同这些通常的观点。他在接下来的篇幅中用一个观察者的眼光审视了这个“新世界”，并对其展开了细致生动的描写。他首先观察到的是旅途中的美国人，他看到他们确有不同于欧洲人的地方：大多数“很可爱”，比德国人显得自信，比英国人容易接近，甚至有些天真，仿佛这是他们的天性。但是，他们身上并没有那种崭新与年轻的民族的特点，反而更像是顽固继承了欧洲过时了的小资产阶级习惯的一群人。

之后，恩格斯又描写了他在纽约和波士顿的见闻。恩格斯细心地观察到，在这个新兴资本主义国家的最繁华的城市中，一切都带有陈旧过时的欧洲色彩。在纽约，他看到美国人的室内装饰风格是陈旧且混杂的：家具风格陈旧，在欧洲已经过时；欧洲最老式的家具与相对新式的英法样式的家具摆放在一起。波士顿还在使用经过改良的厢式马车，公路状况非常差。此外，在旅途中，他还注意到“设备豪华、房间数以百计的现代美国旅馆”的膳宿安排“是从人烟稀少的地方的偏僻农舍演变来的”。这就是新大陆给恩格斯留下的直观感受，奇怪而且不合时宜，不但不“新”，反而感觉很“旧”。

恩格斯的这篇游记是一篇非常有意思的旅行见闻，他用对比的手法，为我们绘制了一幅 19 世纪末美国的速写。文章不长，但是寥寥数言已经为我们勾勒出这个新兴资本主义国家的新旧混合、实用主义的文化色彩，以及与欧洲大陆既有渊源又有区别的新大陆的生活样态。手稿后来中断，令人觉得甚是遗憾，以恩格斯细致的观察力、丰富的想象力和深刻的洞察力，如果这篇游记继续写下去，估计还会写出很多有趣的细节和丰富的内容。

卷二

科学评论人物

歌德的伟大和渺小

歌德不仅是德国的伟大作家，也在世界文学史上占据着显赫的地位。在本篇文章中，恩格斯将歌德多方面的情况结合起来，对他作出了独特的评价：有时非常伟大，有时极为渺小。

关于歌德本人我们当然无法在这里详谈。我们要注意的只有一点。歌德在自己的作品中，对当时的德国社会的态度是带有两重性的。有时他对它是敌视的；如在“伊菲姬尼亚”里和在意大利旅行的整个期间，他讨厌它，企图逃避它；他象葛兹，普罗米修斯和浮士德一样地反对它，向它投以靡菲斯特非勒司的辛辣的嘲笑。有时又相反，如在“温和的讽刺诗”诗集里的大部分诗篇中和在许多散文作品中，

歌德（油画）

他亲近它，“迁就”它，在“化装游行”里他称赞它，特别是在所有谈到法国革命的著作里，他甚至保护它，帮助它抵抗那向它冲来的历史浪潮。问题不仅仅在于，歌德承认德国生活中的某些方面而反对他所敌视的另一些方面。这常常不过是他的各种情绪的表现而已；在他心中经常进行着天才诗人和法兰克福市议员的谨慎的儿子、可敬的魏玛的枢密顾问之间的斗争；前者厌恶周围环境的鄙俗气，而后者却不得不对这种鄙俗气妥协，迁就。因此，歌德有时非常伟大，有时极为渺小；有时是叛逆的、爱嘲笑的、鄙视世界的天才，有时则是谨小慎微、事事知足、胸襟狭隘的庸人。连歌德也无力战胜德国的鄙俗气；相反，倒是鄙俗气战胜了他；鄙俗气对最伟大的德国人所取得的这个胜利，充分地证明了“从内部”战胜鄙俗气是根本不可能的。歌德过于博学，天性过于活跃，过于富有血肉，因此不能象席勒那样逃向康德的理想来摆脱鄙俗气；他过于敏锐，因此不能不看到这种逃跑归根到底不过是以夸张的庸俗气来代替平凡的鄙俗气。他的气质、他的精力、他的全部精神意向都把他推向实际生活，而他所接触的实际生活却是很可怜的。他的生活环境是他应该鄙视的，但是他又始终被困在这个他所能活动的唯一的生活环境里。歌德总是面临着这种进退维谷的境地，而且愈到晚年，这个伟大的诗人就愈是 de guerre lasse〔疲于斗争〕，愈是向平庸的魏玛大臣让步。我们并不象白尔尼和门采尔那样责备歌德不是自由主义者，我们是嫌他有时居然是个庸人；我们并不是责备他没有热心争取德国的自由，而是嫌他由于对当代一切伟大的历史浪潮所产生的庸人的恐惧心理而牺牲了自己有时从心底出现的较正确的美感；我们并不是责备他做过宫臣，而是嫌他在拿破仑清扫德国这个庞大的奥吉亚斯的牛圈的时候，竟能郑重其事地替德意志的一个微不足道的小宫廷做些毫无意义的事情和寻找 menus plaisirs（原意是：“小小的乐趣”；转意是：花在各种怪癖上的额外费用。——编者注）。我们决不是从道德的、党派的观点来责备歌德，而只是从美学和历史的观点来责备他；我们并不是用道德的、政治的、或“人的”尺度来衡量他。我们在这里不可能结合着他的整个时代、他的文学前辈和同代人来描写他，也不能从他的发展上和结合着他的社会地位来描写他。因此，我们仅限于纯粹叙述事实而已。

——节选自恩格斯《诗歌和散文中的德国社会主义》（写于1846年底—1847年初），《马克思恩格斯全集》第四卷，人民出版社1958年版，第256—257页。标题为编者所加。

解读

歌德（1749—1832），德国人，生活在欧洲政治、经济、文化发生急剧变化的时代，具有极高的文学创作才华，蜚声世界文坛。在诗歌、戏剧、小说、散文、自传等方面，他都创造出众多脍炙人口的作品，比如《浮士德》《少年维特的烦恼》《威廉·迈斯特》《铁手骑士葛兹·冯·柏里欣根》《亲和力》《伊菲姬尼亚在陶里斯》《普罗米修斯》……恩格斯在此文中提到的伊菲姬尼亚、葛兹、普罗米修斯、浮士德、靡非斯特非勒司、温和的讽刺诗等都是歌德的作品及其中的人物。

恩格斯阅读了歌德的很多作品，他对歌德高超的文学造诣十分钦佩并深受其影响。恩格斯 18 岁时曾向朋友倾诉道："我对自己的诗和创作诗的能力，日益感到绝望，特别是读了歌德的《向青年诗人进一言》等两篇文章之后更是如此，文章把我这样的人刻画得真是惟妙惟肖；这两篇文章让我明白，我所写的这种押韵的玩意儿对艺术毫无价值；但今后我仍将继续搞这种押韵的玩意儿，因为正像歌德所说，这是一种'愉快的补充'。"在 1840 年给妹妹的一封信中，恩格斯激动地写道："妈妈在圣诞节的时候给我寄来了《歌德全集》领书证，昨天我就拿到了先出的几卷，而且昨晚我读《亲和力》一直读到 12 点钟，感到极大的满足。这个歌德真是一位了不起的人！"在上面这篇节选文章中，恩格斯也称赞歌德为"天才诗人""最伟大的德国人"，充分肯定了歌德的文学成就。

歌德曾经也担任政府要员，参与政治活动。1775 年，歌德受邀前往魏玛公国——德国众多封建小邦中的一个，随后参与宫廷生活和政治事务，并被提拔为枢密顾问。在这里，他整日忙忙碌碌，不仅负责整顿矿山、管理交通、参加军事委员会、掌握财政，还要陪伴年轻的公爵打猎、出游，撰写供宫廷娱乐的化装游行戏剧等作品。这样，歌德就被牢牢困入了庸俗的生活中，其内心充满了矛盾与纠结。为了摆脱这种困境，他于 1786 年前往意大利旅行。直到两年之后，才又重新回到魏玛，并卸掉了政治重任。

1789 年法国资产阶级革命爆发，引起了全欧洲的震撼，封建统治秩序在风雨中飘摇欲坠。然而，歌德反对这种革命暴力手段，在其作品中蔑视群众，嘲讽革命，主张改良主义。对此，恩格斯指出："当事件已近在眼前以致他几乎不得不相信某种新事物正在到来时，他却走进内室，锁上了门，以求安逸。这十分有损歌德的形象；可是革命爆发时，歌德已 40 岁了，已经是一个定型的人了，所以不能为此责备他。”恩格斯后来又写道：“只有在我国的文学中才能看出美好的未来。这个时代在政治和社会方面是可耻的，但是在德国文学方面却是伟大的。……这个时代的每一部杰作都渗透了反抗当时整个德国社会的叛逆的精神。歌德写了‘葛兹·冯·柏里欣根’，他在这本书里通过戏剧的形式向一个叛逆者表示哀悼和敬意。……但是，这些都是他们青年时代的作品。他们年纪一大，便丧失了一切希望。歌德只写些极其辛辣的讽刺作品……甚至连德国最优秀最坚强的思想家都对自己祖国的前途不抱任何希望。”

因此，恩格斯评价歌德“有时非常伟大，有时极为渺小”，既赞扬了歌德在文学创作领域所取得的辉煌成就，也指出了他没有完全摆脱德国庸人习气的缺陷。

威廉·沃尔弗

实现无产阶级乃至全人类的解放是一项伟大的事业。为了完成这项事业，千千万万的革命者为之奔波、为之奋斗。本文所介绍的威廉·沃尔弗就是其中杰出的一位。

如果我没有记错，这大约是 1846 年 4 月底的事情。当时马克思和我住在布鲁塞尔郊区的一处地方，我们正好在合写一本书（指《德意志意识形态》。——编者注），有人告诉我们说，一位德国来的先生想同我们谈话。我们看到了一个身材矮小、但很健壮的人；他的面部表情显得和蔼可亲而又沉着坚定；一副德国东部农民的样子，穿着一身德国东部小城市市民的衣服。这就是威廉·沃尔弗。他由于违反新闻出版法而受到迫害，幸免于被关进普鲁士的监狱。第一眼看到他，我们并没有料想到，这个外表并不出众的人，竟是一个十分难得的人物。没过几天，我们就同这位新的流亡伙伴建立了诚挚的友谊，而且我们相信，我们结交的不是一个平凡的人。他在古典古代文化中陶冶而成的才智，他那丰富的幽默，他对艰深理论问题的清楚理解，他对人民群众的一切压迫者的强烈憎恨，他那刚毅而又沉着的气质，很快就展现了出来。但是，只有在斗争中，在胜利和失败的时候，在顺利和不利的时刻，经过多年的共同活动和友好交往，我们才能充分认识到他那坚忍不拔的刚强性格，他那无可怀疑的绝对忠诚，他那在对付敌人、对待朋友和自己时所表现的同样严格、始终如一的责任感。

威廉·沃尔弗于 1809 年 6 月 21 日诞生在西里西亚弗兰肯施泰因附近的塔尔瑙。他的父亲是一个世代相承的依附农民，同时兼营一家法庭酒店（即乡村法庭用来举行会议的饭店，波兰语叫做 karcz-ma），即使这样，他还得和妻子儿女一起为老爷服徭役。所以，威廉从小就不仅了解德国东部依附农的窘迫境况，而且还有切身的体验。此外，他还学到了更多的东西。威廉谈起他的母亲来，总是特别亲切，他的母亲受过比同等地位的人更高的教育。她激发和培养了威廉对封建主老爷无耻剥削和虐待农民的愤恨。这种愤恨如何在他的一生中汹涌澎湃地激荡，我们在谈到他终于能把这种愤恨公开宣泄出来的那一段生活时就会看到。这个农民的孩子很快就显露出他的才能和好学的精神。要是条件许可，他理应进中学去念书。但是，要做到这一点，必须克服多少障碍啊！经济上的困难就不用说了，还有老爷及其管事的阻拦，然而没有他们又是什么也办不了的。固然从名义上说，世代相承的依附关系在 1810 年就废除了，可是封建的苛捐杂税、徭役、领主裁判所和庄园主的警察权仍然照旧保留下来，这就使世代相承的依附关系实际上也继续存在。老爷和他的管事们宁肯让农民的孩子去当猪倌，也不愿让他们成为大学生。但是，一切障碍都克服了。沃尔弗进了施韦德尼茨的中学，后来又进了布雷斯劳的大学。在这两个学校，他都不得不靠当私人教师来谋取自己的大部分生活费。在大学里，他以特别浓厚的兴趣钻研古典语文学，但他决不是旧学派的那种咬文嚼字的语文学者。他对希腊和罗马的伟大诗人和散文作家有透彻的了解，他们的作品成了他终生喜爱的读物。

就在沃尔弗快要大学毕业的时候，联邦议会和奥地利、普鲁士的政府重新开始了在 20 年代曾经沉寂下去的对蛊惑者的迫害。沃尔弗由于参加大学生协会，也在 1834 年被捕；有好多年，他从一个监狱被提到另一个监狱受审，最后判了罪。判了什么罪呢？我认为，他在任何时候对此都不屑一提。不管怎样，他被关进了银山要塞。

……

在银山，沃尔弗同囚禁在要塞的蛊惑者们一起经受了无数的患难，也分享了小小的欢乐，对此，弗里茨·罗伊特在上文提到的那本书中作了非常生动和十分幽默的描写。在那潮湿的囚室和严寒的冬天，令人稍感慰藉的是，看守这座山崖古堡的所谓驻防人员是一些年老的残废军人，这些人并不那么严厉，有时也乐于收受一点烧酒或者几文酒钱。1839 年，沃尔弗终于因健康严重恶化而得到赦免。

……

回到布雷斯劳以后，经过多次交涉和申诉，他终于得到极可尊敬的王国政府的许可做私人教师，现在，他至少可以维持俭朴的生活了。这个几乎是恬淡寡欲的人也没有更多的要求。同时，他又在当时艰苦条件下可能做到的范围内，重新开始了反对现存压迫的斗争。他不得不只限于公布官吏、庄园主和厂主们横行霸道的一些事实，可是，就是这样做，也常常遇到书报检查机关的阻挠。但这并没有使他气馁。在当时刚刚建立的处理书报检查案件的高等法庭里，再也没有比布雷斯劳的私人教师沃尔弗更执著、更经常光临的主顾了。在他看来，最大的乐趣莫过于一旦稍微知道一点书报检查官的弱点，便愚弄书报检查机关，在大多数书报检查官都很愚蠢的情况下，这样做并不那么困难。

……

在布鲁塞尔，他很快就在那里办的一个通讯社找到了工作，这个通讯社为德国报纸提供法国、英国和比利时的消息，并且在情况许可的范围内，根据社会民主主义精神对这些消息进行编辑。当《德意志—布鲁塞尔报》由我们党掌握的时候，沃尔弗也给该报撰稿。在我们当时创办的布鲁塞尔德意志工人协会里，沃尔弗很快就成了最受爱戴的演讲人之一。他每星期都到那里去发表时事评论。这种评论每次都是一篇叙述通俗、幽默，而又十分有力的杰作，特别是对德国的统治者和臣民的狭隘性和卑劣性，进行了应有的抨击。这种政治评论成了他十分喜爱的题材，在他参加的每一个社团里，他都要发表这种评论，而且每次都讲述得同样完美而通俗。

……

他在巴黎没有住多久。柏林的三月革命、法兰克福议会和柏林议会的筹备，促使他首先前往西里西亚，以便在那里为支持激进派竞选而开展工作。他想在我们创办报纸以后，立即到我们这里来，不管办报的地点在科隆还是在柏林。由于他受到普遍的爱戴，还由于他善于进行通俗而有力的演说，因此，特别是在乡村选区，他使激进派的竞选获得了成功；如果没有他，这种竞选是毫无希望的。

这时候，《新莱茵报》从6月1日起在科隆出版，马克思任主编。不久，沃尔弗也来科隆担任编辑部里的职务。他那孜孜不倦的勤恳态度，他那细致周密、一丝不苟的认真作风对他颇为不利，因为编辑部里尽是些年轻人，他们往往因此多给自己腾出个把钟头的空闲时间，相信“鲁普斯（“鲁普斯”是对威·沃尔弗的戏称。——编者注）一定会设法使报纸出版的”。在这方面我也不是没有过错。因此，在报纸出版初期，沃尔弗多半忙于日常工作而很少撰写社论。然而，他很快就找到一条途径，把这项工作也变成了独立的活动。在标题为《国内新闻》的常设专栏里，他汇编了来自德意志各小邦的消息，并以无可比拟的幽默描绘了统治者和被统治者的那种鄙陋无知、目光短浅的狭隘性和市侩习气。同时，他每星期都到民主协会去发表时事评论，在这里，他也很快就成了最受爱戴和最有影响的演讲人之一。

……

然而，自从1789年8月4日法国国民议会无偿地取消一切封建赋役以来，已经过了整整59年，而柏林议会仍然不敢采取同类步骤。赎免徭役的条件是松了一些。可是，规定无偿废除的只是一些最无耻、最令人愤懑的封建权利。然而这个法案还没有最后通过，议会就被驱散了，曼托伊费尔先生声称，政府不接受这个法案作为法律。这样一来，旧普鲁士的徭役农民的希望破灭了，因此，必须影响他们，向他们说明他们的处境。而沃尔弗则是做这一工作的最适合的人，这不仅因为他自己原本是依附农的儿子，幼年服过徭役；也不仅因为他保持着这样的童年在他心里培养起来的对封建压迫者的强烈憎恨；而且因为没有谁像他那样清楚地了解封建奴役方式的各种细节，特别是在西里西亚这样一个封建奴役形式样样俱全、应有尽有的省区。

……

然而，对普鲁士容克的无耻行径，仅仅进行这种抵制是不够的。《新莱茵报》在进攻中寻找并发现了自己的力量。于是沃尔弗在1849年3月22日的报纸上开始发表一组文章，题为《西里西亚的十亿》，他在文中计算了自从开始赎免徭役以来，光是西里西亚的贵族就从农民那里非法取走了多少数额的现款、财物和地产。在《新莱茵报》刊登的许多令人振奋的文章中，只有少数文章像3月22日和4月25日之间发表的这8篇文章那样产生了如此的影响。在西里西亚和东部其他各省，报纸的订数迅速增加；人们要求买个别几天的报纸，而最后，由于其他省没有莱茵省法律保证我们获得的那种例外的新闻出版自由，在高贵的邦法下面，要重印又根本办不到，因此，人们产生了一个想法，打算在西里西亚秘密地把这8天的报纸全部翻印出来，版面尽可能接近原版，并散发几千份，——这样做，编辑部自然是最不会有异议的。

……

过了几年，他的物质生活达到了对他自己的要求来说已经十分满意的水平；学生们崇敬他；他为人直爽、忠于职守、和蔼可亲，所以无论老少，无论英国人或德国人都敬重他、喜爱他。由于他的工作的性质，他主要是同资产阶级的，因而在政治上多少是敌对的分子接触；可是，虽然他从来丝毫也没有放弃过自己的气质、自己的信念，他却很少同那些人发生冲突，即使发生了冲突，结果也能保持自己的荣誉。当时我们大家都同各种公开的政治活动隔断了。反动的立法堵住了我们的嘴，日常的报刊绝口不提我们，出版者对于我们偶尔提出的请求连赐予拒绝都很勉强。看来，波拿巴主义最终战胜了社会主义。在许多年内，沃尔弗是我在曼彻斯特的惟一的同志；我们几乎天天见面，我在那里又经常有机会赞赏他对当前事件的几乎出自本能的准确判断，这是不奇怪的。

沃尔弗是如何地认真负责，对此我只举一个例子。他给自己的一个学生出了一道一本教科书上的算术题。他把答数同所谓习题解答上的答数对了一下，说学生算得不对。但是，当这个孩子把这道题重算了许多次，得出来的还是同样的答数时，沃尔弗便亲自复算了一遍，发现孩子是正确的，而习题解答上印错了。沃尔弗立即坐下来把书上所有的习题重做了一遍，以便检查习题解答中是否还有同类错误："这种情况我不应该再发生！"

也正是因为这样认真负责，他还没有活到 55 岁就去世了。……大脑血管发生破裂，多次出现脑血肿以后，他就在 1864 年 5 月 9 日去世了。马克思和我失去了一位最忠实的朋友，德国革命失去了一位价值无比的人。

——节选自恩格斯《威廉·沃尔弗》（写于 1876 年 5 月底或 6 月初—9 月中），《马克思恩格斯全集》第二十五卷，人民出版社 2001 年版，第 63—108 页。

解读

威廉·沃尔弗是德国著名的无产阶级革命家、马克思和恩格斯的亲密战友，于1864年不幸逝世。为了悼念他，马克思把《资本论》这部重要著作献给了他。《资本论》扉页上赫然写着“献给 我的难以忘怀的朋友 勇敢的忠实的高尚的无产阶级先锋战士 威廉·沃尔弗 1809年6月21日生于塔尔瑙 1864年5月9日死于曼彻斯特流亡生活中”。为了悼念他，恩格斯写了这篇近3万字、共11个部分的传记性著作。受篇幅限制，本文只节选了一小部分。从这些方面，我们既可以感受到马克思、恩格斯与沃尔弗之间深厚的友情，也可以体会到沃尔弗在无产阶级革命事业中的重要地位与作用。

为了方便读者理解，我们可以将沃尔弗的生平简要概括如下：

威廉·沃尔弗，1809年出生在一个依附农家庭，幼年服过徭役，因此，他从童年起便产生了对封建压迫者的强烈憎恨，并且这种憎恨贯穿影响了其一生。后来，升入布雷斯劳的大学，1834年由于受普鲁士政府的迫害而被捕，学业中断。5年之后被赦免。出狱后，靠做私人教师来维持俭朴的生活，并重新开始了反对现存压迫的斗争。1845年底或1846年初，由于违反新闻出版法而受到指控，被迫出逃。后来到布鲁塞尔，并在1846年4月底和马克思、恩格斯见面认识，志同道合的三人很快就建立了诚挚的友谊。

在这里，他做编辑、撰稿，并在布鲁塞尔德意志工人协会里发表时事评论，风格通俗、幽默而又十分有力，很受大家的爱戴。1848 年，回到德国，积极参加革命斗争，支持激进派竞选，担任马克思主编的《新莱茵报》编辑，特别是撰写发表了反对封建专制制度的著作《西里西亚的十亿》，并在民主协会上发表时事评论。革命失败后，流亡瑞士、英国。从 1853 年 9 月起，在曼彻斯特定居，谋得私人教师的工作，对学生认真负责，物质生活渐渐改善，也与同在这里的恩格斯经常见面，但由于受外部环境的影响，不再参与公开的政治活动。1864 年，因病去世。

恩格斯对沃尔弗做了详尽的描述，包括：外貌、性格、家庭、不同时间段的经历，甚至还用一则教学小故事来彰显他认真负责的态度，使一个有血有肉的人物形象活灵活现地展现在我们面前。此外，恩格斯在原文中还特意从沃尔弗的重要著作《西里西亚的十亿》中摘录了大量引文，以此来表现沃尔弗本人的思想。但由于篇幅限制，本文没有节选，在这里给读者做一个简要的补充。沃尔弗的这部著作于 1849 年 3 月和 4 月陆续发表在《新莱茵报》上，他以大量确凿的事实和统计资料对 1848 年以前除莱茵省之外的整个普鲁士农民深受剥削的状况做了全面而具体的描绘。他要求骑士对农民作出赔偿，无偿地废除一切徭役和货币租税，把豪绅们的地产分给农民。西里西亚农民协会曾将这部著作翻印了 10000 份，免费散发给农民。实践证明，这确实是一部优秀的著作，它在吸引农民参加革命运动中起到了极大的鼓动作用。

悼念燕妮·马克思

马克思的夫人燕妮·马克思于1881年12月2日逝世，恩格斯在其墓前发表了纪念讲话。他描绘了燕妮跟随着马克思的漂泊的一生，给予了她极高的评价，并呼吁人们视其为榜样、向她学习。

马克思与燕妮

我们肃立于其墓前的这位心地高尚的女性，1814年生于萨尔茨韦德尔。此后不久，她的父亲冯·威斯特华伦男爵，被任命为特里尔的政府顾问，在那里他同马克思一家结下了亲密的友谊。两家的孩子在一起长大。当马克思进大学的时候，他和自己未来的妻子就已经知道，今后他们的命运将是不可分的。

1843年，在马克思以旧《莱茵报》编辑身份第一次在社会上崭露头角和该报被普鲁士政府查禁以后，他们结婚了。从这一天起，燕妮不仅和她的丈夫共命运、同辛劳、同斗争，而且是以高度的自觉和炽烈的热情积极投身其中。

新婚夫妇前往巴黎，起初是自愿侨居，很快就成了强制流亡。甚至在巴黎，普鲁士政府也迫害马克思。必须遗憾地指出，像亚·洪堡这样的人竟卑鄙到参与促使路易－菲力浦政府把马克思驱逐出法国。全家搬到了布鲁塞尔。后来发生了二月革命。当这一事件在布鲁塞尔引起动荡的时候，比利时警察局不仅逮捕了马克思，还一定要把他的妻子也监禁起来，而且连个表面上的借口也没有。

1848年的革命热潮，第二年就衰落了。接着又一次被驱逐，起初再次到巴黎，后来由于法国政府再次干涉，便迁到伦敦。这一次真正是苦难重重的流亡。流亡者通常遭遇到的苦难，她都经受得住，尽管这种苦难使她失去了三个孩子——其中包括她的两个男孩。但是，一切政党，不论是执政党还是反对党——封建派、自由派和所谓民主派——都串通一气反对她的丈夫，对他大肆进行最卑鄙的毫无根据的诬蔑；所有报刊无一不将他拒之门外；他在他俩极端蔑视的敌人面前孤立无援，无法自卫——这一切才是使她最为痛心的事情。而且这种情况继续了多年。

但也并非永远如此。渐渐地，欧洲的工人阶级所处的政治环境终于使这个阶级有了某些活动余地。国际工人协会成立了。它把文明国家一个接一个地吸引到斗争中来。在这个斗争中站在最前列的就是她的丈夫。她所经受过的许多苦难得到补偿的时候开始了。她生前终于看到：倾泻在她丈夫头上的那些卑鄙诬蔑烟消云散了；她生前终于得知：各国反动派——封建派，甚至还有所谓民主派——费尽心机企图扼杀的她丈夫的学说，在一切文明国家用一切文明语言公开地胜利地传播开了。她生前终于看到：无产阶级革命运动席卷了一个又一个国家，从俄罗斯到美洲，昂首阔步，充满胜利信心地前进。在她临终前最后使她感到欣慰的一件事情是：德国工人阶级冒着一切镇压性法律的迫害，在最近的选举中光辉地证实了它的不可遏止的生命力。

这样一位女性，有着这样清晰而敏锐的头脑、这样精明的政治才干、这样强烈而充沛的工作热情、这样的自我牺牲精神，她为革命运动所做的事情，却没有展示于公众，报刊上也没有登载。她所做的一切只有在她身边生活过的人才了解。

但是，有一点我知道：我们将会常常为听不到她的那些大胆但不虚夸、审慎但无损于荣誉的建议而惋惜。

她的个人品德，我没有必要讲了。这是她的朋友们都知道而且永远不会忘记的。如果说有一位女性把使别人幸福视为自己的最大幸福，那么这位女性就是她。

我们肃立的这个地点就最好不过地证明了，她是满怀无神论唯物主义信念而生，满怀无神论唯物主义信念而死的。她不惧怕死亡。她知道，总会有一天她的肉体和精神都要回到生育她的大自然的怀抱。我们这些把她安放在她的最后安息地的人，都要纪念她，努力学习她的榜样。

——节选自恩格斯《在燕妮·马克思墓前的讲话草稿》（1881年12月2或3日），《马克思恩格斯全集》第二十五卷，人民出版社2001年版，第538—540页。标题为编者所加。

解读

马克思的夫人燕妮·马克思于 1881 年 12 月 2 日因病逝世，本文是恩格斯在燕妮墓前的讲话，深刻而隽永。

恩格斯首先描绘了燕妮跟随着马克思的漂泊的一生。“流亡者通常遭遇到的苦难，她都经受得住，尽管这种苦难使她失去了三个孩子——其中包括她的两个男孩。但是，一切政党，不论是执政党还是反对党——封建派、自由派和所谓民主派——都串通一气反对她的丈夫，对他大肆进行最卑鄙的毫无根据的诬蔑；所有报刊无一不将他拒之门外；他在他俩极端蔑视的敌人面前孤立无援，无法自卫——这一切才是使她最为痛心的事情。而且这种情况继续了多年。”现实越是凄惨，燕妮和马克思的爱情之伟大就越得到彰显。燕妮和马克思是伴侣，也是战友。马克思是在燕妮的陪伴下完成的理论创建，没有燕妮在其背后的支持和牺牲，也就不会有马克思而今的成就。恩格斯作为亲眼见证马克思夫妇一路艰难历程的人，用饱含深情的笔触还原了燕妮的伟大，而燕妮的精神也通过恩格斯的叙写激励着后人。

“她所经受过的许多苦难得到补偿的时候开始了。她生前终于看到：倾泻在她丈夫头上的那些卑鄙诬蔑烟消云散了；她生前终于得知：各国反动派——封建派，甚至还有所谓民主派——费尽心机企图扼杀的她丈夫的学说，在一切文明国家用一切文明语言公开地胜利地传播开了。她生前终于看到：无产阶级革命运动席卷了一个又一个国家，从俄罗斯到美洲，昂首阔步，充满胜利信心地前进。”恩格斯不无骄傲地写下了这一段话。这既是对既往无产阶级运动的肯定，更体现了对无产阶级事业的坚定信念——共产主义运动终将冲破旧势力的枷锁，解放全人类。而革命事业的胜利，就是对于艰苦奋斗过的共产主义战士们的最好慰藉。

最后，恩格斯以唯物主义无神论者的视角，对燕妮做了最后的告别。“我们肃立的这个地点就最好不过地证明了，她是满怀无神论唯物主义信念而生，满怀无神论唯物主义信念而死的。她不惧怕死亡。她知道，总会有一天她的肉体和精神都要回到生育她的大自然的怀抱。”对于这样一位伟大女性的一生，这样的告别，是一个最为恰当的庄重肃穆的句点，比任何的宗教仪式都直击人心，让人动容。

马克思逝世：19 世纪下半叶最伟大的头脑停止了思考

1883 年 3 月 14 日，马克思—全世界无产阶级和劳动人民的革命导师，永远地闭上了眼睛。恩格斯，与马克思并肩作战 40 年的忠诚朋友，怀着悲恸的心情向他们共同的战友告知这一消息。这封写给威廉·李卜克内西的信就是其中之一。

亲爱的李卜克内西：

从我给倍倍尔夫人（这是我所知道的唯一通讯处）的电报里，你们大概已经知道，欧洲的社会主义革命党遭受了多么严重的损失。上星期五医生——伦敦最好的医生之一——还告诉我们，只要营养跟得上，维持住他的体力，他完全有希望恢复得像以前那样健康。而且正是从那时候起，他的胃口又开始好一些了。但是今天下午两点多钟我去的时候，看到全家都在掉泪，说他异常地虚弱；琳蘅叫我上楼去看他，说他处在半睡的状态，当我上了楼的时候——此时她离开房间不过两分钟光景——他已完全睡着，但是长眠不醒了。19 世纪下半叶最伟大的头脑停止思考了。关于致死的直接原因，没有医生的意见我不好判断；整个情况是这样复杂，以致医生们要把它详细写出来，也要花费许多笔墨。然而，现在这毕竟已经不是那么重要的了。最近六个星期以来，我饱受了惊恐，而我所能说的只是，在我看来，起初他的夫人去世，接着，在他非常危急的关头燕妮（燕·龙格。——编者注）又去世，这些都起了作用，加速了他的逝世。

虽然今天晚上我看到他仰卧在床上，面孔已经僵硬，但是我仍然不能想象，这个天才的头脑不再用他那强有力的思想来哺育新旧大陆的无产阶级运动了。我们之所以有今天的一切，都应当归功于他；现代运动当前所取得的一切成就，都应归功于他的理论活动和实践活动；没有他，我们至今还会在黑暗中徘徊。

你的　弗·恩格斯

——（写于1883年3月14日），选自《马克思恩格斯选集》第四卷，人民出版社2012年版，第557—558页。标题为编者所加。

解读

1883年3月14日，马克思——全世界无产阶级和劳动人民的革命导师、无产阶级的精神领袖，永远地闭上了眼睛，“19世纪下半叶最伟大的头脑停止思考了”。恩格斯，与马克思并肩作战40年的忠诚朋友，怀着悲恸的心情向他们共同的战友告知这一消息。这封写给威廉·李卜克内西的信就是其中之一。信中既有着丧失挚友的悲恸，更有着对于新旧大陆无产阶级运动丧失了伟大的精神导师的痛心。这种真挚恳切的感情在另一封写给左尔格的信里淋漓尽致地表达着——“人类却失去了一个头脑，而且是人类在当代所拥有的最重要的头脑。无产阶级运动在沿着自己的道路继续前进，但是，法国人、俄国人、美国人、德国人在紧要关头都自然地去请教的中心点没有了，他们过去每次都从这里得到只有天才和造诣极深的人才能作出的明确而无可反驳的忠告。”

但是，恩格斯，作为同样伟大的无产阶级运动的革命导师与精神领袖，在丧失挚友与斗争同行者的时候，并不仅仅耽溺于悲恸，而是以更加昂扬的姿态投入战斗！他继续着与亡友共同的未竟的事业，扛起大旗，高歌前进。他在写给约翰·菲力浦·贝克尔的信中说：“现在，我们两人差不多是1848年以前的老近卫军中最后的两个人了。这又有什么关系，我们一定要坚守岗位。”他更立下灵前的誓言：“一定沿着你所指出的道路前进，不达到目的决不罢休。”恩格斯以坚韧的毅力前进着。1883年4月30日，恩格斯在写给奥古斯特·倍倍尔的信中表明自己要留在伦敦：“只有在这里才能安安静静地继续从事理论工作。……现在，我已六十三岁，本身的工作多极了，要用一年时间整理《资本论》第二卷，还要用一年时间写马克思的传记，此外还要写1843—1863年间的德国社会主义运动史和国际史（1864—1872年）。”

如同恩格斯在马克思墓前对于马克思的诚挚评价一样，“他的英名和事业将永垂不朽”，恩格斯的英名和事业也将永垂不朽！

在马克思墓前的讲话

没有人比恩格斯更了解马克思，也没有人比恩格斯更能对马克思做出公正的评价。这篇简短的墓前讲话，对马克思一生的贡献做了简要的概括，特别是关于“两大发现”的说法，更是举世皆知。

3月14日下午两点三刻，当代最伟大的思想家停止思想了。让他一个人留在房里还不到两分钟，当我们进去的时候，便发现他在安乐椅上安静地睡着了。——但已经永远地睡着了。

这个人的逝世，对于欧美战斗的无产阶级，对于历史科学，都是不可估量的损失。这位巨人逝世以后所形成的空白，不久就会使人感觉到。

正像达尔文发现有机界的发展规律一样，马克思发现了人类历史的发展规律，即历来为繁芜丛杂的意识形态所掩盖着的一个简单事实：人们首先必须吃、喝、住、穿，然后才能从事政治、科学、艺术、宗教等等；所以，直接的物质的生活资料的生产，从而一个民族或一个时代的一定的经济发展阶段，便构成基础，人们的国家设施、法的观点、艺术以至宗教观念，就是从这个基础上发展起来的，因而，也必须由这个基础来解释，而不是像过去那样做得相反。

不仅如此。马克思还发现了现代资本主义生产方式和它所产生的资产阶级社会的特殊的运动规律。由于剩余价值的发现，这里就豁然开朗了，而先前无论资产阶级经济学家或者社会主义批评家所做的一切研究都只是在黑暗中摸索。

一生中能有这样两个发现，该是很够了。即使只能作出一个这样的发现，也已经是幸福的了。但是马克思在他所研究的每一个领域，甚至在数学领域，都有独到的发现，这样的领域是很多的，而且其中任何一个领域他都不是浅尝辄止。

他作为科学家就是这样。但是这在他身上远不是主要的。在马克思看来，科学是一种在历史上起推动作用的、革命的力量。任何一门理论科学中的每一个新发现——它的实际应用也许还根本无法预见——都使马克思感到衷心喜悦，而当他看到那种对工业、对一般历史发展立即产生革命性影响的发现的时候，他的喜悦就非同寻常了。例如，他曾经密切注视电学方面各种发现的进展情况，不久以前，他还密切注视马塞尔·德普勒的发现。

因为马克思首先是一个革命家。他毕生的真正使命，就是以这种或那种方式参加推翻资本主义社会及其所建立的国家设施的事业，参加现代无产阶级的解放事业，正是他第一次使现代无产阶级意识到自身的地位和需要，意识到自身解放的条件。斗争是他的生命要素。很少有人像他那样满腔热情、坚韧不拔和卓有成效地进行斗争。最早的《莱茵报》（1842 年），巴黎的《前进报》（1844 年），《德意志—布鲁塞尔报》（1847 年），《新莱茵报》（1848—1849 年），《纽约每日论坛报》（1852—1861 年），以及许多富有战斗性的小册子，在巴黎、布鲁塞尔和伦敦各组织中的工作，最后，作为全部活动的顶峰，创立伟大的国际工人协会，——老实说，协会的这位创始人即使没有别的什么建树，单凭这一成果也可以自豪。

正因为这样，所以马克思是当代最遭嫉恨和最受诬蔑的人。各国政府——无论专制政府或共和政府，都驱逐他；资产者——无论保守派或极端民主派，都竞相诽谤他，诅咒他。他对这一切毫不在意，把它们当做蛛丝一样轻轻拂去，只是在万不得已时才给以回敬。现在他逝世了，在整个欧洲和美洲，从西伯利亚矿井到加利福尼亚，千百万革命战友无不对他表示尊敬、爱戴和悼念，而我可以大胆地说：他可能有过许多敌人，但未必有一个私敌。

他的英名和事业将永垂不朽！

——（写于1883年3月18日前后），选自《马克思恩格斯选集》第三卷，人民出版社2012年版，第1002—1004页。

解读

1883年3月14日，伟大的无产阶级革命家、科学家马克思逝世，一颗巨星陨落，工人阶级的世界黯然失色。随后，在伦敦海格特公墓安葬马克思时，恩格斯怀着悲痛的心情发表了讲话。

在这篇墓前讲话中，恩格斯对马克思一生评价的思路是这样的：马克思既是科学家，更是革命家。作为科学家，马克思创立了具有划时代意义的“两大发现”，一是发现了人类历史发展的规律，即唯物史观；二是发现了资本主义生产方式的运动规律，即剩余价值规律。作为革命家，马克思使现代无产阶级意识到自己的历史使命，并创立伟大的国际工人协会。因此，马克思的去世，对于无产阶级的解放斗争，对于历史科学，都是不可估量的损失。

恩格斯与马克思终身合作、并肩战斗，他们共同创立马克思主义科学理论，共同投身无产阶级革命斗争。他对马克思的贡献有深刻的认知和公正的评价，特别是在涉及自己的时候，恩格斯讲得十分准确而得体。他说：“我不能否认，我和马克思共同工作40年，在这以前和这个期间，我在一定程度上独立地参加了这一理论的创立，特别是对这一理论的阐发。但是，绝大部分基本指导思想（特别是在经济和历史领域内），尤其是对这些指导思想的最后的明确的表述，都是属于马克思的。我所提供的，马克思没有我也能够做到，至多有几个专门的领域除外。至于马克思所做到的，我却做不到。马克思比我们大家都站得高些，看得远些，观察得多些和快些。马克思是天才，我们至多是能手。没有马克思，我们的理论远不会是现在这个样子。所以，这个理论用他的名字命名是理所当然的。”

在千把字的篇幅内评价马克思一生的贡献，是极为困难的，况且又是在马克思刚刚去世的几天之内。但恩格斯做到了，而且只有恩格斯能够做到。其实，在马克思去世当天恩格斯给朋友们的信中，已经精辟地概括了马克思对工人运动的意义。

他写道：“这个人在理论方面，而且在一切紧要关头也在实践方面，对我们究竟有多么大的意义，这只有同他经常在一起的人才能想象得出。他的广阔的眼界将同他一起长久地从舞台上消逝。这种眼界是我们其余的人所达不到的。运动必将沿着自己的道路发展下去，但是已经缺少那种沉着的、及时的、深思熟虑的指导了，这种指导到现在为止曾多次使它避免在歧路上长期徘徊。”

“虽然今天晚上我看到他仰卧在床上，面孔已经僵硬，但是我仍然不能想象，这个天才的头脑不再用他那强有力的思想来哺育新旧大陆的无产阶级运动了。我们之所以有今天的一切，都应当归功于他；现代运动当前所取得的一切成就，都应归功于他的理论活动和实践活动；没有他，我们至今还会在黑暗中徘徊。”

马克思的英名和事业将永垂不朽！

约翰·菲力浦·贝克尔

人的思想有一个逐渐发展的过程。骁勇善战的无产阶级革命将领约翰·菲力浦·贝克尔，在战火的淬炼中逐渐认识到无产阶级是真正革命力量的核心，从而由一个普通的民主共和主义者进步为一个自觉的共产主义者。

死亡又一次在为无产阶级革命而奋斗的先进战士的行列中打开了一个缺口。12 月 7 日，约翰·菲力浦·贝克尔在日内瓦逝世了。

1809 年，贝克尔生于福兰肯塔尔（在巴伐利亚的普法尔茨），早在二十年代，刚刚脱离童年他就参加了自己故乡的政治运动。七月革命之后，三十年代初期，这个运动具有了共和主义性质，贝克尔就成了这个运动最积极最坚决的参加者之一。他曾多次被捕，被交付法庭审讯，被宣告无罪，但是最后不得不从得胜了的反动派那里逃出来。他来到瑞士，定居在俾尔，取得了瑞士公民权。在这里他并不是无所作为的；一方面他关心各德国工人联合会的事务，关心德国、意大利及其他欧洲流亡者的革命尝试，另一方面他也关心瑞士民主派夺取各别州的政权的斗争。大家知道，这个斗争，特别是在四十年代初，汇成了对贵族州和教权派州的一系列武装进攻。贝克尔跟大多数这种“叛乱”都或多或少有些牵连，所以他终于被判处逐出他的新家乡伯尔尼州十年。这些小型的战斗的使命终于在 1847

年由对宗得崩德的战争完成了；贝克尔当时是瑞士军队的军官，他忠于自己的职守，在向琉森进军中，他带领了他所在的那个师的前卫部队。

……

这次退却要由贝克尔率领他那些刚刚招募来的、没有经过训练的人来掩护，而且像往常一样，没有骑兵和炮兵。他让退却者得以退却到相当距离以后，在22日晚8时从海得尔堡出动到讷卡格芒德，在那里休息了几个小时，在23日到达辛斯海姆，在这里虽然同敌人极其接近，但他还是让部队休息了几小时，同时保持战斗队形，在当晚到达艾宾根，而在24日晚8时越过布列顿到达杜尔拉赫，在这里又被卷入此时已经联合起来的普法尔茨—巴登部队无秩序的退却。贝克尔在这里接收了残余的普法尔茨部队归自己指挥，这时不仅要掩护梅洛斯拉夫斯基退却，而且要守住杜尔拉赫，直到完全退出卡尔斯卢厄为止。像往常一样，他现在还是没有炮兵，因为配属给他的炮兵已经离开了。

贝克尔尽可能加紧挖战壕以加强杜尔拉赫，第二天（6月25日）早晨两个普鲁士师和波伊克尔的帝国军队就从三方面发起进攻。他不仅打退了一切进攻，而且尽管只能用步骑枪射击去对付敌人的火炮射击，他还是不止一次地转为进攻；经过四小时的战斗以后，他率领部队秩序井然地退却了，没有遇到被派出来迂回的队伍的阻挠；而且他只是在得知卡尔斯卢厄已经撤退，交给他的任务已经完成之后，才实行退却。

这无疑是整个巴登—普法尔茨战役中最光辉的一段。贝克尔率领的人大多数不过是两三个星期以前才招募来的，而且都是些毫无经验的新兵，由临时客串的军官和军士勉强训练了一下，差不多不知道纪律是什么东西，——他率领这样的人在四十八小时之内走了八十公里以上或者说十一德里以上的路程，而且还是作为被击溃的、被消灭了一半的军队的后卫部队在退却。他在夜间开始了这次转移，带领他们通过敌人的战线到达杜尔拉赫，秩序井然，所以第二天一早他们能对普鲁士人进行这次战役中为数不多的战斗之一，在这次战斗中革命军完全达到了目的。这次战绩即使对老部队说也是很荣誉的，而对这样一些年轻的兵士说来则是极罕见极光荣的事情。

……

到这时为止贝克尔主要是一个普通的民主共和主义者；以后他大大前进了一步。对德国特别是南德的“纯粹的共和派”更进一步的认识和 1849 年革命时所取得的经验，都向他证明，今后必须用另一种方式来行动。贝克尔从青年时代起对无产阶级就有深切的同情，现在这种同情有了更加具体的形式；他明白，资产阶级到处都是反动政党的核心，而真正革命力量的核心则只能是无产阶级。一个凭感性的共产主义者成为一个自觉的共产主义者了。

他还有一次曾经试图组织志愿队；这是在 1860 年，加里波第胜利进军西西里岛之后的事情。贝克尔从日内瓦出发前往热那亚，以便和加里波第协同进行准备工作。但是加里波第的迅速胜利以及为君主制的利益而利用胜利果实的意大利军队的干预，使运动终止了。同时到处都在预料，来年会爆发对奥地利的新战争。大家都知道，俄国想利用路易 - 拿破仑和意大利向奥地利实行报复，并完成它在 1859 年的未竟之业。意大利政府派了一个总参谋部的高级官员到热那亚去见贝克尔，向他表示：如果他同意在德国进行有利于意大利的反奥宣传，就可以得到意大利军队的一个上校军衔，拿优厚的薪金和出差费，还可以指挥由他自己在即将爆发的战争中编组的军团。但无产者贝克尔断然拒绝了；他决不想为君主们效劳。

这是他组织志愿队的最后一次尝试。不久国际工人协会成立了，贝克尔就是它的创立者之一。他出席了为国际奠基的有名的圣马丁堂群众大会。他组织了瑞士罗曼语区的德国工人和当地工人，创办了该团体的机关刊物“先驱”，他出席国际的历次代表大会，并站在对《Alliance de la Démocratie socialiste》（“社会主义民主同盟”——编者注）和瑞士汝拉地区的巴枯宁派无政府主义者进行斗争的最前列。

国际解体以后，贝克尔公开出面的机会就比较少了。但尽管这样，他总是深入工人运动，并且利用广泛的通信和许许多多到日内瓦来拜访他的客人，不断地影响运动的进程。1882 年马克思曾在他那里度过一天，今年 9 月间七十七岁的贝克尔还经过普法尔茨和比利时旅行到伦敦和巴黎，在这个期间我很幸运地把他接到我这里住了两个星期，同他在一起谈古论今。但是过了不到两个月，电报竟传来了他逝世的消息！

贝克尔是一个少有的人。完全可以用强健这样一个词来形容他。直到他生命结束前他的身心还是很健全的。他像个巨人，很有力气，而且仪表堂堂，由于难能可贵的禀赋和健康有益的活动，他像他的身体那样和谐地发挥了他那虽没有上过学但决不是没有受过教育的才智。他是少数全凭天性来选择正确道路的人中的一个。因此他才这样容易同革命运动的发展步调一致，在第七十八年的时候也像在十八岁那样精神抖擞地站在最前列。1814 年他还是一个同过往的哥萨克玩耍的小孩子，1820 年看到了刺杀科采布的桑得被处死，二十年代时还是一个不明确的反对派，但一直在不断发展，到 1886 年就完全达到运动的高水平。同时他并不像 1848 年大多数“严肃的”共和派那样，是一个抑郁寡欢而不明事理的人，——他是欢乐的普法尔茨的真正乐观的儿子，对酒、女人和歌曲的喜爱并不亚于其他任何人。他生长在“尼贝龙根之歌”的故乡，伏尔姆斯附近，甚至在晚年也还像我国古代英雄史诗中的人物那样，在击剑的间隙快活而诙谐地向敌人呼喊，在没有人可砍杀的时候就编写民歌：提琴手福耳克尔就应该是这个样子，而且只能是这个样子。

但他最出色的才能无疑是军事才能。在巴登他所做的比其他任何人都多得多。别的从常备军学校中训练出来的军官觉得在这里的是一些和自己完全格格不入的，几乎不服管教的还不成其为兵士的人，而贝克尔却在瑞士民兵这所简陋的学校里学会了他自己一整套组织艺术、战术和战略，所以国民军对他说来并不是什么格格不入的东西，其不可避免的缺点也不是什么怪事。在其他人精神沮丧或非常激动的场合下，贝克尔却仍然从容不迫，寻找一个又一个出路；他知道如何对待自己的人，善于用开玩笑来给他们鼓劲，终于控制了他们。1870 年的普鲁士将军中，妒忌他带着一师新兵从海得尔堡转移到杜尔拉赫这件事的岂止一人而已，那时他率领的新兵几乎完全没有受过训练，但是却保持着立即投入战斗并顺利地进行战斗的能力。也正是在这次战役中，他竟能使配属给他的、任何人对之都无法可想的普法尔茨兵士投入战斗，甚至迫使他们在开阔地上转入进攻。贝克尔的逝世，使我们丧失了我们有过的唯一一位德国革命将领。

这是一个光荣地参加过三代人的解放斗争的人。

工人们将把他作为自己最优秀的代表之一铭记在心里。

——节选自恩格斯《约翰·菲力浦·贝克尔》（写于 1886 年 12 月 9 日），《马克思恩格斯全集》第二十一卷，人民出版社 1965 年版，第 365—371 页。

解读

1886年12月7日，杰出的德国革命将领约翰·菲力浦·贝克尔去世了。恩格斯在他去世后的第三天怀着悲痛的心情写下了这篇悼文。

贝克尔的生平可以简要概括如下：

约翰·菲力浦·贝克尔，1809年出生于德国普法尔茨的一个工人家庭。19世纪30—40年代，参加德意志和瑞士的民主运动。1848—1849年，在德国爆发革命后，积极参加革命运动，并指挥巴登—普法尔茨战役。革命失败后，从中吸取教训，从一个普通的民主共和主义者转变为自觉的共产主义者。1860年，试图组织志愿队。1864年，参与创建国际工人协会，创办刊物《先驱》，出席历次代表大会。晚年，依靠写通讯稿和他人的资助维持生活。1886年，不幸去世。

恩格斯与贝克尔是多年亲密的战友，两人常有书信往来，因此，恩格斯对贝克尔各方面的情况都很熟悉，并在此基础上做出了客观而又高度的评价。军事上，贝克尔具有非凡的领导才能与冷静分析的能力，甚至能率领几乎完全没有受过训练的新兵在艰难的情况下顺利进行战斗，创造军事奇迹；政治上，贝克尔在革命战火的淬炼中，一步步转变为自觉的共产主义者，甚至在面对反动势力的名利诱惑时，能够果断拒绝，坚定地选择为改变无产阶级的命运而斗争；生活上，他是普法尔茨的真正乐观的儿子，充满了无限的欢乐与热情。

在贝克尔晚年时，恩格斯建议他写回忆录。为了帮助这位老英雄，恩格斯每个季度给他寄去五英镑，同时要求德国社会民主党每月也为他提供一定数目的生活补助费。1886 年 10 月，恩格斯在致奥古斯特·倍倍尔的书信中写道："如果这件事能够办成，他就有时间去写或口授他的回忆录，这个回忆录对德国革命运动史，因而也对我党成立以前的历史，从 1860 年起部分地对我们党本身的历史，都是极端重要的。这样也就给人民书店提供了一本极为珍贵的畅销书。我认为这项工作是很必要的，否则老贝克尔就会把一大批十分珍贵的历史材料带进坟墓里去，或者在最好的情况下，这些材料就会保存在我们的敌人和半敌人、庸俗民主派等等那里并由他们叙述出来。此外，老头子在政治上和军事上都起过重大的作用。在 1849 年的运动中，他是唯一的一个真正来自人民的指挥员。他用自己在瑞士军队中学到的那种并不高明的战略和战术，比所有巴登军官和普鲁士军官作出了更大的贡献，而且他在政治上坚决执行了正确路线。他还是一位天生的人民统帅，具有惊人的冷静的头脑和罕见的善于指挥新部队的才能。"恩格斯在这份书信中从政治和军事两方面再次赞扬了贝克尔的才能。

卡尔·肖莱马

共产主义是一项伟大的事业。为了实现这项事业，各行各业的人都投身进来了。其中就包括德国著名的化学家卡尔·肖莱马。

卡尔·肖莱马

在曼彻斯特南面市公墓里今天垒起的一座新坟前哀悼的，不仅有各国科学界，而且还有德国社会民主党。在那里安息的大化学家，早在拉萨尔在德国崭露头角之前，就已经是个共产主义者了；他毫不隐瞒自己的信念，直到逝世之前始终是德国社会党的积极的一员，并且按时缴纳党费。

卡尔·肖莱马于 1834 年 9 月 30 日生于达姆斯塔德；他在故乡念中学，然后在吉森和海得尔堡学化学。大学毕业之后，他于 1858 年移居英国，当时在那里，对出于李比希门下的有才能的化学家广开着飞黄腾达之门。但是，尽管他的年轻同行大部分都热中于搞工业，他却仍然忠实于科学；起初他给私人化学家安格斯·斯密斯当助手，后来给罗斯科当助手，罗斯科在这之前不久被聘为新成立的欧文斯学院的化学教授。1861 年，充当罗斯科私人助手的肖莱马，得到了欧文斯学院实验室的正式助手职位。

在六十年代，他完成了在化学领域内的一些划时代的发现。有机化学大大发展，终于从一堆零星的、或多或少不完备的关于有机物成分的资料变成了一门真正的科学。肖莱马挑选了这些有机物中最单纯的作为研究对象，坚信正是应该在这里奠定这门新科学的基础；这些最单纯的有机物原来仅由碳和氢构成，但是若用其他单纯的或复杂的物质置换其中一部分氢，它们就会变成具有各种不同性能的完全另外的一种物质；这就是脂肪烃，其中人们较为熟知的几种含在石油里，从脂肪烃可以制取醇、脂肪酸、酯等等。我们现在关于脂肪烃所知道的一切，主要应该归功于肖莱马。他研究了已知的属于脂肪烃类的物质，把它们一一加以分离，其中的许多种是由他第一次提纯的；另一些从理论上说应当存在而实际上还未为人所知的脂肪烃，也是他发现和制得的。这样一来，他就成了现代的科学的有机化学的奠基人之一。

除了这些专门的研究以外，他还花很多时间研究了所谓的理论化学，即这门科学的基本规律，研究这门科学同邻接的各门科学如物理学、生理学之间的联系。在这方面他也表现出特殊的天赋。也许，他是当时唯一的一位不轻视向黑格尔学习的著名的自然科学家，那时候许多人鄙视黑格尔，但他对黑格尔评价很高。这是完全正确的。凡是想在理论的、一般的自然科学领域中有所成就的人，都不应该像大多数研究者那样把自然现象看成不变的量，而应该看成变化的、流动的量。一直到现在，还是从黑格尔那里最容易学会这一点。

我是在六十年代初和肖莱马认识的（马克思和我很快就跟他成了亲密的朋友），那时候，他常常脸上带着血斑和伤痕来看我。跟脂肪烃打交道可不是闹着玩儿的；这些大部分还没有被认识的物质，总是在他手上爆炸，这样他就得到了不少光荣的伤痕。只是因为戴着眼镜，他才没有为此丧失视力。

那时候他已是一个完全成熟的共产主义者，他需要从我们方面接受的只是对他早已理解的信念的经济学上的论证。后来，由于通过我们了解了各国工人运动的成就，他就经常怀着很大的兴趣注视着这一运动，特别是克服了起初的纯粹拉萨尔主义的阶段以后的德国工人运动。我在 1870 年年底移居伦敦之后，我们之间频繁的通信照旧大部分谈的是自然科学和党的事务。

在这以前，尽管肖莱马已经有了公认的世界声誉，他仍留在曼彻斯特，地位很低微。但是后来情况就不同了。1871 年他被提名为皇家学会（即英国科学院）会员的候选人；而他——很难得地——马上就当选了；1874 年欧文斯学院终于专门为他设立了有机化学的新教授职位，接着格拉斯哥大学选他为名誉博士。但是这些身外之荣丝毫也没有改变他的为人。这是一个世界上最谦虚的人，因为他的谦虚是建立在他对自己的意义的正确认识上的。正因为这个缘故，他把这些承认他的表现当作某种自然而然的东西接受下来，因此也就心地坦然。

他的假期，除了在德国度过以外，总是到伦敦马克思家里和我家里来度过。四年以前他还陪我去美洲进行过一次“远足”。然而那时他的健康已有亏损。1890 年我们还能到挪威和北角去，但是在 1891 年，我们一起旅行刚刚开始，他的健康就显得不行了，从那时起他就再也没有来过伦敦。从 1892 年 2 月起，他几乎已经不能迈出家门，从 5 月起便卧病在床；6 月 27 日他因肺癌逝世。

这位科学家也曾身受过反社会党人法的迫害。六七年前，他由瑞士去达姆斯塔德。这时，不知在什么地方有一只装有苏黎世出版的“社会民主党人报”的小箱子落到警察手里。除了这位社会民主党人教授以外还有谁能偷运这种违禁品呢？要知道，按照警察的理解，化学家一定就是受过科学训练的走私贩。一句话，在他母亲和他兄弟家里进行了搜查；但教授当时在赫希斯特。马上去了电报；在那里也进行了搜查，但是却搜出一件完全出乎意料之外的东西，这就是一张英国护照。肖莱马在德国颁布反社会党人法之后，就入了英国国籍。警察在这张英国护照面前发软了：同英国发生外交纠纷毕竟得小心为上。整个案件就以在达姆斯塔德闹了一场大丑剧而告终，这使我们在最近的选举中至少又多得了 500 票。

我代表党的执行委员会在忠实的朋友和党的同志的坟前献了花圈，花圈上系着红带，写着《From the Executive of the Social-Democratic Party of Germany》〔“德国社会民主党执行委员会敬挽”〕。

——（写于 1892 年 7 月 1 日），选自《马克思恩格斯全集》第二十二卷，人民出版社 1965 年版，第 363—366 页。

解读

卡尔·肖莱马是德国赫赫有名的化学家，同时也是一名坚定的共产主义者。恩格斯曾说，肖莱马“确实是我长期以来所认识的最好的人当中的一个”。他逝世后，恩格斯代表德国社会民主党的执行委员会在这位忠实的朋友和党的同志的坟前献了花圈，并在《前进报》上发表了这篇悼文，对肖莱马的学术贡献和政治品质做了高度评价。

卡尔·肖莱马对化学怀有浓厚的兴趣，一直在有机化学领域深入钻研、勤奋耕耘，并取得了很大成就，成为闻名于世界的有机化学权威之一。年轻时期的肖莱马因为家境贫寒曾经历了一番艰难的求学历程，之后，于1859年到曼彻斯特的欧文斯学院做化学教授罗斯科的私人助手，1861年在该院的化学实验室得到了正式助手职位，1871年当选英国皇家学会会员，1874年成为英国第一位有机化学教授。他全面系统地研究了有机物，将它们分为脂肪族和芳香族两大类；首先把有机化学定义为“碳氢化合物及其衍生物的化学”；从煤焦油和石油馏分中分离出一系列烷烃，并研究了它们的元素组成、物理和化学性质及其与结构的关系，从而成为近代有机化学的奠基人之一。他在有机化学理论方面也有重大贡献，创立了“二元论”，发展了基团理论、取代学说和类型说，为原子结合理论的定型化奠定了基础。

在这些令人惊羡的成就背后，是肖莱马独特的创新、勤奋的努力和英勇的奉献。面对陌生的领域，他埋头苦干，一点一滴地开拓，促使有机化学变成了一门真正的科学；由于跟脂肪烃打交道，他的脸上经常带着血斑和伤痕；纵然取得如此成就，他却始终保持着谦虚的态度……

而且，十分难能可贵的是，卡尔·肖莱马还有另外一个重要身份——共产主义者。肖莱马在19世纪60年代初认识恩格斯、马克思的时候，已经是一个完全成熟的共产主义者了。很快，他们就成了亲密的朋友，互相影响，也互相学习。此后，肖莱马在政治上、思想上都进步很大。他开始认真学习马克思、恩格斯的理论观点，为“早已理解的信念”确立了“经济学上的论证”。并且，他还加入了德国社会民主党和国际工人协会，积极开展革命工作，把信念化为实际行动，成为一名优秀的无产阶级革命战士。1878年德国颁布《反社会党人法》，导致社会民主党的活动受到很大的控制和约束，在这种危急状况下，肖莱马挺身而出，担任德国社会民主党和马克思、恩格斯之间的秘密联络人，甚至加入英国国籍，以方便奔走于欧洲各国、传递革命信息。

同时，马克思和恩格斯也深受肖莱马的影响，肖莱马是他们的“科学顾问”。同肖莱马的友谊，无疑有助于马克思和恩格斯掌握化学领域的专门知识，了解化学领域的最新发展情况。恩格斯在迁居伦敦后，与肖莱马就自然科学问题和党的事务进行了频繁的通信。当恩格斯产生关于自然科学的辩证思想的写作想法时（即后来《自然辩证法》这部闻名于世的著作），得到了肖莱马的赞赏，他在页边批注道：“很好，这也是我个人的意见。”“完全正确！”等。

恩格斯曾在一封书信中写道：“要知道，肖莱马无疑是整个欧洲社会主义政党中仅居马克思之下的最著名人物。我二十年前同他相识时，他已是共产主义者了。当时他是英国教授们手下的一个贫寒的私人助手。现在他是皇家学会（这里的科学院）会员，他在他的专业——单烃（石蜡及其派生品）化学方面是世界上最大的权威。他的巨著化学教程，虽然是他和罗斯科合著的，但几乎完全是他一个人写的（这是所有的化学家都知道的），此书被认为是英国和德国目前最好的一部著作。他的这种地位是在国外，在同那些最大限度地剥削他的人们进行斗争中取得的，——是完全靠真正科学的劳动取得的。他没有做过任何一件昧良心的事。同时他在任何地方也毫无顾虑地以社会主义者的身分出现，经常在大学讲师的餐桌上朗读《社会民主党人报》上的俏皮话等等。”

卷三

敏锐洞察社会

伍珀河谷的工人处于可怕的贫困境地

伍珀河谷地区是恩格斯的家乡。在这篇文章中，恩格斯既生动描写了此地的自然风貌，也愤然控诉了资本家残酷剥削工人的社会现实。

大家知道，伍珀河谷——“光明之友”非常讨厌这个名称——是指伸延在大约 3 小时行程的伍珀河沿岸的埃尔伯费尔德和巴门两个城市。这条狭窄的河流泛着红色波浪，时而急速时而缓慢地流过烟雾弥漫的工厂厂房和堆满棉纱的漂白工厂。然而它那鲜红的颜色并不是来自某个流血的战场——因为这里相互厮斗的只有神学家的笔杆和长舌妇们，而且往往是为了琐碎小事，——也不是源于人们羞于启齿的行为（虽然这确实有足够的根据），而是完全源于许多使用土耳其红颜料的染坊。如果你是从杜塞尔多夫奔向这里，那你在松博恩附近就已进入这片神圣的地区；伍珀河带着泥沙从你身旁懒洋洋地爬过，同你刚才看到的莱茵河相比，它那副可怜相会使你大为失望。沿岸的地带倒相当引人入胜，并不太高的山峦，有的重岩积秀，有的峭危峻险，个个披着翠绿的衣装，嵌入碧绿的草地，当天气晴朗，蔚蓝的天空映入伍珀河的时候，它那鲜红的颜色就完全消失了。绕过山麓，你会看到埃尔伯费尔德的奇形怪状的塔楼（简陋的房舍隐藏在园林的后面），几分钟后，你就到了蒙昧主义者的锡安山。还没进城，你就会遇到一座天主教堂；它好像是从神圣的城墙内被赶出来似的立在这里。这是一座拜占庭风格的教堂，设计得很好，却被一个毫无经验的建筑师建造得十分糟糕。这座老天主教堂被拆除了，为的是腾出地方，用来建筑市政厅大厦的左翼，只剩下一座塔楼，被用于公共福利，即辟为监狱。再往前走，就会看到一座大厦，大厦顶端的拱形圆顶由圆柱支撑着，这些圆柱的式样非常特别，从形状来看，下部是埃及式，中间是多立克式，上部是爱奥尼亚式，对于这些圆柱来说，它们的一些装饰物，如基座和上托之类，已显得完全是多余的。这座建筑物从前是博物馆，但现在连一点博物馆的痕迹都没有了，倒是欠下很多的债，所以不久以前这座建筑物被拍卖了，现在成了赌场；“赌场”两字如今被写在这座建筑物的光秃秃的正面，使人再也想不起先前那个高雅的名字了。此外，这个建筑物整个看来显得十分粗笨，以致晚上人们会把它看成骆驼。从这儿起，伸展出一条条单调的毫无特点的街道；那座才造好一半的漂亮的新市政厅大厦就建在这个地方，由于地皮不够显得非常别扭，它的正面正对着一条狭窄的很不像样的小胡同。最后，又碰到了伍珀河，走过一座华丽的桥，就到了巴门，这里至少从建筑来看要美观多了。过了桥，这里的一切都给人一种比较愉快的感觉；这里没有埃尔伯费尔德那种既不是旧式也不是新式、既不美观又不显得滑稽的蹩脚房子，有的是新式的、盖得别致的、高大而坚固的建筑。到处可以看到新盖的石结构房子，石板路到此结束；接着是一条笔直的公路，两旁盖满房屋。这些房屋之间夹杂着漂白工厂的绿色草地。在这里，伍珀河河水清澈，山峦重叠，轮廓隐约可见，丛林、草地、花园五彩缤纷，红色的屋顶夹杂其间，使你越往前行，就越觉得这个地方景致迷人。走过半条林荫道，你就可以看到，正前方不远处有一座教堂——下巴门教堂。这是河谷中最漂亮的一座建筑物，一座按高雅的拜占庭风格建造得十分别致的建筑物。再往前不远又是一条石板路，灰色的石板瓦房鳞次栉比。但这里的景致要比埃尔伯费尔德多彩多姿得多了；有漂白工厂的绿色草地，有新式的房子，有一段小河，有许多临街花园，——这一切打破了一种单调的气氛。由此也会使你产生疑问，该把巴门看做一个城市还是看做各种建筑的简单堆积。它也只是被城市公共机关连在一起的许多居民点的结合体。其中最大的是：格马尔克（自古以来就是革新教会的中心）、下巴门（位于到埃尔伯费尔德的那个方向，离伍珀费尔德不远，在格马尔克的上方）、还有里特斯豪森，和它并排的，左边是维希林豪森，右边是黑金豪森和美丽如画的劳恩塔尔。这些地方居住的主要是分属两个教派的路德派信徒；天主教徒，最多不过两三千人，散居在整个河谷。过了里特斯豪森以后，就离开了贝格区，越过边界拦路杆，就进入了旧普鲁士的威斯特伐利亚地区。

这就是河谷的外貌。除了埃尔伯费尔德的黯淡的街道而外，河谷的外貌整个说来给人一种很愉快的感觉，但是实际观察一下就可看到，这种愉快的感觉在居民身上丝毫也看不出来。在德国几乎到处都可以看到的民众的那种健康的朝气蓬勃的生活，在这里一点儿也感觉不到；当然，乍一看来好像不是这样，每天晚上，快乐的闲游汉都在街上荡来荡去，唱着他们的歌曲，但总是一些从醉汉嘴里哼出的最粗俗最下流的歌曲；那些唱遍整个德国而且我们可以引以自豪的民歌，在这里从来连一支也听不到。所有的小酒馆都挤满了人，特别是星期六和星期天，到晚上 11 点钟，酒店关门的时候，醉汉们才从酒店拥出来，其中大部分都是倒在路旁的沟里睡一觉后才醒过来。他们当中最堕落的就是所谓的搬运工人即那些颓废沮丧、没有固定住所和工资收入的人；这些人天蒙蒙亮从自己的栖身之所——干草棚、马厩等处爬出来，如果不是在粪堆或房屋台阶上度过整个夜晚的话。由于地方当局限制了从前无人知晓的酒店的数量，现在才在一定程度上制止了这种不良现象。

产生这种现象的原因是十分明显的。首先是工厂劳动大大助长了这种现象。在低矮的房子里劳动，吸进的煤烟和灰尘多于氧气，而且大部分人从 6 岁起就在这样的环境下生活，这就剥夺了他们的全部精力和生活乐趣。单干的织工从早到晚蹲在自己家里，躬腰曲背地坐在织机旁，在炎热的火炉旁烤着自己的脊梁。因此，这些人不是信奉神秘主义就是酗酒。在那里占统治地位的这种粗暴的令人反感的神秘主义，必然会造成截然相反的极端，结果首先就出现这样一种说法：那里的人不是“正派人”（人们这样称呼神秘主义者）就是放荡不羁的地痞流氓。这种向两个敌对营垒——不管这些营垒的性质如何——的分化本身就会断送人民精神的任何发展。即使其中一个营垒归于消失，那也无济于事，因为这两个营垒的人都患有肺结核，既然这样，那还会有什么好指望的呢？在那里碰到的一些健康人，几乎全是细木工或其他手艺人，他们都是从别的地方来的；在当地的皮匠中间也会见到一些身强力壮的人，但用不了 3 年，他们的肉体和精神就会被毁掉；5 个人中有 3 个人死于肺结核，最终原因是酗酒。可是，如果厂主不把工厂搞得这样乌七八糟，如果神秘主义不是像现在这样流行并且越来越咄咄逼人地蔓延开来，这一切确实不会达到这样骇人听闻的程度。下层等级，特别是伍珀河谷的工厂工人，普遍处于可怕的贫困境地；梅毒和肺部疾病蔓延到难以置信的地步；光是埃尔伯费尔德一个地方，2500 个学龄儿童中就有 1200 人失学，他们在工厂里长大，——这只是便于厂主雇用童工而不再拿双倍的钱来雇用被童工代替的成年工人。但是大腹便便的厂主们是满不在乎的，因为虔诚派教徒的灵魂不致因为使一个儿童变坏堕落就下地狱，特别是这个灵魂如果每个礼拜日到教堂去上两次，那就更心安理得了。因为我们知道，厂主中间对待工人最坏的就是虔诚派教徒。他们借口不让工人酗酒，千方百计降低工人的工资，但在选举传教士的时候，他们总是抢先收买自己的人。

——节选自恩格斯《伍珀河谷来信》（大约写于 1839 年 1 月—3 月初），《马克思恩格斯全集》第二卷，人民出版社 2005 年版，第 39—45 页。标题为编者所加。

解读

伍珀河谷地区是恩格斯的家乡，在这里，恩格斯度过了愉快的童年和中学时光，因此，恩格斯对伍珀河谷的情况十分熟悉，也怀有深厚的感情。

本文节选自恩格斯在刊物《德意志电讯》发表的第一篇政论文章——《伍珀河谷来信》。原文主要揭露了该地区工人穷困悲惨的生活境遇，痛斥了资本家残酷剥削工人的无耻罪恶，批判了宗教虔诚主义的伪善、反理性本质及其充当资本家剥削工人的思想工具的事实。限于篇幅，本文只选取了开头的三段。

恩格斯首先用细腻生动的笔触描述了伍珀河谷的外貌：河水、山峦，教堂、大厦、房屋等风格迥异的建筑物……一幅引人入胜的风景画在我们面前徐徐展开。其中既流露着他对家乡的喜爱之情，也包含着对资本主义工业生产破坏生态的不满之意。伍珀河曾经是一条清澈见底的河流，汩汩流淌在美丽的城市之间。后来，随着资本主义工业生产的发展，河谷兴建了许多工厂，中小型工厂就多达 200 家，并以纺织业最为发达。这一方面促进了生产力的发展，另一方面也造成了环境的严重污染。那些漂白工厂、织坊、染坊等排出大量有害的废水、废气，导致厂房上空烟雾弥漫，河水变为鲜红的颜色，泛着红色波浪，呈现出让人大为失望的可怜相。

接着，恩格斯描述了伍珀河谷地区工人的生活状况。在资产阶级的残酷剥削下，河谷的工人无论在身体上还是精神上都处于穷困悲惨的状况。他们的劳作环境极其恶劣，吸进的煤烟和灰尘多于氧气，加上整日忙碌不休，原本健康强壮的身体用不了几年时间就被摧残得疾病缠身，5个人中就有3个人死于肺结核。但是，如此辛勤拼命的劳动没有换来相应的报酬，反而“普遍处于可怕的贫困境地”，在生存边缘上挣扎徘徊。因为绝大部分利润都被贪婪刻薄的资产阶级掠夺了，工人得到的只是一份仅够勉强糊口的微薄工资。而且，在资产阶级的无情压榨下，工人几乎耗尽了全部精力，丧失了生活乐趣，导致不是信奉神秘主义就是酗酒，沉沦到萎靡不振、麻痹粗俗的精神困境中。资产阶级甚至连儿童也不放过，竟然为了节省一半工资而雇佣童工，这就等于是在扼杀一个个充满希望的未来。

这些描写工人悲惨生活的文字触目惊心，令人不胜唏嘘。然而，敢于写出这些文字的恩格斯却是来自一个富裕的、笃信宗教的工厂主家庭。虽然恩格斯当时才19岁，正在不来梅一家贸易公司实习，但他抵制优渥环境的浸润，站到工人的立场上，怀着对劳动人民的真挚同情与关爱，鞭挞资产阶级的罪恶。这实属难得，也足见恩格斯观察之敏锐细致、思考之理性客观、胸怀之仁爱宽广。

此篇文章一经刊载，报纸很快就被抢购一空，在河谷引起了巨大的轰动，深受苦难的工人感到欢欣鼓舞，而工厂主则纷纷进行自我辩解，污蔑恩格斯歪曲事实。但这是徒劳的，因为恩格斯依据的是家乡确凿无疑的真实现状。

在爱北斐特的演说

恩格斯在爱北斐特的演说中揭示了这种一切人反对一切人的战争，认为这种到处都很混乱、到处都在剥削的现象就是现代资本主义社会的实质。

诸位先生！

正如你们刚才听到的，我想，本来也是大家都知道的，我们生活在一个自由竞争的世界里。现在让我们稍微详细地研究一下这种自由竞争和它所造成的社会秩序。在我们今天的社会里，每一个人都在单枪匹马地冒着风险工作，每一个人都在竭力使自己发财致富，根本不理会别人在干些什么。这样就谈不上合理的组织，谈不上分工。相反，每一个人都想超过别人，都想寻找一个好的机会来谋取私利，他既没有时间，也没有兴致去想一想，他自己的利益和其他一切人的利益实质上是完全一致的。各个资本家同其他一切资本家进行斗争，各个工人同其他一切工人进行斗争；所有的资本家反对所有的工人，而工人群众也必然要反对资本家集团。这种一切人反对一切人的战争，这种到处都很混乱、到处都在剥削的现象就是现代资本主义社会的实质。但是这种混乱的经营方式最后必定使社会得到最悲惨的结局；作为社会基础的无组织状态和卑视真正的公共福利的态度，迟早总会最明显地暴露出来。这一斗争的第一个结果，就是小资产阶级即在前一世纪构成国家的主要基础的等级破产了。我们每天都可以看到，资本的势力如何在摧毁社会的这一个阶级。就拿独立的裁缝和制造家具的木匠来说，由于服装店和家具店拉走了他们的最好的顾客，于是他们就逐渐从小资本家，从有产阶级的一员变成依靠别人、为别人工作的无产者，变成无产阶级的一员。小资产阶级的破产就是人们赞扬备至的工业自由所引起的悲惨的后果；这是大资本家对实力较差的竞争者保持的优势所引起的不可避免的后果，这是资本集中于少数人手中的趋势的最明显的表现。资本的这种趋势已经为许多人所承认；到处都在抱怨财产日益集中于少数人手中，而大多数的人民却愈来愈贫困。这样，在一小撮富翁和无数的穷人之间，就产生了尖锐的敌对现象。这种敌对现象，在英法两国已经尖锐到惊人的地步，在我们这里也愈来愈尖锐了。只要目前的社会基础保存一天，这种少数人发财，广大群众贫困的进程就无法制止；只要社会还没有最后被迫根据较为合理的原则进行改组，这种敌对现象就会愈来愈尖锐。

但是，诸位先生，自由竞争的全部后果还远不止这些。既然每一个人都单枪匹马地冒着风险在那里生产和消费，根本不理会别人在生产什么，消费什么，那末生产和消费必然很快就会完全脱节。既然现代社会把分配产品的工作委托给商人、投机者和店主去做，而这些人又都只顾自己的私利，那末在分配产品时，也就会产生同样的脱节现象，更不用说没有财产的人无法取得他们所必需的那一份了。厂主怎么能够确定他的产品在某一个市场上需要多少呢？姑且假定他能够确定这个数字，但是他又怎么能知道他的竞争者送了多少产品到每一个这样的市场上去呢？一个很可能连自己刚生产出来的商品的去路都全然不知的厂主，又怎么能够知道他的外国竞争者有多少商品送到每一个这样的市场上去呢？关于这一切，他什么都不知道。他像自己的竞争者一样，凭猜测进行生产，用别人也必定这样行事的话来安慰自己。除了永远在波动的价格水平，他是没有什么东西可以遵循的。在他发货的时候，商品价格已经完全不同于人家先前用信告诉他的远方市场上的价格了。而当商品将要到达目的地的时候，商品的价格又和启运的时候不同了。在生产如此混乱的情况下，商业中时时产生不景气的现象，是十分自然的事情。一个国家的工商业愈发达，这种不景气的现象自然也就愈严重。因此工业最发达的国家英国在这里给我们提供了最明显的例子。由于商业发达，由于在进行生产的厂主和真正的消费者中间插入了许多投机者和经纪人，所以英国的厂主要比德国的厂主更难于知道现有存货和生产同消费之间的相互关系；何况英国的厂主几乎向全世界的一切市场供应商品，他几乎从来不知道他的商品的去路如何，而且英国工业的生产力又非常巨大，所以经常发生各市场转瞬之间即为商品所充斥的现象。商业停顿，工厂开工半天，甚至完全停工，许多人破产了，存货不得不以低得荒唐的价格出售，过去处心积虑地积累起来的资本大部分因为这种商业危机而又重新化为乌有。从本世纪初起，在英国就可以看到一系列这样的商业危机，而最近二十年来，危机每隔五年或六年就重复一次。诸位先生，你们大部分人大概还清楚地记得 1837 年和 1842 年这两次最近发生的危机吧。要是我国的工业也像英国的工业那样发达，我国的市场也像英国的市场那样遍布各地，那么我们也会遭受同样的后果。现在我们这里的竞争对工商业的影响，表现为工业各部门的普遍的长期萧条，表现为介于一定的繁荣和完全低落之间的悲惨处境，表现为某种停滞即不活跃的现象。

这种困难处境的真正原因究竟在哪里呢？小资产阶级的破产、贫富之间的鲜明的对照、商业的不景气和由此而产生的资本浪费的现象是由什么引起的呢？就是人们的利益彼此背离。我们大家辛勤劳动的目的只是为了追求一己之利，根本不关心别人的福利。可是，每一个人的利益、福利和幸福同其他人的福利有不可分割的联系，这一事实却是一个显而易见的不言而喻的真理。虽然我们大家都应该承认，没有自己的伙伴我们就寸步难行，应该承认仅仅是利益把我们大家联系起来，但是我们却以我们的行动来践踏这一真理，我们把我们的社会安排得好像我们的利益不但不能一致，而且还是直接对立的。我们已经看到，这种严重的错误带来了什么样的后果。要消除这种悲惨的后果，就必须消灭这种错误。而共产主义就抱着这样的目的。

在共产主义社会里，人和人的利益并不是彼此对立的，而是一致的，因而竞争就消失了。当然也就谈不到个别阶级的破产，更谈不到像现在那样的富人和穷人的阶级了。在生产和分配必要的生活资料的时候，就不会再发生私人占有的情形，每一个人都不必再单枪匹马地冒着风险企求发财致富，同样也就自然而然地不会再有商业危机了。在共产主义社会里无论生产和消费都很容易估计。既然知道每一个人平均需要多少物品，那就容易算出一定数量的人需要多少物品；既然那时生产已经不掌握在个别私人企业主的手里，而是掌握在公社及其管理机构的手里，那也就不难按照需求来调节生产了。

——节选自恩格斯《在爱北斐特的演说》（写于 1845 年 2 月 8 日），《马克思恩格斯全集》第二卷，人民出版社 1957 年版，第 602—605 页。

解读

1844年，恩格斯从英国回到家乡德国。他激动地发现，家乡已经不像自己离开时那样闭塞。地下革命组织已经成立，宣传共产主义的书刊、报纸也随处可见。无论是在巴门还是在爱北斐特，到处都有共产主义者的集会。这是因为，1844年德国西里西亚的纺织工人不堪忍受种种压迫，举行了震撼全欧洲的罢工起义。那些英勇的工人们和普鲁士的反动军队进行了针锋相对的斗争，虽然起义被镇压了，但各地的斗争烈火不断被点燃。罢工、抗议的怒潮也唤醒了巴门和爱北斐特的工人们。

恩格斯看到这种可喜变化后，立刻积极投身革命活动。他积极参加当地的政治组织，经常出席工人们的抗议集会，常常在为建立工会来改善工人状况而召集的大会上发表演说，号召工人们团结起来，为自己的权益而战斗。恩格斯在这些大会上发表的演说中证明，在资本主义条件下，少数人发财而大多数人却愈来愈贫困。现存社会关系的必然后果将是社会革命，结果将产生一个以利益的共同性为基本原则的社会。

《在爱北斐特的演说》是恩格斯于1845年在爱北斐特社会主义和共产主义活动家讨论会上发表的演说。在这次演说里，恩格斯分析了自由竞争和它所形成的社会秩序。恩格斯指出，在自由竞争的世界里，进行的是“一切人反对一切人的战争”，而“这种到处都很混乱、到处都在剥削的现象就是现代资本主义社会的实质”。其造成的悲惨结局，必然是小资产阶级的逐步破产，资本越来越集中于少数人的手中，少数人发财、广大群众贫困的进程不断加速，以至于二者之间的敌对现象越发激烈。不仅如此，在资本主义的自由竞争条件下，生产与消费完全脱节，必然会带来规律性的商业危机。而其背后的真正原因是“人们的利益彼此背离”。但事实上，“每一个人的利益、福利和幸福同其他人的福利有不可分割的联系”。共产主义就是要消除上述悲惨的后果。这也就是说，共产主义便是解决人与人敌对状态、经济危机所带来的大萧条的良方。

恩格斯在这段时间里投身的包括这次演说在内的宣传活动，都在工人间取得了很好的效果。恩格斯看到这个令人鼓舞的状况，兴奋地写信给马克思，告诉他这些大会的情形。他在信中写道：“共产主义成了人们的主要话题，我们每天都得到新的支持者。”恩格斯还在信中表示，不仅为了共产主义宣传的成就而高兴，也为了能够不再“胡乱写一些令人讨厌的抽象文章”而“站在真正的活生生的人面前，直接地、具体地、公开地进行宣传”而高兴。

重读这样一篇经典佳作，恩格斯激情演说的画面依旧能横跨几个世纪清晰地复现在我们面前。我们可以收获的不仅是他句句铿锵的演说词，更能感受到他作为伟大的无产阶级革命导师的澎湃激情，感知到他对无产阶级革命的强烈使命担当。这既使我们深深敬佩，也勉励我们砥砺前行。

致大不列颠工人阶级

为唤醒工人阶级强烈的阶级意识，推动工人阶级抛弃所有幻想与资产阶级进行斗争，恩格斯写下了《英国工人阶级状况》一书，全面地展现英国工人阶级非人般的生存状况。开篇致大不列颠工人阶级的信就明确地表达了恩格斯的这一写作初衷。

工人们！

我谨献给你们一本书。在这本书里，我试图向我的德国同胞真实地描述你们的状况、你们的苦难和斗争、你们的希望和前景。我曾经在你们当中生活过相当长的时间，对你们的境况进行了一些了解。我非常认真地对待所获得的认识，研究过我所能找到的各种官方的和非官方的文件。我不以此为满足，我想要的不限于和我的课题有关的纯粹抽象的知识，我很想在你们家中看到你们，观察你们的日常生活，同你们谈谈你们的状况和你们的疾苦，亲眼看看你们为反抗你们的压迫者的社会统治和政治统治而进行的斗争。我是这样做的：我放弃了资产阶级的社交活动和宴会、波尔图酒和香槟酒，把自己的空闲时间几乎全部用来和普通工人交往；这样做，我感到既高兴又骄傲。感到高兴，是因为这样一来我在了解你们的实际生活时度过了许多愉快时光，否则这些时间也只是在上流社会的闲谈和令人厌烦的礼节中浪费掉；感到骄傲，是因为这样一来我就有机会对这个受压迫遭诽谤的阶级给以公正的评价，他们尽管有种种缺点并且处境极为不利，仍博得每个人的尊敬，只有英国的锱铢必较的商人除外；我感到骄傲，还因为这样一来我就能够维护英国人民，使他们不致日益受人鄙视。来自大陆的这种鄙视，正是你们国家当权的资产阶级极端自私自利的政策和全部行为的必然后果。

由于同时有很多机会来观察你们的敌人——资产阶级，我很快就得出结论：你们不指望从他们那里得到任何援助是正确的，是完全正确的。他们的利益同你们的利益是完全对立的，虽然他们总是企图证明相反的说法，并且企图使你们相信他们真心同情你们的命运。他们的行为揭穿了他们的谎言。我希望我收集到的材料足以证明下面的事实：资产阶级，不管他们口头上怎么说，实际上只有一个目的，那就是当他们能够把你们劳动的产品卖出去的时候，就靠你们的劳动发财，而一旦他们无法靠这种间接的人肉买卖赚钱了，就任凭你们饿死也不管。他们做了些什么来证实他们自称的对你们的好意？对你们的疾苦他们可曾表示过一点点真诚的关心？除了支付五六个调查委员会的费用，他们还为你们做了些什么呢？这些委员会的长篇大论的报告注定要永远沉睡在内务部档案架上的废纸堆里。他们可曾尝试过从那些散发出霉味的蓝皮书中哪怕只编写一本可读的书，使每个人都不难从中获得一些有关绝大多数“生而自由的不列颠人”状况的资料？他们当然没有这样做；这些都是他们不喜欢谈论的事情。他们宁可让一个外国人去向文明世界报道你们不得不生活于其中的屈辱状况。

我希望，我对他们来说是外国人，而对你们则不是。我的英语也许不纯正，但是，我希望你们将发现它是平实易懂的。在英国，顺便说一下，在法国也一样，从来没有一个工人把我看做外国人。我极其满意地看到你们已经摆脱了民族偏见和民族优越感这些极端有害的东西，它们归根结底不过是大规模的利己主义而已。我看到你们同情每一个真诚地致力于人类进步的人，不管他是不是英国人；我看到你们仰慕一切伟大的美好的事物，不论它是不是在你们祖国的土地上培育的。

我确信，你们不仅仅是英国人，不仅仅是单个的、孤立的民族的成员；我确信，你们是认识到自己的利益和全人类的利益相一致的人，是伟大的人类大家庭的成员。对你们作为这样的人，作为这个“统一而不可分的”人类家庭的成员，作为真正符合人这个词的含义的人，我以及大陆上其他许多人祝贺你们在各方面的进步，并希望你们很快获得成功。

继续像以前那样前进吧！你们还将经受许多历练；要坚定，要勇敢，你们必定会获得成功，你们前进中的每一步都将为我们共同的事业，人类的事业所共有！

弗里德里希·恩格斯

1845 年 3 月 15 日于巴门（莱茵普鲁士）

——节选自恩格斯《英国工人阶级状况》（写于 1845 年 3 月 15 日），《马克思恩格斯选集》第一卷，人民出版社 2012 年版，第 81—83 页。

解读

工人阶级，或者说无产阶级只有认识到自身与有产阶级世界观的根本不同、利益与原则的根本迥异的时候，才能真正抛弃一切幻想而去进行一场彻底的斗争。

恩格斯看到“冠冕堂皇”的资产阶级考虑的只是如何将无产阶级劳动创造出的产品卖出去、只是想靠着无产阶级的劳动发财，而不管不顾无产阶级窘迫的物质生活与贫瘠的精神生活状况。而一些富有同情心的理论家们，尤其是德国的理论家们，“比任何其他国家的社会主义和共产主义都更多地是从理论前提出发的”，“对现实世界了解得太少，以致现实的关系还不能直接推动我们去对这个‘丑恶的现实’进行改革”。于是，致力于“考察一切工人的著作”，致力于深刻全面地描述工人屈辱生存状况的著作——《英国工人阶级状况》诞生了。这本书的意义重大，不仅仅是为揭露英国工人阶级非人般的生存状况而使他们抛弃幻想向资产阶级宣战，更是为德国等其他国家的工人阶级敲响警钟，让他们认识到自身作为无产阶级这一“统一而不可分的”人类家庭的成员，为了能够“像人一样地思想、感觉和生活”也必须抛弃所有幻想投入这场共同的战斗。

在这封写给大不列颠工人阶级的短信中，恩格斯用饱含深情的笔触表达了自己写作《英国工人阶级状况》的初衷，更表达了对英国工人阶级已经做出的艰苦卓绝的努力的尊敬，以及对他们未来前景充满希望的肯定。

为什么要去描述工人阶级的生存状况，尤其是英国工人阶级的生存状况？因为“工人阶级的状况是当代一切社会运动的真正基础和出发点，因为它是我们目前存在的社会灾难最尖锐、最露骨的表现”，因为肇始于英国的工业革命使得不列颠帝国的无产阶级状况具有最为典型的形式，表现得最为完备。

为了真实深刻地描述英国工人阶级屈辱的生活状况，恩格斯“放弃了资产阶级的社交活动和宴会、波尔图酒和香槟酒，把自己的空闲时间几乎全部用来和普通工人交往”，用 21 个月的时间“通过亲身观察和亲自交往来直接了解英国的无产阶级，了解他们的愿望、他们的痛苦和欢乐，同时又以必要的可靠材料补充自己的观察”。

正是因为恩格斯真正融入了工人阶级之中，所以才能写出“平实易懂”的文字，才能做到无论在英国还是在法国，“从来没有一个工人把我看做外国人”。也正是因为这样，恩格斯才能对工人阶级为人类进步所做出的努力有着发自内心的真诚的赞颂，才能看到无产阶级正走在“使其成为真正的自由的人”的正确而伟大的道路上！

英国工人住宅区

由于从事商业工作的关系，恩格斯在青年时代就曾长期生活在英国。他深切同情工人群众，并深入工人区考察他们的生活。工人住宅区糟糕的生活条件令他触目惊心。

如果一个人伤害了另一个人的身体，而且这种伤害引起了被害人的死亡，我们就把这叫做杀人；如果加害者事先知道这种伤害会致人以死命，那么我们就把他的行为叫做谋杀。但是，如果社会把成百的无产者置于这样一种境地，使他们不可避免地遭到过早的、非自然的死亡，遭到如同被刀剑或枪弹所杀害一样的横死，如果社会剥夺了成千上万人的必要的生活条件，把他们置于不能生存的境地，如果社会利用法律的铁腕强迫他们处在这种条件之下，直到不可避免的结局——死亡来临为止，如果社会知道，而且十分清楚地知道，这成千上万的人一定会成为这些条件的牺牲品，而社会还让这些条件存在下去，那么，这也是一种谋杀，……

一个生活在上述条件下并且连最必需的生活资料都如此缺乏的阶级，不可能保持健康，不可能活得长久，这是不言而喻的。但是，我们还是要再一次地特别是从工人健康状况方面把这些情况逐一加以考察。大城市人口集中这件事本身就已经引起了不良后果。伦敦的空气永远不会像乡村地区那样清新，那样富含氧气。

250 万人的肺和 25 万个火炉挤在三四平方德里的面积上，消耗着大量的氧气，要补充这些氧气是很困难的，因为城市建筑形式本来就阻碍了通风。呼吸和燃烧所产生的碳酸气，由于本身比重大，都滞留在街道上，而大气的主流只从屋顶掠过。居民的肺得不到足够的氧气，结果肢体疲劳，精神委靡，生命力减退。因此，大城市的居民虽然患急性病的，特别是各种炎症的，比生活在清新空气里的农村居民少得多，但是患慢性病的却多得多。如果说大城市的生活本来就已经对健康不利，那么，工人区的污浊空气造成的危害又该是多么大啊，我们已经看到，一切能污染空气的东西都聚集在那里……

城市中条件最差的地区的工人住宅，和这个阶级的其他生活条件结合起来，成了百病丛生的根源，这一点我们从各个方面得到了证明。前面引证过的《工匠》杂志上那篇文章说得完全正确：肺病是这种生活条件的必然结果，这类疾病也确实特别是在工人当中经常发生。伦敦的特别是工人区的污浊空气，最能助长肺结核的发展，我们在街上可以遇到许多面带病态潮红的人，就说明了这一点。当清晨大家去上工的时候，如果你在街上稍微转一下，就会惊讶地发现有那么多人看上去或轻或重地患有肺结核。甚至在曼彻斯特，人们看起来也还不至于这样。这种随时都可以碰到的脸色苍白、身材消瘦、胸部窄小、眼窝凹陷的幽灵，这种虚弱无力、委靡不振、没精打采的面孔，我只是在伦敦才看到过这么多，虽然肺结核在北部的工厂城市每年也都要夺去不少人的生命。同肺结核同样可怕的疾病，除了其他肺病和猩红热，首先是一种在工人中间发生的最有毁灭性的疾病——伤寒。根据官方关于工人阶级卫生状况的报告，这种到处蔓延的灾害是直接由于住宅的通风、排水和卫生的恶劣状况引起的。这个报告——不要忘记，它是由英国第一流的医生们根据其他医生的统计材料写成的——断定，只要有一个空气不流通的大杂院，只要有一个没有排水沟的死胡同，就足以引起热病，特别是当居民住得很挤而附近又有腐烂的有机物的时候就更是这样，而且事实上几乎总是有这种病出现。这种热病的性质几乎到处都相同，而且几乎在一切场合下都会发展成

英国工人住宅区

明显的伤寒。这种疾病在一切大城市的工人区，甚至在较小的地方的某些房屋质量很差而又维护得不好的街区都可以发现，而蔓延得最广的是在贫民窟，当然，在条件较好的地区也会有个别的患者。在伦敦，这种疾病已经猖獗好久了。它在 1837 年闹得特别厉害，于是就有了上面提到的官方报告。……

如果回想一下，工人是生活在什么样的条件下，如果考虑一下，他们的住宅是怎样拥挤，每一个角落都塞满了人，病人和健康人睡在一间屋子里，睡在一张床上，那么，人们还会对于这样一种容易传染的热病竟没有更广泛地蔓延而感到惊奇。如果注意到，病人所得到的医药治疗是多么少，许多患者根本得不到医生的忠告，连饮食方面最普通的注意事项也不知道，那么，这个死亡率就显得太低了。对这种病很有研究的艾利生博士，也和引证过的报告一样，认为穷人的贫困和悲惨的状况是生病的原因；他强调说，正是缺衣少食和生活需要不能充分满足，使身体容易感染疾病，使流行病变得特别可怕，使它迅速蔓延。他证明，在苏格兰和爱尔兰，在商业危机或歉收所造成的每一个匮乏时期都有伤寒病流行，而且这种病几乎专在工人阶级中间肆虐。值得注意的是，据他说，患伤寒的人多数是当家人，也就是一家人里最不能缺少的人；他所提到的许多爱尔兰医生也证明了这一点。

——节选自恩格斯《英国工人阶级状况》（写于 1844 年 9 月—1845 年 3 月），《马克思恩格斯文集》第一卷，人民出版社 2009 年版，第 408—414 页。标题为编者所加。

解读

《英国工人阶级状况》是恩格斯早年的一部重要著作，可以说是科学社会主义最早的著作。恩格斯根据实地考察和可靠材料撰写了此书，向全世界控诉了英国资本家对工人的剥削和压榨，论述了工人阶级的社会地位、斗争历程和历史使命。

本文选取的是其中关于英国工人住宅区情况的片段。恩格斯详细地叙述了英国工人住宅区各方面的情况，包括住房情况、食物情况、生活环境污染以及疾病发生的情况等。他深切同情工人群众的悲惨境遇，认为这实质上是一种“谋杀”。这部著作充满着青年人的激情，并对即将到来的革命做出大胆的预言。

在文中，恩格斯详尽地描述了英国底层工人的生活状况和健康状况。19世纪上半叶，英国正处于第一次工业革命的上升期，大工业如火如荼地发展，给环境带来了极大的破坏，伦敦的空气污染问题积重难返。事实上，20世纪初，伦敦人大部分都使用煤作为家居燃料，煤在燃烧过程中产生大量烟雾，再加上伦敦气候的作用，造成了远近驰名的烟霞，“雾都”由此得名。伦敦的环境污染直接导致了城市居民的健康问题，患慢性疾病的人越来越多，“居民的肺得不到足够的氧气，结果肢体疲劳，精神委靡，生命力减退”。而在英国工人住宅区，工人健康问题更加凸显，肺结核频发。走在街上，随时可见“脸色苍白、身材消瘦、胸部窄小、眼窝凹陷的幽灵”，这种虚弱无力、委靡不振、没精打采的面孔，只有在伦敦才见得最多。除了肺结核这样的肺病，恩格斯还观察到另一种毁灭性疾病——伤寒。两个世纪前，科学与医疗技术远没有当今发达，伤寒给人带来的痛苦及其致死率都比当今严重得多。而工人住宅区的恶劣生存条件又使得这种疾病蔓延得更快，因为“每一个角落都塞满了人，病人和健康人睡在一间屋子里，睡在一张床上”。

在本文的末尾，恩格斯也简要分析了造成底层工人患病的主要原因，他颇为严谨地引证了相关专业研究报告，认为穷人的贫困和悲惨状况是导致其生病的主要原因，正是由于基本的生活需要难以得到满足，工人才失去了抵抗疾病的免疫力，加速了流行病的蔓延。健康问题和环境问题归根到底都是经济发展过程中社会不平等带来的负面效应。

恩格斯在文中始终表现出了对英国工人悲惨生活与健康状况的深沉关切，这也为恩格斯和马克思一起为改善工人阶级命运、领导工人阶级斗争的伟大事业提供了现实基础。

法国大革命后的德国社会

恩格斯在《德国状况》一文中论述了资产阶级革命及拿破仑法典对德国发展的影响。他评价拿破仑是“旧的封建社会的摧毁人”，叹惜德国人不想过问任何伟大的理想和公共的利益。

突然，法国革命像霹雳一样击中了这个叫做德国的混乱世界。它的影响非常大。极其无知的、长期习惯于受虐待的人民仍然无动于衷。但是整个资产阶级和贵族中的优秀人物都为法国国民议会和法国人民齐声欢呼。成千上万的德国诗人没有一个不歌颂光荣的法国人民。但是这种热情是德国式的，它带有纯粹形而上学的性质，而且只是对法国革命者的理论表示的。但是，一俟无可辩驳的事实把理论排挤到次要的地位，一俟法国宫廷和法国人民在实践上不可能再协调下去(虽然他们在理论上的联合已为 1791 年理论上的宪法所确定），一俟人民通过“八月十日”事件实际上确立了自己的主权，尤其是当 1793 年 5 月 31 日吉伦特派的复亡弄得理论完全哑口无言的时候，这种德国式的热情就一变而为对革命的疯狂的憎恨了。当然，这种热情只是对 1789 年 8 月 4 日晚上贵族阶级放弃其特权这样的事件表示的，但是善良的德国人从来也没有料到，这种行动实际上产生的后果绝不同于好心的理论家可能做出的结论。德国人从来也没有想到要称赞这些

拿破仑（油画）

后果，大家都知道，这些后果对于许多有关的人来说，是相当严重、相当不愉快的。所以，所有这些当初为革命欢欣鼓舞的朋友现在都变成了革命的最疯狂的敌人。他们从奴颜婢膝的德国人报刊上得到有关巴黎的、显然全被歪曲了的消息后，便宁肯保持自己那古老的安宁的神圣罗马粪堆，而不要人民那种勇敢地摆脱奴隶制的锁链并向一切暴君、贵族和僧侣挑战的令人颤栗的行动了。

但是神圣罗马帝国的末日到来了。法国的革命军队进入了德国的心脏地带，把法国的国境线移到了莱茵河上，并且到处宣传自由平等。他们赶走了成群的贵族、主教和修道院长，也赶走了在这样漫长的时期中在历史上只起了傀儡作用的全部小王公。他们像进入美国西部边疆原始森林的移民一样廓清了大地；这个“基督教德意志”社会的原始森林，在法国军队的胜利进军中像旭日东升时的云雾一样消失了。当果断的拿破仑把革命事业掌握在自己手里，当他认为自己就是革命（即 1794 年热月 9 日后被贪婪的资产阶级所扼杀的那次革命），当他这个“寡头的”民主（一个法国作家就是这样称呼他的）接二连三地派遣军队袭击德国的时候，“基督教德意志”社会就最终地被消灭了。对德国来说，拿破仑并不像他的敌人所说的那样是一个专横跋扈的暴君。他在德国是革命的代表，是革命原理的传播者，是旧的封建社会的摧毁人。诚然，他的行动表现出来是暴虐的，但是他的暴虐甚至不及公会的代表们可能表现出来并且实际上已经到处表现出来的一半，不及被他打倒的王公贵族们所惯于表现出来的一半。在法国已完成其任务的恐怖统治，拿破仑以战争的形式把它搬到了其他国家，这种“恐怖统治”德国是十分需要的。拿破仑摧毁了神圣罗马帝国，并以并小邦为大邦的办法减少了德国的小邦的数目。他把他的法典带到被他征服的国家里，这个法典比历来的法典都优越得多；它在原则上承认平等。拿破仑强迫一向只为私人利益而生活的德国人去努力实现伟大的理想，为更崇高的公共利益服务。但是，正是这一点弄得德国人都起来反对他。正是由于他采取了把农民从封建压迫下解放出来的措施，所以引起了农民的不满，因为他触犯了他们的偏见和他们的古老的习俗。正是由于他采取办法替德国的工厂工业打下基础，所以引起了资产阶级的不满，因为禁售一切英国商品、和英国进行战争虽然促使德国建立自己的工业，但是同时也引起了咖啡、食糖、烟草和鼻烟价格暴涨，当然这就足以引起爱国的德国店铺老板们愤怒了。此外，他们都是些不能领会拿破仑的伟大计划的人。他们诅咒他，因为他把他们的子弟抓去打仗；而这些战争都是用英国贵族和资产阶级的钱搞起来的。但是他们却把这类英国人当做朋友加以颂扬，虽然这些人正是战争的真正罪魁祸首，这些人靠这些战争大发横财，他们不但在战时，而且在战后都欺骗德国人，把德国人当做自己的工具。德国人咒骂拿破仑，因为他们想继续过苟且偷安的生活，保留自己原来那种可怜的生活方式，只关心自己的一些小小的利益，因为他们根本不想过问任何伟大的理想和公共的利益。而最后，当拿破仑的军队被俄国击溃的时候，他们便乘机摆脱掉这位伟大征服者的铁链。

——节选自恩格斯《德国状况》（写于 1845 年 10 月 15 日），《马克思恩格斯全集》第二卷，人民出版社 1957 年版，第 635—637 页。标题为编者所加。

解读

《德国状况》包括 1845 年 10 月 15 日、10 月底及 1846 年 2 月 20 日恩格斯写给《北极星报》编辑的三封信，收录在《马克思恩格斯全集》第二卷。本篇节选自其中的第一封信，主要论述的是 18 世纪末法国资产阶级革命及《拿破仑法典》对德国发展的影响。

在恩格斯的笔下，法国的革命军队进入德国的心脏地带，到处宣传自由平等。伟大的拿破仑“把他的法典带到被他征服的国家里，这个法典比历来的法典都优越得多；它在原则上承认平等”。他所做的，是强迫一向只为私人利益而生活的德国人去努力实现伟大的理想，为更崇高的公共利益服务。

我们可以发现，恩格斯写作的笔触是极为生动的。他擅用比喻，行云流水般的文字清晰勾画出法国大革命是如何影响了陈旧的德国社会。恩格斯将法国大革命形容为霹雳，展现出其对终结德国内部由于分裂造成的混乱局面所发挥的作用。他用鲜活的话语刻画德国贵族的保守与迂腐，“他们从奴颜婢膝的德国人报刊上得到有关巴黎的、显然全被歪曲了的消息后，便宁肯保持自己那古老的安宁的神圣罗马粪堆，而不要人民那种勇敢地摆脱奴隶制的锁链并向一切暴君、贵族和僧侣挑战的令人颤栗的行动了”。法国革命军队的到来，终结了德国这片古老土地上矗立着的神圣罗马帝国，恩格斯写道："他们像进入美国西部边疆原始森林的移民一样廓清了大地；这个'基督教德意志'社会的原始森林，在法国军队的胜利进军中像旭日东升时的云雾一样消失了。"

纵使拿破仑的暴戾不可否认，法国大革命也因其不可抹去的血腥残酷而被人们憎恨。但恩格斯在这篇文章里对拿破仑的评价总体是正面的，"对德国来说，拿破仑并不像他的敌人所说的那样是一个专横跋扈的暴君。他在德国是革命的代表，是革命原理的传播者，是旧的封建社会的摧毁人"。

但令恩格斯惋惜的是，拿破仑将农民从封建压迫中解放出来的措施引起了受传统惯性驱使的德国农民的不满。拿破仑禁售一切英国商品并和英国进行战争本为德国工厂工业打下基础，却招来了短视的德国资产阶级的愤怒。恩格斯怒其不争地写道："德国人咒骂拿破仑，因为他们想继续过苟且偷安的生活，保留自己原来那种可怜的生活方式，只关心自己的一些小小的利益，因为他们根本不想过问任何伟大的理想和公共的利益。"

巴黎的革命

革命不是请客吃饭，革命是暴力战斗。1848 年 2 月，巴黎爆发了资产阶级民主革命。在本篇文章中，恩格斯为我们描述了这次腥风血雨的革命过程，并赞扬了工人身上蕴藏的英勇斗争力量。

1848 年的情况很顺利。抱着一套套宪法的西西里革命刚刚一闪而过，巴黎就发生了胜利的起义。

反对派代表公开宣称要以勇敢的游行示威来捍卫集会权，以防基佐、杜沙特尔和阿贝尔对它的侵犯。

一切准备均已就绪。餐厅已布置好，正待客人赴宴。当行动时刻到来时，忽然间，以奥迪隆·巴罗先生为首的左派胆小鬼，和往常一样，怯懦地退却了。

宴会停止了。但是巴黎人民是不甘心退却的，因为他们受了众议院吹牛大王的刺激，对这些庸人的怯懦心理极为愤慨，并对持久的普遍失业现象表示不满。

星期二晌午时分，所有巴黎居民都拥到街头去了。群众高呼："打倒基佐，改革万岁！"人民冲向基佐的官邸，军队都几乎保护不了，窗户玻璃被打得粉碎。

群众同时又向奥迪隆·巴罗家拥去，大声呼喊："打倒巴罗！"他家的窗户玻璃也同样被打得粉碎。巴罗先生，即这位吓破胆的肇事罪魁，就要求政府……

派遣警卫队保护！

军队站在一旁，并没有加以干涉。只有市近卫军开了枪，并且行为异常残暴。市近卫军主要是从亚尔萨斯人和洛林人，即半德意志人中招募来的，每人每天的薪金是三个半法郎；他们的身材高大而且喂得很肥壮。市近卫军是当时所有军队中最卑鄙无耻的军队，他们比宪兵还坏，比旧日的瑞士近卫军还坏；一旦人民获得胜利，这支军队就得倒霉。

傍晚时分，人民起而反抗。他们建筑街垒，攻下前哨防御工事并纵火烧毁。在巴士底广场上一个警察密探被杀死。武器铺也被捣毁。

五点钟时，国民自卫军接到了总攻击的信号。但是出来的只有极少数人，而且这些人还高喊“打倒基佐！”的口号。

入夜，一切都重新平静下来。最后一些街垒被占领了，骚动似乎已告结束。

但是星期三的早晨，起义又重新爆发。蒙马特尔街以东巴黎市中心的一大块地区都筑起了街垒；从十一点钟起，军队就不敢向那儿接近。国民自卫军聚集了大批兵力，但只不过是为了迫使士兵放弃向人民进攻，以便宣布：“打倒基佐，改革万岁！”

按照热拉尔元帅制定的防御计划，巴黎的 5 万名士兵也投入了战斗，于是他们就占领了全部战略据点。可是这些据点太多了，使得所有军队只能招架不能还手。除市近卫军外，几乎没有一支军队采取过攻势。热拉尔的宏大计划原来对起义倒有莫大好处；它使军队瘫痪，使这些本来就处于被动的军队更加陷于被动。彼此隔绝的堡垒反而对政府不利。而那些堡垒里又必须留卫戍部队，这就拖住相当大的一部分军队不能进入战斗。谁也没有想到轰击，甚至连这些炮垒是否存在都根本记不得了。在大城市的群众起义面前，一切防御计划都毫无用处，那是自不待言的！

晌午时分国民自卫军队伍里对内阁不满的怨声极为强烈，以致许多校官在土伊勒里宫发出通告说，如果内阁仍然执掌政权，他们就不能担保自己军队的行动。

下午二时，年老的路易—菲力浦不得不把基佐免职，另组新阁。这一消息刚一宣布，国民自卫军的士兵就欢天喜地，四散回家，装起彩灯以示庆祝。

但是建筑街垒、冒着枪林弹雨同市近卫军进行斗争的人民，即工人，决不是为了摩莱先生和比约先生而战的。他们还是继续斗争。当意大利大街正兴高彩烈欢喜若狂的时候，圣阿瓦街和朗比多街上却子弹横飞。斗争持续到深夜，直至星期四的早晨还没有停止。巴黎四周所有铁道全被破坏，就证明工人是普遍地参加了这一斗争的。

资产阶级完成了自己的革命：他们推翻了基佐，并结束了大交易所经纪人的独占统治。但在目前的第二场斗争中，已经不是一部分资产阶级同另一部分资产阶级相对峙：目前是无产阶级同资产阶级相对峙了。

刚刚传来的消息说，人民已经获得胜利，宣布了共和国的成立。老实说，我们并没有料想到巴黎的无产阶级会达到如此辉煌的成就。

临时政府中有三个委员是属于激进民主派的，激进民主派的机关报是“改革报”。有一个委员是工人，这在世界任何一个国家里是从来不曾有过的。其余的委员是拉马丁、杜邦·德·累尔和“国民报”的两个活动家。

由于这次革命获得胜利，法国的无产阶级又成了欧洲运动的领袖。荣誉和光荣属于巴黎的工人们！他们推动了整个世界，所有国家都将一一感到这一点，因为法兰西共和国的胜利就是全欧洲民主派的胜利。

我们的时代，民主派的时代来到了。在土伊勒里宫和皇家之宫燃起的火焰，是无产阶级的朝霞。现在，资产阶级的统治到处都要崩溃，被推翻。

应该相信，德国一定会步法国的后尘。德国现在如果不从屈辱中振作起来，将来就永远做不到这一点！要是德意志人还有毅力、尊严和勇气，那末过不了四个星期，我们也会高呼：

“德意志共和国万岁！”

——（写于1848年2月25日—26日），选自《马克思恩格斯全集》第四卷，人民出版社1958年版，第545—548页。

解读

巴黎二月革命是指1848年2月22日—24日在法国巴黎爆发的一场推翻“七月王朝”的资产阶级民主革命。1830年法国七月革命后，代表金融资产阶级利益的“七月王朝”开始了统治。它推行极端反动的政策，反对任何政治改革和经济改革，阻碍资本主义发展，加剧对无产阶级和农民的剥削，引起了全国人民的不满。并且，农业歉收和经济危机进一步加深了国内矛盾。1847年，要求选举改革的宴会运动蓬勃兴起。因为此运动威胁到了“七月王朝”的统治，所以基佐政府禁止了原定于1848年2月22日的宴会。于是，不堪忍受的广大巴黎人民怒而奋起，高喊着“打倒基佐，改革万岁！”的口号，与政府军展开激烈的街垒战。恩格斯在这篇文章中为我们描述的就是此次革命的战斗状况。

革命爆发时，恩格斯正在比利时的布鲁塞尔。因为1847年年末他一踏入巴黎，就因其共产主义者同盟巴黎区部领导者的身份被警察局密切关注，后又被指责在德国革命流亡者聚会上的演说中含有敌视政府的政治隐喻，所以又被基佐政府驱逐出了法国。无奈之下，恩格斯来到了布鲁塞尔找马克思。

2月25日晚，整个布鲁塞尔都处在激动不安的氛围中，大家焦急地等待着巴黎革命的最新消息。最终，人民赢得了胜利，建立了资产阶级共和派的临时政府，宣布成立了法兰西第二共和国。在这场革命中，工人普遍地、积极地参与了斗争，并发挥了极其重要的力量。恩格斯在这里用热情洋溢的语言赞扬了工人无所畏惧的英勇气概，并对未来进一步地推翻资产阶级统治寄予了美好的期待："没有料想到巴黎的无产阶级会达到如此辉煌的成就""荣誉和光荣属于巴黎的工人们""资产阶级的统治到处都要崩溃，被推翻"……

巴黎二月革命确立起资产阶级的全面统治，为资本主义的进一步发展扫清了道路，是1848年欧洲革命的一个重要篇章。1848年，欧洲在社会尖锐矛盾的激发下爆发了一系列大规模的资产阶级革命，首先发端于意大利西西里岛，随后巴黎二月革命将其推向高潮，鼓励推进了更多国家开展斗争，革命迅速发展成为席卷几乎整个欧洲大陆的燎原大火。

恩格斯在文末做出了"德国一定会步法国的后尘"的预言，实践证明，恩格斯的预言是正确的！德国紧接着在三月掀起了革命浪潮，德意志人民为了消除封建势力、建立统一的民族国家而浴血奋战。

英中战争与中国人的反抗

恩格斯在《波斯和中国》一文中明确指出：英国在波斯和中国的野蛮暴行是一种侵略行为，是英国的资产阶级政府进行殖民主义扩张的手段。他同时对中国人民反抗列强侵略的英勇斗争表示了支持与赞扬。

据说，攻克布什尔和穆罕默腊的军队将立即调往中国。在中国，他们将遇到不同的敌人。抗击他们的将不是依照欧洲方式部署的部队，而是大群亚洲人摆成的不规则的战阵。毫无疑问，他们将不难对付这种队伍。可是，如果中国人发起全民战争来抵抗他们，如果野蛮人毫无顾虑地运用他们善于运用的唯一武器，英国人又怎么办呢？

现在，中国人的情绪与1840—1842年战争时的情绪已显然不同。那时人民保持平静，让皇帝的军队去同侵略者作战，失败之后，则抱着东方宿命论的态度屈从于敌人的暴力。但是现在，至少在迄今斗争所及的南方各省，民众积极地而且是狂热地参加反对外国人的斗争。他们经过极其冷静的预谋，在供应香港欧洲人居住区的面包里大量地投放了毒药。（有几只面包送交李比希化验。他发现面包的各个部分都含有大量的砒霜，这表明在和面时就已掺入砒霜。但是药量过大，结果一定是变成了呕吐剂，因而抵消了毒效。）他们暗带武器搭乘商船，而在中途杀死船员和欧洲乘客，夺取船只。他们绑架和杀死所能遇到的每一个外国人。连移民到外国去的苦力都好像事先约定好了，在每一艘移民船上起来暴动，夺取船只，他们宁愿与船同沉海底或者在船上烧死，也不投降。甚至国外的华侨——他们向来是最听命和最驯顺的臣民——也进行密谋，突然在夜间起事，如在沙捞越就发生过这种情形；又如在新加坡，当局只是靠武力和戒备才压制住他们。是英国政府的海盗政策造成了这一所有中国人普遍奋起反抗所有外国人的局面，并使之表现为一场灭绝战。

军队对于采取这种作战方法的民族有什么办法呢？军队应当在什么地方进入敌国，深入到什么地方和怎样在那里坚守下去呢？这些把炽热的炮弹射向毫无防御的城市、杀人又强奸妇女的文明贩子们，尽可以把中国人的这种抵抗方法叫做卑劣的、野蛮的、凶残的方法；但是只要这种方法有效，那么对中国人来说这又有什么关系呢？既然英国人把他们当做野蛮人对待，那么英国人就不能反对他们充分利用他们的野蛮所具有的长处。如果他们的绑架、偷袭和夜间杀人就是我们所说的卑劣行为，那么这些文明贩子们就不应当忘记：他们自己也承认过，中国人采取他们通常的作战方法，是不能抵御欧洲式的破坏手段的。

简言之，我们不要像道貌岸然的英国报刊那样从道德方面指责中国人的可怕暴行，最好承认这是“保卫社稷和家园”的战争，这是一场维护中华民族生存的人民战争。虽然你可以说，这场战争充满这个民族的目空一切的偏见、愚蠢的行动、饱学的愚昧和迂腐的野蛮，但它终究是人民战争。而对于起来反抗的民族在人民战争中所采取的手段，不应当根据公认的正规作战规则或者任何别的抽象标准来衡量，而应当根据这个反抗的民族所刚刚达到的文明程度来衡量。

这一次，英国人陷入了窘境。直到现在，中国的民族狂热似乎还只限于南方未参加大起义的几个省份。战争是否将以这几个省为限呢？这样，它就不会得到任何结果，因为中国的一切要害地方都不会受到威胁。而如果这种狂热延及内地的人民，那么这场战争对于英国人将是非常危险的。广州城可以被整个毁掉，沿海能攻占的一切据点都可以被攻占，可是英国人所能调集的全部兵力都不足以攻取并守住广东和广西两省。在这种情况下，他们还能再干些什么呢？广州以北到上海、南京一带的地区都掌握在中国起义者手里，触犯他们，那将是下策；而南京以北唯一可能在袭击后收到决定性效果的地点是北京。这样就得在海岸上建立有防御工事和守备部队的作战基地，进军途中要克服一个一个的障碍，要留下分遣队以保证同海岸的交通，而且要以大军压境之势抵达这座与伦敦一样大、离登陆地点100英里远的城池之下。可是所需的军队在哪里呢？另一方面，对京城的示威行动如果成功，就会从根本上动摇中华帝国本身的存在，就会加速清王朝的倾覆，就会给俄国而不是给英国铺平前进的道路。

新的英中战争形势极为复杂，使人根本无法预料它将如何发展。在几个月内兵力不足以及在更长时间内缺乏决心，将使英军不会有什么行动，只有在某个不重要的地方或许出现例外，在目前情况下广州也可以算是这样的地方。

有一点是肯定无疑的，那就是旧中国的死亡时刻正在迅速临近。国内战争已经把帝国的南方与北方分开，看来起义者之王在南京不会受到帝国军队的危害（当然不能说不会受到他自己手下人阴谋之害），正如天朝皇帝在北京不会受到起义者的危害一样。广州迄今是在独自进行着一种反对英国人、也是根本反对一切外国人的战争；正当英法两国的海陆军向香港集结之际，西伯利亚边界线上的哥萨克缓慢地但是不停地把他们的驻屯地由达斡尔山向黑龙江沿岸推移，俄国海军陆战队则构筑工事把满洲的良好港湾包围起来。中国的南方人在反对外国人的斗争中所表现的那种狂热本身，似乎表明他们已觉悟到旧中国遇到极大的危险；过不了多少年，我们就会亲眼看到世界上最古老的帝国的垂死挣扎，看到整个亚洲新纪元的曙光。

——节选自恩格斯《波斯和中国》（写于1857年5月20日前后），《马克思恩格斯选集》第一卷，人民出版社2012年版，第797—800页。标题为编者所加。

解读

19 世纪 50 年代，英国资产阶级政府为了扩大市场、巩固英国在全球的工业垄断地位，在对外政策中进一步推行殖民扩张。马克思和恩格斯高度关注欧洲资本主义列强特别是英国的殖民政策，同时也十分关注 19 世纪 50 年代中期已广泛掀起的亚洲人民反对殖民主义压迫和奴役的解放斗争。他们为《纽约每日论坛报》撰写了一系列通讯，揭露欧洲资本主义列强特别是英国对外的反动政策。

《波斯和中国》是一篇恩格斯写于 1857 年的政论文章。文章的前半部分写的是英国在波斯的战争。后半部分主要写英国在中国的侵略战争。文章一开始就描写了英国人在华遭到的种种报复。恩格斯注意到中国民众在第二次鸦片战争中对英国人的反应已经和第一次鸦片战争有很大的不同。和第一次中漠然、平静的态度不同，第二次鸦片战争中英国军队，包括外国公民都陷入了一场人民战争之中，民众积极地而且是狂热地参加反对外国人的斗争。是谁把这些曾经漠然、平静、驯顺的东方的民众变成了狂热的、反对一切外国人的激进分子？恩格斯尖锐地指出：“是英国政府的海盗政策造成了这一所有中国人普遍奋起反抗所有外国人的局面，并使之表现为一场灭绝战。”

恩格斯在这一段之后紧接着指出了英军在华的种种暴行和恶行，谴责英军是杀人又强奸妇女的文明贩子，并且尖锐地指出了英国报刊在这件事情上表现出的道貌岸然。华人对英人的抵抗和暴力，恩格斯认为就是“保卫社稷和家园”的战争，是一场维护中华民族生存的人民战争。

以太平天国运动为主要代表的中国人民反对清朝反动统治者和沆瀣一气的外国侵略者的英勇斗争，始终受到马克思、恩格斯深切的关注和同情。恩格斯认为太平天国运动就是中国民众对抗英国以及其他入侵者的一场斗争。这场运动不仅仅对英人是危险的，对清王朝也是危险的。恩格斯在这场英人和华人的第二次对决中，看到了中国民间产生的那种反对英国人、也根本反对一切外国人的战争力量。这种来自民间的力量，是一种狂热的、残酷的、坚定的、革命的力量，因此他断言：“旧中国的死亡时刻正在迅速临近。”恩格斯说：“中国的南方人在反对外国人的斗争中所表现的那种狂热本身，似乎表明他们已觉悟到旧中国遇到极大的危险；过不了多少年，我们就会亲眼看到世界上最古老的帝国的垂死挣扎，看到整个亚洲新纪元的曙光。”

在这篇文章中，恩格斯强调指出英国在亚洲的外交政策具有侵略性质，指出这些外交活动是英国进行殖民主义扩张的主要手段之一。恩格斯在这篇文章中严厉谴责了英国殖民主义者在华的野蛮暴行，支持和赞扬中国人民反抗列强侵略的英勇斗争，因为英军对中国的入侵是不正义的。恩格斯还看到了英国入侵者的虚伪和混淆黑白的说辞。英国殖民主义者为了在中国进行掠夺，两次挑起战争。恩格斯谈到了这两次战争的历史，阐明了它们的海盗式掠夺性质，揭露了英国侵略者在中国领土上对和平居民犯下的可耻暴行。

必要的和多余的社会阶级

恩格斯在这篇文章中具体阐释了土地贵族和资产阶级随着生产的发展必然成为社会中多余的阶级的原因，以及为什么生产者阶级、当下历史时期的工人阶级自始至终都被历史所需要且永远不会被历史淹没。

常常有人问：社会上不同的阶级，在什么程度上是有用的或者甚至是必要的呢？回答自然因每个不同的历史时期而不同。无疑，曾经有过一个时期，土地贵族是社会的一个不可避免的和必要的成分。不过，那是很久很久以前的事了。然后又有一个时期，资本家中等阶级——法国人把它叫做 bourgeoisie［资产阶级］——以同样不可避免的必要性产生了，它与土地贵族进行斗争，摧毁他们的政权，自己在经济上和政治上取得了统治。但是，自从阶级产生以来，从来没有过一个时期社会可以没有劳动阶级。这个阶级的名称、社会地位有过变化，农奴代替了奴隶，后来本身又被自由工人所代替，所谓自由，是摆脱了奴隶地位的自由，但也是除自己的劳动力外一无所有的自由。然而有一点是很清楚的，无论不从事生产的社会上层发生什么变化，没有一个生产者阶级，社会就不能生存。可见，这个阶级在任何情况下都是必要的，虽然定会有一天它将不再是一个阶级，而是包括整个社会。

那么现在，这三个阶级各自的存在的必要性如何呢？

土地贵族在英格兰至少在经济上是无用的，而在爱尔兰和苏格兰，由于其本身的灭绝居民的倾向，它已经成为地地道道的祸害了。把人民驱往大洋彼岸或让他们饿死，以羊或鹿来代替他们，这就是爱尔兰和苏格兰的地主们可以自夸的全部功德。只要美国蔬菜和肉类的竞争稍微再加强一些，英格兰的土地贵族也会这样做，至少那些能够这样做的人，即在城市里有大房地产作后盾的人将这样做。至于其余的人，美国食品的竞争将会很快地替我们清除掉。这样清除掉很好，因为他们的政治活动，不管在上院或下院，都纯粹是国家的祸害。

但是，资本家中等阶级，这个建立了不列颠殖民帝国、树立了不列颠自由的开明自由主义阶级怎样呢？这个实行了 1831 年议会改革、废除了谷物法并且减低了一种又一种捐税的阶级怎样呢？这个创建了而且仍然指挥着英国的大工厂、大商船队和日益扩大的铁路网的阶级怎样呢？肯定无疑，这个阶级至少同它指挥并领导着不断进步的工人阶级是一样必要的。

资本家中等阶级的确是履行了如下的经济职能：创立现代蒸汽工业和蒸汽交通的体系，打破一切延缓或妨碍这个体系发展的经济和政治障碍。没有疑问，只要资本家中等阶级还执行着这种职能，在这种情况下它就是一个必要的阶级。但是，现在它还是那样吗？它还在继续履行它作为造福于全社会的社会生产的管理者和扩大者的重要职能吗？让我们来看一看吧。

先看交通工具，我们看到，电报是在政府手里。铁路和大部分远洋轮船的所有者都不是亲自经营业务的单个资本家，而是股份公司，公司的业务则是由领工资的雇员，由实际上处于工资较高的高级工人地位的职员代为经营。至于说到董事们和股东们，他们都知道，前者干预业务管理越少，而后者干预业务监督越少，则对企业就越有利。松懈的而且多半是虚应故事的监督，事实上，是留给企业所有者的惟一职能。由此，我们看到，这些大企业的所有者资本家，实际上没有别的事可做，只是把半年一期的息票兑换成现款而已。资本家的社会职能在这里已经转移给领工资的职员，可资本家还是以股息的形式继续把这些社会职能的报酬装进自己的腰包，尽管他已经不执行这些职能了。

倒是还有一个职能留给由于上述大企业的规模太大而被迫从业务管理中“引退”的资本家。这个职能就是拿着他们的股票到交易所去投机。因为没有更好的事情可做，我们那些“引退了的”或者实际上被取代了的资本家们，便到这个财神庙里赌个痛快。他们到那里是存心去捞钱，却假装说去挣钱。而且他们还要说，一切财产的来源都是劳动和俭省。说劳动和俭省是财产的来源也许还可以，但决不能说是财产的结果。强行封闭小赌场，而在同时，我们的资本家社会却不能没有一个输赢以几百万、几百万计的巨大赌场作为它的真正中心，这是何等的虚伪啊！在这里，这种“引退了的”握有股票的资本家的存在，确实不仅变得多余，而且成了一个十足的祸害。

铁路和轮船运输业中的真实情况，也日益成为一切大工商企业中越来越真实的情况了。“开公司”——把大的私人企业改为有限公司——是近十多年来的流行现象。从伦敦城的曼彻斯特大货栈起，到威尔士和北英格兰的铁工厂和煤矿以及兰开夏郡的工厂，全都已经或正在变成公司。在奥尔德姆全城，差不多已经没有一个棉纺织厂留在私人手里了，而且连零售商人也日益为“合作商店”所代替，不过，其中大多数也只是名义上的合作商店而已——关于这一点，我们另外再谈。由此可见，由于资本家的生产体系本身的发展，资本家也完全和手织机工人一样被取代了。不过有一点不一样：手织机工人注定要慢慢饿死，而被取代的资本家却注定要慢慢撑死。但有一点他们一般说来是相同的，那就是他们都不知道自己该怎么办才好。

因此，结果就是：我们现实社会的经济发展，越来越趋于集中，趋于生产的社会化，使生产成为不能再由单个资本家来管理的大企业。只要企业达到一定规模时，什么“企业主的眼光”，什么这种眼光所创造的奇迹，立刻就变成纯粹的胡说。想像一下伦敦和西北铁路的“企业主的眼光”吧！但是企业主不能做的事情，工人、公司中领工资的职员却能做而且做得很成功。

因此，资本家再也不能把他所要求取得的利润说成是“进行监督的工资”了，因为他什么也没有监督。当资本的辩护人向我们耳中大灌此种站不住脚的辞令时，我们要记住这一点。

但是在我们的前一号周报里，我们已经试图说明：资本家阶级也已经变得没有能力管理本国巨大的生产体系了，他们一方面扩大生产，以致周期地以产品充斥一切市场，而另一方面，又越来越无力抵御外国的竞争。由此我们看到，不单单是我们不要资本家阶级干预就能够把本国的大工业管理得很好，而且他们的干预越来越成为一种祸害了。

我们再一次对他们说：“走开！让工人阶级来干一干吧！”

——（写于1881年8月初），选自《马克思恩格斯全集》第二十五卷，人民出版社2001年版，第534—537页。

解读

巴黎公社失败后，马克思和恩格斯积极总结经验，分析实际的政治斗争、革命活动，进一步系统阐述工人运动的科学理论，从而给工人运动提建议，助推科学社会主义与工人运动日益紧密地结合。在此期间，恩格斯应《劳动旗帜报》创办人兼编辑乔·希普顿之邀为该报撰稿。之所以同意为该报撰稿是因为恩格斯看到了英国工人阶级的一部分人表现出了一定的政治积极性，他希望自己的文章有助于引导英国工人运动冲出仅仅为提高工资和缩短工作日的狭窄经济斗争的范围，而进行独立的政治斗争并建立工人阶级自己的政党。《必要的和多余的社会阶级》就是恩格斯为该报撰写的 11 篇文章中的一篇，文章作为社论发表在 1881 年 8 月 6 日《劳动旗帜报》第 14 号上。

恩格斯在这篇文章中通过回答“社会上不同的阶级，在什么程度上是有用的或者甚至是必要的”问题，解释了为什么土地贵族和资产阶级随着生产的愈加集中、愈加社会化而必然被历史所淘汰，必然成为社会中多余的甚至“有害的”阶级。为什么生产者阶级、当下历史时期的工人阶级是自始至终都被历史所需要的、永远不会被历史淹没的必然的阶级。首先，文章站在历史唯物主义的立场上充分肯定了土地贵族和资产阶级成为不同历史时期“不可避免的和必要的成分”的合理性，“土地贵族是社会的一个不可避免的和必要的成分”“资本家中等阶级——法国人把它叫做bourgeoisie［资产阶级］——以同样不可避免的必要性产生了，它与土地贵族进行斗争，摧毁他们的政权，自己在经济上和政治上取得了统治”。其后，进一步揭示了土地贵族和资产阶级随着自身社会功能的丧失，从而对历史进程的推进无所裨益乃至于“祸害”人类社会沿着正确轨道发展，因此必将成为“时代的弃儿”，终将退出历史舞台。然而自始至终，在历史的磅礴画卷上，有一个阶级从来都不能缺席，从来也不会缺席，它便是劳动阶级，“自从阶级产生以来，从来没有过一个时期社会可以没有劳动阶级”，“无论不从事生产的社会上层发生什么变化，没有一个生产者阶级，社会就不能生存”。因此，在生产愈加集中、社会化愈加推进，“资本家阶级也已经变得没有能力管理本国巨大的生产体系”，甚至“他们的干预愈来愈成为一种祸害”的现实境况下，作为生产者的工人阶级必须担负起推动历史前进的重任。

文章最后，恩格斯满怀深情地号召：“走开！让工人阶级来干一干吧！”这是对于当下形势的充分把握，是对于历史发展大势的深刻研判。既有着对科学社会主义理论的坚定自信，也洋溢着对工人阶级正在和将要承载的使命的殷切期盼，正如恩格斯在文章中所言，“这个阶级在任何情况下都是必要的，虽然定会有一天它将不再是一个阶级，而是包括整个社会”。

恩格斯和法国工人运动

恩格斯悉心培养了一批能够掌握科学社会主义理论并能进行创造性应用的年轻人。恩格斯帮助威廉·李卜克内西、爱德华·伯恩施坦等人深入研究辩证唯物主义和历史唯物主义。他们积极通信，讨论理论问题和现实问题。这封恩格斯写给爱德华·伯恩施坦的信便是他们其中的一次讨论。

亲爱的伯恩施坦先生：

……但是盖得的确到这里来过，当时是为了起草法国工人党的纲领草案。导言就是在这里，在我的房间里，我和拉法格都在场，由马克思口授，盖得笔录的：工人只有在成了他们的劳动资料的占有者时才能获得自由；这可以采取个体形式或集体形式；个体占有形式正在被经济的发展所排斥，而且将日益被排斥；所以，剩下的只是共同占有形式，等等。这真是具有充分说服力的杰作，寥寥数语就可以对群众说得一清二楚，这样的杰作是我少见的，措辞这样精练，真使我自己也感到惊叹。接下去就讨论纲领的其他内容，在这里

爱德华·伯恩施坦

我们作了某些增减，但是很难说盖得是马克思的传声筒，这可以从下列事实中看出来：盖得硬要把他的那一套最低工资额的谬论放到纲领里去，因为对纲领负责的不是我们而是法国人，所以最后我们只得随他的便，虽然他也承认这一点在理论上是荒诞无稽的。

布鲁斯当时在伦敦，他是很乐意出席的。但是盖得的时间很有限，并且不无根据地预料到布鲁斯会引起一场关于他自己也不懂的无政府主义论调的无聊争论，所以坚持不要布鲁斯参加这次会议。这是他的事情。可是布鲁斯对盖得的这种做法耿耿于怀，从此他那反对盖得的小集团便产生了。

法国人后来讨论了这个纲领，作了一些改动以后便通过了，其中马隆所作的改动决不是什么改进。

后来，我还在《平等报》第 2 期上写了两篇关于“俾斯麦先生的社会主义”的文章，就我所知，这就是我们积极参加法国运动的全部经过。

可是，最使那些微不足道而又自命不凡的满腹牢骚的小人恼火的是：马克思由于在理论上和实践上的成就已经赢得了这样的地位，各国工人运动的最优秀的人物都充分信任他。他们在紧要关头都向他请教，而且总是发现他的建议是最好的。他已经在德国、法国、俄国赢得了这种地位，至于在比较小的国家就更不用说了。所以，并不是马克思把自己的意见，更谈不上把自己的意志强加于人，而是这些人自己来向他求教的。马克思所起的特殊的、对运动极端重要的影响，正是建立在这种基础上的。

马隆也曾想到这里来，但是他想通过拉法格得到马克思的特别邀请；他当然没有得到这种邀请。我们愿意同其他任何怀有良好意愿的人，也愿意同他进行商谈，但是要邀请他！为什么？我们什么时候这样邀请过人呢？

马克思，其次是我，对其他国家的运动所持的态度同对法国人的态度是一样的。我们总是同他们保持接触，如果值得花力气这样做，而且有机会这样做的话；但是，违反别人的意志去影响别人的任何企图，都只会对我们有害，只会毁灭在国际时期取得的原有的信任。在革命事业中我们在这方面的经验实在太多了……

——（写于1881年10月25日），选自《马克思恩格斯选集》第四卷，人民出版社2012年版，第544—546页。

解读

随着生产社会化程度的日益提高，资本主义生产方式的基本矛盾——生产的社会化和生产资料私人所有制之间的矛盾愈加凸显，阻碍着社会的进步。无产阶级愈加意识到自己的力量转而诉求自己的正当利益。工人运动此起彼伏。在这一阶段，恩格斯一方面作为国际工人运动的顾问，在分析各国工人运动基础上，总结经验教训，致力于提炼一般性的理论以更好地指导各国工人进行实际斗争。另一方面，恩格斯认真发掘、悉心培养了一批能够掌握科学社会主义理论并能进行创造性应用的年轻人，他们在国际工人运动中发挥着不可忽视的作用。恩格斯帮助威廉·李卜克内西、卡尔·考茨基和爱德华·伯恩施坦等人深入研究辩证唯物主义和历史唯物主义。他们积极通信，讨论理论问题和现实问题。这封恩格斯写给爱德华·伯恩施坦的信便是他们其中的一次讨论。

爱德华·伯恩施坦在1881年10月14日给恩格斯的信中谈到拉法格请他为新版《平等报》筹款的事，因为他无法正确判断法国工人运动的发展情况，所以问恩格斯如何对待这种请求。其后，恩格斯回信给伯恩施坦，详细说明了他所了解到的法国工人运动的情况，简单梳理了他和法国社会主义者的来往——从过去支持他们跟当时流行于其中的小资产阶级观点和空想社会主义观点进行斗争，帮助他们树立科学世界观，到应法国工人党领袖茹尔·盖得的要求，帮助这个年轻的党制定党纲。在这封信中，我们一方面可以看到马克思对德法等国家工人运动的影响之大，以至于“各国工人运动的最优秀的人物都充分信任他”“在紧要关头都向他请教”，与此同时，马克思和恩格斯也热衷于为他们提供帮助；另一方面更可以看到恩格斯对伯恩施坦的悉心引导，致力于培养他成为头脑冷静的、有着扎实科学社会主义理论的年轻革命者。他们之间的真诚交流令人动容。《恩格斯传》的作者海因里希·格姆科夫等人曾动情地描述道：“在革命的工人运动中，涌现出了年轻的、有理论水平的、忠于工人阶级的战士。恩格斯始终挂在心上的，是这些战士的成长，他希望他们在党——只要力所能及——的培养教育下，逐步地得到发展。”

坚定党的无产阶级阶级性

德国社会主义民主党是一个以科学社会主义为指导的政党。1885 年，党内小资产阶级改良思想甚嚣尘上，斗争日趋激烈，存在分裂危险。恩格斯和德国社会主义民主党的领导人、德国工人运动的杰出领袖紧锣密鼓地工作着，围绕党内阶级性的问题进行持续、深刻的交流。这封信就是其中一篇。

亲爱的倍倍尔：

照你说的来推算，26 日在苏黎世谅你必能收到这封信。

奥古斯特·倍倍尔

党内的争吵，据我从这里所能看到的情况来判断，正在发生十分合乎愿望的变化。弗罗梅使劲把朋友拉下水，这只能使我们感到高兴，但幸亏有李卜克内西来解围；李卜克内西通知这里的协会说，他马上到法兰克福去，一切都会妥善处理，如果这一点做不到，那弗罗梅只好飞走。在这整个事件中，李卜克内西扮演的是母鸡孵小鸭的可笑角色：他想培养出“有教养的”社会党人，可是一瞧，从蛋里孵出来的尽是一些庸人和市侩，于是极可爱的母鸡又想说服我们，似乎跟着资产阶级随波逐流的还是小鸡，而不是小鸭。这就毫无办法，只好照顾他的幻想；但是，如果报上的报道可信的话，他在奥芬巴赫做得毕竟有点过分。这全部事情的结果，只能使党意识到：党内存在两派，其中一派给群众指出方向，另一派则给大多数所谓的领袖指出方向，这两派必然会分离得越来越远。这将为行将到来的分裂作好准备，这是很好的事。右翼先生们要再发号施令，就得先好好考虑考虑。

你从考茨基身上发现的正是他的主要弱点。他那种年轻人爱草率下结论的倾向，由于在一些大学尤其是在奥地利的一些大学里受到恶劣的历史讲授法的影响，而更加严重了。那里一直是这样教学生写历史著作的：明知材料不充分，也得把它看作是充分的，因而，写的东西明知不对，也得认为是正确的。这些事情考茨基当然是干得很出色的。其次是他的文人生活方式，就是为稿费而写作，而且写得很多。因此，什么叫做真正科学的工作，他一无所知。后来，他在人口史方面，接着在关于原始社会婚姻的几篇论文上，一连碰了几次大钉子。那时，我曾经十分善意地向他提出过诚恳的告诫；在这方面，我对他毫不宽容，并且从这个角度对他写的一切进行无情的批评。但同时我幸而还可以这样来安慰他：我自己在年轻自负的年代也正是这样做的，只是从马克思那里才学会应当如何工作。我的批评已经对他有很大帮助。

柏林报纸上的文章肯定是梅林写的，至少我不知道在柏林还有谁能写得这样好。这个人很有才华，并且头脑很灵活，然而却是一个很会算计的家伙，而且按本性来说，是一个叛逆者；一旦他重新回到我们这边来，我希望人们不要忘了这一点。只要时势一变，他肯定会这样做。

瓦尔特夫妇来过这里，并且给我带来了有关党内争论的报纸。星期天他们还要来。

《资本论》第二卷，我一收到就立刻给你寄到德勒斯顿去了。第三卷的手稿，我已经尽可能地口授完了。我稍微休息一下并处理完其他各种紧急工作之后，到秋天就着手定稿。不过现在我已经放心了，因为手稿已经誊写清楚，假如在这段时间我的歌子唱完了的话，那在最坏的情况下也可以照现在这个样子刊印。在这项工作没有完成的时候，我没有片刻安宁过。此外，校订十分重要的那三篇——占全书三分之二，也是非常艰巨的工作。但一切都将完成，我预先为该书出版将会引起哄动而高兴。秋天，我们将面临两次和平的革命——法国的和这里的选举。

法国的按名单选举，是由纯粹的共和派发明、由甘必大分子实施的，其目的就是硬要人们选举律师和记者，特别是巴黎人，永远保持他们的统治。这种选举大概会使大批甘必大分子落选，并且几乎肯定（不是马上便是很快）使克列孟梭和激进派执政。这是现有资产阶级政党中最后一个可能的政党。克列孟梭特有的要求就是实行省和市镇的自治，即实行分权管理和废除官僚机构。只要这种改良一开始，对法国来说，那就是一场比 1800 年以后发生的历次革命还要大的革命。但是激进派在法国执政，首先意味着无产阶级从旧的革命传统下解放出来，无产阶级和资产阶级之间展开直接的斗争，因此最终将使斗争各方的力量配置完全明朗化。

这里新的选举权将打破政党之间原来的全部对比关系。辉格党和托利党结成同盟，也就是成立一个大的保守党，这个党将依靠至今没有划分为两个阵营的全部地产，并且将包括资产阶级所有的保守成分——银行、金融巨头、商业以及部分工业家；另一方面是激进资产阶级，也就是大工业家的主要部分、小资产阶级，以及暂时还跟在别人后面、正在重新觉醒参加政治生活的无产阶级，——这就是英国自 1689 年以来还没有过的革命起点。

补充一句，老威廉已经奄奄一息。情况极好。你就看吧！

你的　弗·恩格斯

——（写于 1885 年 7 月 24 日），选自《马克思恩格斯全集》第三十六卷，人民出版社 1975 年版，第 342—345 页。

解读

马克思逝世后，恩格斯更加积极地投身于无产阶级的革命事业，指导无产阶级政党，指导工人运动。孕育了恩格斯的德国对他有着不一样的意义，即使普鲁士反对派迫使他进行了长达十年之久的流亡生活，他对德国工人运动的关心也丝毫未减。1881 年底，德国的容克和大资产阶级通过“糖面包政策”——规定疾病和事故保险条例、给农业工人以外的工人们改善些微的社会待遇等社会改革措施，以期诱导无产阶级放弃其世界观，分化贯彻科学社会主义的社会主义民主党，使之走上小资产阶级的改良道路。斗争于 1885 年达到了顶点。关于党的阶级性问题的讨论极为激烈，党内有着分裂的危险。因此，恩格斯和德国社会主义民主党的领导人——倍倍尔、李卜克内西、伯恩施坦、考茨基等人，紧锣密鼓地工作着。尤其是倍倍尔，恩格斯对其寄予极大的期望，将其视为德国工人运动的杰出领袖，与他关于党内阶级性的问题有着持续、深刻的交流。这封信就是其中一篇。

围绕社会民主党内泛起的小资产阶级改良主义的泛渣，坚决反对“不惜任何代价争取统一”的恩格斯认为在党的无产阶级阶级性的问题上，没有任何妥协商量的余地，必须要同机会主义者进行斗争并且在全体党员面前揭发他们。在信中，恩格斯用戏谑的语气讽刺了李卜克内西不切实际的“幻想”，想要培养出“有教养的”社会党人，最后不过只是“孵出了”跟着资产阶级随波逐流的庸人与市侩，沦为了“母鸡孵小鸭的可笑角色”。

同时，倍倍尔提到考茨基在这场党内思想斗争中太过于武断，“爱草率下结论”。恩格斯宽慰倍倍尔，考茨基的这种倾向确实是他的主要弱点，批评他不懂得真正科学的工作，点明了真正科学工作的两个必要条件——一是材料必须是充分的；二是科学应该是基于内心对于真理的追求，不能作为一种“文人生活方式，就是为稿费而写作，而且写得很多”。但恩格斯也向倍倍尔说明了自己已经多次对考茨基进行“诚恳的告诫”和“无情的批评”了，对他有着很大帮助。这里既体现了恩格斯与倍倍尔亦师亦友的关系——对于倍倍尔牢骚话的疏解，又可以看出恩格斯对于年轻一代工人领袖们的关怀引导，让他们掌握真理又让他们团结友爱。

纪念巴黎公社十五周年

革命是历史的火车头。在巴黎公社运动十五周年之际，恩格斯极大地肯定了工人运动的历史成就，对无产阶级争取自由和解放的斗争充满了乐观主义态度，对坚持无产阶级斗争展现出坚定的意志。

巴黎公社（绘画）

今天晚上全世界的工人和你们一起纪念无产阶级发展过程中一个最光荣和最富悲剧性的阶段。1871 年，工人阶级自从有自己的历史以来第一次在一个作为首都的大城市中掌握了政权。但是，很可惜！这一切都像梦一样消逝了。公社受到前法兰西帝国雇佣军和普军两面夹攻，遭到空前的、永远不能让人忘记的屠杀，所以很快就被扼杀了。得胜的反动派恣意横行；好像社会主义已经淹死在血泊之中，而无产阶级已经注定要永世受奴役了。

从这次失败以来，15 年已经过去了。在这段时间里，在一切国家中，为土地和资本的主人效劳的政权，不择手段，企图摧毁工人的任何一点起义意图。它们究竟得到了什么呢？

放眼环顾一下吧。革命的工人社会主义比任何时候都富有生命力，它现在已经是一支使所有掌权者——无论是法国激进派、俾斯麦、美国的交易所巨头，或者是全俄罗斯的沙皇——胆战心惊的力量。

但是，岂止如此而已。

我们已经能使我们的所有敌人，不管他们做什么，都会违反他们自己的意志而为我们工作。

他们曾经想置国际于死地。可无产者的国际团结，各国革命工人的友谊，已经比公社以前巩固千倍，广泛千倍。国际不再需要原来意义上的组织了；由于欧洲和美洲工人的自发而真诚的合作，国际依然活着并且日益壮大。

在德国，俾斯麦用尽一切手段，直到最卑鄙的手段，来扼杀工人运动。结果是：在公社以前他要应付四个社会主义议员，由于他的迫害，目前选出了 25 个。工人们嘲笑这位宰相：即使出钱雇他，他的革命宣传也不会做得比现在更出色了。

在法国，你们被强加了一个名单投票法，这是地道的资产阶级的选举制度，是专门为了保证只让律师、记者和其他政治冒险家——资本的代言人——当选而发明的。这个选举富人的制度给资产阶级带来了什么呢？它在法国议会内部造就了革命的社会主义工人党，这个党只要登上舞台，就足以在所有资产阶级政党的队伍中造成混乱。

我们的形势就是这样。所发生的事件，结果都对我们有利。为阻挡无产阶级的前进步伐而精心策划的种种措施，只会加速无产阶级的胜利进军。敌人也在做对我们有利的事，他们不得不这样做。而且他们在这方面做得又多又好，所以今天，

1886年3月18日，千百万工人，从加利福尼亚和阿韦龙的无产者矿工到西伯利亚的苦役矿工，都从内心发出了一致的呼声：

“公社万岁！工人的国际团结万岁！”

——（写于1886年3月15日），选自《马克思恩格斯选集》第四卷，人民出版社2012年版，第266—268页。

解读

19 世纪后期，工业化迅速发展，资本主义逐步从自由竞争阶段过渡到垄断阶段。资产阶级与无产阶级的矛盾加深，在资本主义国家内部，工人阶级反对资本主义统治的斗争蓬勃高涨。但是，无产阶级觉醒的抗争引来了欧洲各个资产阶政权的联合镇压。1871 年的巴黎公社运动就发生在这样的时代背景之中。

巴黎公社运动是一场记入人类史册的伟大运动，它极大地推动了历史的进步。它的伟大之处在于它唤醒了一个曾经遭受压迫的阶级，让他们看到了团结的力量，看到了斗争的希望。恩格斯说，1871 年，工人阶级自从有自己的历史以来第一次在一个作为首都的大城市中掌握了政权。

在巴黎公社运动十五周年之际，恩格斯重新回顾了这个“最光荣和最富悲剧性的”历史阶段。他看到了工人阶级第一次掌握政权，革命被残酷地镇压，同时也看到了十五年来为土地和资本的主人效劳的政权不择手段，企图摧毁工人的任何一点起义意图。

在这样一种残酷的现实中，恩格斯乐观地看到了在欧洲大多数国家，以科学社会主义为指导的工人政党不断巩固和壮大，各国无产阶级的联系和团结不断加强。巴黎公社虽然失败了，但是它的失败反而激起了全世界无产者的斗志与团结。那些代表大地主与大资产阶级的政权对各国工人运动的镇压，在巴黎公社运动失败十五周年之后，反而促成了各国工人政党更为活跃的运动和更富有经验的斗争。恩格斯说："放眼环顾一下吧。革命的工人社会主义比任何时候都富有生命力，它现在已经是一支使所有掌权者——无论是法国激进派、俾斯麦、美国的交易所巨头，或者是全俄罗斯的沙皇——胆战心惊的力量。"

这是为什么呢？因为资产阶级及其政府代表的是可恶、凶残、虚伪、贪婪等腐朽性；而无产阶级及其政权代表的是伟大、人道、廉洁等先进性，也就是历史前进和发展的方向。因此，恩格斯对无产阶级争取自由和解放的斗争充满了乐观主义态度，对坚持无产阶级斗争展现出坚定的意志。

恩格斯看到，资产阶级政府的残酷镇压和无情扼杀，反而使无产阶级的友谊更加巩固、无产阶级的团结更加广泛，那些阻挡无产阶级前进步伐的措施只会加速无产阶级的胜利进军。他说："我们已经能使我们的所有敌人，不管他们做什么，都会违反他们自己的意志而为我们工作。"

巴黎公社运动变成了全世界无产者团结和运动的丰碑。在文章的最后，恩格斯号召全世界的无产者——从加利福尼亚到阿韦龙再到西伯利亚——团结起来。这是斗争的号角，这是前进的呼喊，这是恩格斯对世界工人运动寄予的厚望：在马克思主义的引领之下，无产阶级最终会摆脱被压迫的地位，人类最终会走向共产主义。

卷四 透彻阐述哲理

时代的倒退征兆

历史是进步的，还是倒退的？真理的命运是一帆风顺的，还是充满坎坷的？在资本主义蒸蒸日上的19世纪，恩格斯为何发现了“时代的倒退征兆”呢？

普天下没有什么新东西！（参看圣经《旧约全书·传道书》第1章第9节。——编者注）这是一条走运的伪真理。这类真理有过辉煌的历程，经众口相传胜利地游遍全球，历经数百年，仍然不时为人津津乐道，仿佛刚刚问世。真正的真理却很少这样走运；它们必须奋斗，必须忍耐，它们受到残酷折磨，被活活埋葬，而且每一个人都随心所欲地将它们捏来揉去。普天下没有什么新东西！不，新东西多的是，然而，它们如果不属于那种圆通的伪真理就要受到压制；而伪真理总是备有“这就是说，云云”之类一本正经的附带说明，并且像突然闪现的北极光一样，很快又让位于黑夜。但是，一旦新的真正的真理像曙光一样在地平线上升起，黑夜之子就会清楚地知道他们的王国正受到灭亡的威胁，就会拿起武器。要知道，北极光总是在晴空中闪耀，而曙光通常是在乌云满天时出现的，曙光应当驱散天空的黑暗，或者用自己的火焰把黑暗照亮。现在就让我们来考察笼罩着我们时代曙光的那些乌云。

或者，让我们从另一个角度谈谈这个题目吧！大家知道，有人试图把历史的进程比作一条线。在一部针对黑格尔历史哲学的睿智卓绝的著作中，我们读到：

“历史的形式不是上升和下降，不是同心圆或螺线，而是一种时而合拢〈这个词在这里也许比“吻合”要恰当些〉、时而分开的史诗式的平行线。”

但是，我宁愿把历史比作信手画成的螺线，它的螺纹绝不是很精确的。历史从一个看不见的点徐徐开始自己的行程，围绕着这个点缓慢盘旋移动；但是，它的圈子越转越大，旋转越来越迅速、越来越灵活，最后，简直像明亮的彗星一样，从一个星球飞向另一个星球，时而擦过，时而穿插过它的旧轨道。而且，每转一圈就更加接近于无限。谁能预见到终点呢？就在历史仿佛转回到它的旧轨道的那些地方，自以为是的鼠目寸光的人站出来扬扬得意地喊道，他就曾经有过这样的思想！于是，我们又听到：普天下没有什么新东西！我们那些难以理解的裹足不前的英雄好汉们，我们那些开倒车的达官显贵们欢天喜地，企图把整整 300 年当作闯入禁区的涉险旅行、当作发热病时的梦呓从世界编年史中一笔勾销，——他们看不到，历史只是沿着最短的路程奔向新的灿烂的思想星座，这一星座不久就会以其耀眼的光辉使他们呆滞的眼睛昏花迷乱。

我们现在就处在历史的这样一个点上。自查理大帝以来登台亮相的各种思想，500 年间不断相互排斥的各种风尚，都企图把自己的消亡了的权利再次强加于现代。中世纪的封建主义和路易十四的专制制度、罗马的教阶制度和上一世纪的虔诚主义，相互争夺消灭自由思想的荣誉！请允许我对此不再赘述了；因为，谁想在自己的盾牌上装饰这样一条格言，马上就有成千上万把寒光闪闪的、全都比我的更加锋利的剑向他刺去；而且我们知道，所有这些旧思想由于相互冲突必将化为灰烬，并将被向前推进的时代的强劲有力的步伐踏得粉碎。但是，与教会生活和政治生活中这些强大的反动现象相适应的是文学艺术中一些不明显的倾向，是向过去几世纪的不知不觉的倒退，它们虽未威胁到时代本身，却威胁到了时代风尚；而且它们之间非同寻常的相生相映现象也是闻所未闻的！

根本不需要到远处去，就可以碰到这类现象。你只要拜访一下陈设时髦的沙龙，就会看到，你周围那些陈设的式样是谁的精神产物。极端专制时代的各种洛可可式（18 世纪在西欧盛行的建筑和装饰式样，多为蚌壳形。——编者注）的丑陋形象重新被抬出来，为的是把那些使“朕即国家”（据传是法国国王路易十四的话。——编者注）这样的制度感到舒适自在的式样强加于我们的时代精神。我们的沙龙用文艺复兴时期风格的椅子、桌子、橱柜和沙发装饰起来了，要使文艺复兴时期全面恢复，就只差给海涅戴上假发、给蓓蒂娜穿上钟式裙了。

布置这样一间房间，当然是为了在那里读一读冯·施特恩堡先生的对曼特农夫人时代抱有极大偏爱的小说。人们谅解施特恩堡这位奇才的任性并试图为它找出某些更深刻的理由，这自然是徒劳无益的。但是，我敢断言，正是施特恩堡小说的这种特点，也许目前能推动小说的传播，但非常不利于它们今后持续流传。何况，诗歌作品的美，绝对不会由于它总是求助于贫乏枯燥、毫无诗意的时代而显得更加出色，而且这一时代反复无常、浮动不定、拥有充当习俗的傀儡；相形之下，我们的时代及其产物显得还自然一些。要知道，我们太习惯于用讽刺的眼光看待这个时代，以致长期以来我们不能容忍不同的看法，事实上，使人感到十分厌烦的是在施特恩堡的每一部小说中总有那样一种任性。这种倾向，至少在我看来，无非就是任性。所以在这一点上，它没有更深刻的理由。不过，我认为，在“优裕社会”的生活中找到了它的联结点。冯·施特恩堡先生无疑就是为这样的社会而造就出来的，因此他学会了怡然自得地周旋其中；在这个社会的各种圈子里，他也许找到了自己真正的故乡。同今天相比，那个时代的各种社会形态虽然更呆板和更乏味，却明确和完善得多，如果说他看上了那个时代，那是不足为奇的。时代风尚在自己的故乡巴黎的表现要比在冯·施特恩堡先生那里勇敢得多，因为它在巴黎一本正经地表示要从浪漫派手中把他们刚刚赢得的胜利重新夺过来。维克多·雨果出现了，亚历山大·大仲马出现了，同他们一起出现的还有他们的一帮模仿者；伊菲姬妮娅们和阿塔莉们的矫揉造作让位于卢克丽霞·波尔查的矫揉造作，激昂焦躁代替了僵硬刻板；法国经典作家对古代作家的剽窃被揭穿了，——这时，拉舍尔小姐出场了，于是，雨果和大仲马，卢克丽霞·波尔查，以及那些剽窃来的作品统统被人遗忘了；费德拉和熙德漫步舞台，步伐匀称，说话用的是过分修饰的亚历山大里亚诗体，阿基里斯摆出伟大的路易的神态，在舞台上昂首阔步，而鲁伊·布拉斯和贝勒岛小姐壮起胆子刚刚走出后台，马上就到德国翻译工厂和德国民族舞台上寻找出路。对正统主义者来说，当他们观看拉辛的戏剧时能忘掉革命、忘掉拿破仑和伟大的一周，必定感到欣慰之至。旧秩序的光辉复苏了，世界挂上了织花壁毯，独裁者路易身穿锦缎背心、头戴卷曲假发，漫步在凡尔赛的修剪整齐的林荫道上，宠姬的那把万能扇子统治着幸福的宫廷和不幸的法兰西。

即使在这种情况下，过去时代的再现并没有越出法兰西本身的界限，而上一世纪法国文学的特点却仿佛要再现于当前的德国文学中。我指的是哲学上的玩物作风，它在百科全书派身上表现出来，同样也在现代许多作家身上表现出来。前者那里玩味的是唯物主义，后者这里正开始玩味黑格尔。蒙特是第一个——用他自己的话来说——把黑格尔范畴引进文学的人。奎纳一如既往，追随其后，写了《疯人院里的隔离》，虽然《性格》第二卷证明他已经部分地屏弃了黑格尔，但是他在第一卷的很多地方试图把黑格尔的作品翻译成现代语。遗憾的是，这些译文全都是离开原文便无法理解的东西。

这种类比是否定不了的；上面提到的那个作家根据上一世纪哲学上的玩物作风的遭遇得出一个结论，认为死亡的萌芽随同体系一起被带进了文学，这个结论是否能在本世纪的体系中得到证实呢？一个比先前的一切体系都更加彻底的体系会不会执拗而纵横交错地根植于诗才所耕耘的田野呢？或者这些现象只不过是这样一种爱：哲学用它来迎合文学，而且它的成果在霍托、勒特舍尔、施特劳斯、罗生克兰茨等人的著作和《哈雷年鉴》中得到出色的表现？如果是那样，当然就得改变观点，我们也就可以期待科学和生活、哲学和现代倾向、白尔尼和黑格尔的相互渗透，——所谓青年德意志的一部分人早已为我们所期待的相互渗透做了前期工作。除此之外，剩下的就只有一条路了，这条路与前面两条相比，确实有些可笑，也就是说，这条道路假定黑格尔对美文学的影响毫无意义。不过，我认为，只有少数人能下决心选择这条道路。

但是，我们必须追溯得更远，追溯到百科全书派和曼特农夫人之前的时代。杜勒、弗莱里格拉特和倍克自认为在当代文学中可以充当 17 世纪第二西里西亚派的代表人物。《锁链和王冠》、《反基督者》、《洛约拉》、《皇帝和教皇》——杜勒的这些作品在表现手法上怎能使人不想起已故的克利普豪森的齐格勒的《亚细亚的巴尼萨》或者洛恩施坦的《阿尔米纽斯王和图斯涅尔达王妃殿下》这两本书中的巨大激情？而倍克在玩弄辞藻方面甚至超过这些优秀人物；他的诗篇中有些地方简直就是 17 世纪的产物，只是涂上了现代的悲伤厌世的色彩罢了；弗莱里格拉特有时也不善于把玩弄辞藻同诗歌语言区别开来，他恢复了亚历山大里亚诗体，卖弄外来词，这样就完全倒退到霍夫曼斯瓦尔道的时代。但愿他会把这些连同他那异国题材一起丢掉：

风沙飞扬，棕榈枯凋，
诗人投身祖国的怀抱，
纵有异样，仍然旧时风骚！

如果弗莱里格拉特不这样做，那么，真的，他的诗在百年之后将被当作植物标本或撒沙匣之类的东西，而且，如同拉丁语诗律一样，还会用来在学校讲授自然史。某个劳帕赫可能指望自己的抑扬格的编年史只享有这种实际的不朽声誉，但愿弗莱里格拉特会给我们写出完全无愧于 19 世纪的诗作。不过，在浪漫派时期以来的复古文学中，我们已经从 12 世纪上升到 17 世纪，这不是挺好的吗？这样一来，哥特舍德大概也不会让我们久等的。

说实在的，当我打算把这许多个别现象归纳到一起的时候，感到十分困难；必须承认，我失去了把它们同滚滚向前的时代洪流联系起来的线索。也许，它们还没有成熟到可以进行准确概述的地步，在规模和数量上还在继续增加。不管怎样，值得注意的是：这一反动无论在生活中还是在文学艺术中都有表现；内阁报纸的抱怨的弦外之音似乎仍然是“朕即国家”；在有些最新的德国诗歌中充斥着愚昧和无知，这是同另一部分现代蒙昧主义者的大喊大叫相呼应的。

——（大约写于1839年12月底—1840年1月底），选自《马克思恩格斯全集》第二卷，人民出版社2005年版，第106—112页。

解读

《时代的倒退征兆》是恩格斯在19岁时写下的一篇评论，发表于1840年2月出版的《德意志电讯》上。《德意志电讯》是青年德意志派的刊物，恩格斯自1839年开始便为该刊撰稿。那时的恩格斯正服从父亲的意志，离开故乡前往大城市不来梅，在一家商业公司做实习生，但恩格斯真正的兴趣并不在商业贸易，而是文学、艺术和哲学。他被“年轻德意志”的作家所吸引，并喜欢阅读黑格尔的历史哲学，同时也在不断尝试表达自己的思想见解——白天和数字打交道，夜晚则沉浸在文字的世界中。本文便是恩格斯在钻研了历史哲学等问题之后，写下的一篇针砭时弊的评论。纵使这篇评论并未如恩格斯的其他经典篇目般广受瞩目，但其中跳跃的思想火花、闪烁的真知灼见、灵动的优美语言，具备很强的感染性，令人感到一种喷薄而出的思想冲击力。恩格斯在这篇评论中围绕“时代的倒退征兆”，重点探讨了以下几个问题。

第一，真理的命运。恩格斯在文章开篇便指出，真理和伪真理往往交织错杂。而人类社会的困境就在于真理难寻、命途多舛，且捍卫真理往往需要付出很大代价——“它们必须奋斗，必须忍耐，它们受到残酷折磨，被活活埋葬，而且每一个人都随心所欲地将它们捏来揉去”。相反，像“普天下没有什么新东西”这样的《圣经》中的伪真理反而更“走运”、更容易传播，甚至大行其道、蛊惑人心，它“有过辉煌的历程，经众口相传胜利地游遍全球，历经数百年，仍然不时为人津津乐道，仿佛刚刚问世”。真理之所以可贵，就在于它并不是人人皆能快速知晓、领悟和接受的东西，它的产生与发展往往如破土而出的嫩芽，总要经历一番风雨暴晒才能迎来生机。在真理传布的过程中，免不了会遭到伪真理的干扰，也免不了会与陈旧思想分庭抗礼、互相角力。这正如恩格斯在观察当时普鲁士思想境况后所描述的那样：“我们现在就处在历史的这样一个点上。自查理大帝以来登台亮相的各种思想，500年间不断相互排斥的各种风尚，都企图把自己的消亡了的权利再次强加于现代。中世纪的封建主义和路易十四的专制制度、罗马的教阶制度和上一世纪的虔诚主义，相互争夺消灭自由思想的荣誉！”这些粉墨登场的各式思想，基本都是封建主义、专制主义和蒙昧主义等的产物，是时代前进的障碍，是“笼罩着我们时代曙光的那些乌云”。

追求真理与进步的人们，需要拨开这层层乌云、拭去那重重阴霾，发现属于自己时代的耀眼的光辉。在发现并描述了“时代的倒退征兆”之后，恩格斯表达了对真理的激情和向往，以及对真理命运的乐观态度——他将真理比作“曙光”，能驱散天空的黑暗，预示着黎明的降临；而伪真理就像“北极光”，仅在晴空中闪耀，看似美丽炫目，但只能突然闪现，无法有持久的生命力。

第二，历史的发展前景。恩格斯在文中吸取了黑格尔历史哲学的积极因素，又超越了黑格尔，提出了历史螺旋式发展的历史观。恩格斯在文中批判了两种史观：第一种是将历史比作“时而合拢、时而分开的史诗式的平行线”，是种单向线性发展史观；第二种则认为“普天下没有什么新东西”，实则是一种停滞不前的历史循环论。后者在当时更为普遍，反映了19世纪三四十年代普鲁士较为保守的思想境况，他们的代表人物是那些“自以为是的鼠目寸光的人”“难以理解的裹足不前的英雄好汉们”“开倒车的达官显贵们”，他们“企图把整整300年当作闯入禁区涉险旅行、当作发热病时的梦呓从世界编年史中一笔勾销”。对此，恩格斯明确提出了自己的史观，“我宁愿把历史比作信手画成的螺线，它的螺纹绝不是很精确的。历史从一个看不见的点徐徐开始自己的行程，围绕着这个点缓慢盘旋移动；但是，它的圈子越转越大，旋转越来越迅速、越来越灵活，最后，简直像明亮的彗星一样，从一个星球飞向另一个星球，时而擦过，时而穿插过它的旧轨道。而且，每转一圈就更加接近于无限”。恩格斯巧妙地将历史比作“螺线”，围绕一个“看不见的点”缓慢移动、螺旋发展，这个“点”是人类的理性与自由精神，其运动轨迹是丰富而灵活的，并非是单调前行的直线，而是在螺旋上升中不断向前、接近无限，“历史只是沿着最短的路程奔向新的灿烂的思想星座，这一星座不久就会以其耀眼的光辉使他们呆滞的眼睛昏花迷乱”。恩格斯在文中猛烈批驳了历史循环论和开历史倒车的封建思想，也超越了单一的进步史观，表达了对历史的深刻理解与时代发展的乐观展望。尽管当时的历史观还没有完全摆脱把理性看作历史发展动因的唯心主义，但为后来的辩证唯物主义的历史观打下了基础。

恩格斯意识到，无论是捍卫真理，还是坚持以求真的精神对待历史，都不是件简单的事情。他在文末慨叹道："说实在的，当我打算把许多个别现象归纳到一起的时候，感到十分困难；必须承认，我失去了把它们同滚滚向前的时代洪流联系起来的线索。也许，它们还没有成熟到可以进行准确概述的地步，在规模和数量上还在继续增加。”哲学家和思想家是时代的“医生”，理应以敏锐而犀利的思想为“手术刀”，“解剖”时代的肌体，分析时代特征与世界大势，找准病因、对症下药，但是历史的复杂性、真理的隐蔽性、时代的阻力等多重因素决定了“问诊时代”绝非易事，“开出药方”更是需要一定的思想勇气与理论素养。恩格斯提到的“把这许多个别现象归纳到一起”的工作实际就是理论工作，它要求的是“从具体到一般”“透过现象看本质”等思维方式与卓越洞察力，不到 20 岁的恩格斯在文中便展现出了这种思想品格。他入木三分、生动犀利的剖析，指向的不只是 19 世纪的普鲁士，也对近 200 年后的现代社会具有发人深省的意义。

时代的空虚根源于宗教

恩格斯以评价托马斯·卡莱尔写就的《过去和现在》为开篇来研究英国社会状况，揭示了社会灾难的归因不是卡莱尔所认为的“无神论”，而恰恰是基督教的“魅影”还未从人们的头脑中彻底祛除。

卡莱尔控诉时代的空洞无物和空虚，控诉整个社会制度内部的腐败。这种控诉是正当的，但是，仅仅控诉也无济于事；要消除祸害，就必须找出它的原因；要是卡莱尔这样做，他就会发现，这种涣散和空虚，这种“无灵魂”，这种非宗教和这种“无神论”，其根由均在宗教本身。宗教按它的本质来说就是抽掉人和大自然的整个内容，把它转给彼岸之神的幻影，然后彼岸之神大发慈悲，又反过来使人和大自然从它的丰富宝库中得到一点东西。只要对彼岸幻影的信仰还很强烈，还起作用，人用这种迂回的办法至少可以取得一些内容。中世纪的强烈信仰无疑地曾以这种办法赋予这整个时代以巨大的能量，不过这是一种并非来自外部，而是已经在人的本性之中的能量，尽管它还是不自觉的和未开发的。信仰逐渐淡化，宗教随着文化的日益提高而瓦解，但人还是没有看清，他正在把自己的本质当作一种异己的本质来朝拜，并加以神化。人处于这种不自觉而又无信仰的状态，不可能有什么内容，他对真理、理性和大自然必定绝望，而且这种空虚和无思想内容以及对宇宙的永恒事实的绝望将存在下去，直到人看清楚，他当作神来崇敬的本质就是他自己的、迄今为止他还不认识的本质，直到——，我何必照抄费尔巴哈的话呢？

托马斯·卡莱尔

空虚早已存在，因为宗教是人使自我空虚的行为；现在，当掩盖这种空虚的紫袍褪色，遮蔽它的烟雾消失之后，这种空虚才暴露出来，令你惊恐，对此，你感到奇怪了？

其次，卡莱尔谴责当代的伪善和谎言，这是上述行为的直接结果。当然，空虚和软弱还必须借助各种装饰品、加衬垫的衣服和用鲸须架撑起的紧身褡体面地掩饰起来，保持其仪表挺秀！我们也抨击现代基督教世界秩序的伪善；我们惟一迫切的任务归根结底就是同它进行斗争，使我们摆脱它，使世界摆脱它；但是，因为我们是随着哲学的发展认识这种伪善，在科学的基础上进行斗争的，所以这种伪善的本质对我们来说不再是那么陌生和不可理解，而对于卡莱尔，当然还是陌生和不可理解的。我们把这种伪善也归咎于宗教，因为宗教的第一句话就是谎言——或者说，宗教一开头向我们说起某种有关人的事物的时候，不就把这种事物硬说成某种超人的、神的事物吗？但是，因为我们知道：所有这些谎言和不道德现象都来源于宗教，宗教伪善、神学是其他一切谎言和伪善的蓝本，所以我们就有理由像费尔巴哈和布·鲍威尔首创的那样，把神学这个名称扩大到当代一切假话和伪善。如果卡莱尔愿意了解毒化我们一切关系的不道德现象的由来，那就请他读一读费尔巴哈和布·鲍威尔的著作吧。

据说应当创立一种新的宗教，即泛神论的英雄崇拜、劳动崇拜，或者应当等待将来产生这样一种宗教。这是不可能的；产生宗教的可能性一点也没有；继基督教，继绝对的即抽象的宗教之后，继“宗教本身”之后，不可能再出现任何其他形式的宗教。卡莱尔本人也认识到，天主教、新教或其他任何一种基督教，都不可阻挡地要走向灭亡；如果他了解基督教的本质，他就会认识到，继基督教之后，不再可能产生任何其他宗教。泛神论也是不可能产生的！泛神论本身就是基督教的结论，它与自己的前提是分不开的，至少现代的、斯宾诺莎的、谢林的、黑格尔的以及卡莱尔的泛神论是这样。费尔巴哈又一次使我对此不必费心去提供证明。

——节选自恩格斯《英国状况·评托马斯·卡莱尔的<过去和现在>》（大约写于1843年10月—1844年1月中），《马克思恩格斯全集》第三卷，人民出版社2002年版，第517—519页。标题为编者所加。

解读

托马斯·卡莱尔是19世纪英国著名的文学家、历史学家、社会评论家，他写就的《过去和现在》是一部描述英国状况的著作。该书出版于1842年8月英国工人罢工事件后，由于其探讨的是英国社会各界共同关注的问题，《新道德世界》在书评栏以节选形式刊载此书并附加编辑部的评注。

这使其成为当时英国社会各界对英国工人阶级这次罢工斗争前因后果及其历史意义进行广泛讨论的一个社会焦点，也是直接促使侨居在英国的恩格斯以评析卡莱尔这一著述为开篇来研究英国社会状况的主要原因。

翻开《过去和现在》，卡莱尔详尽地将12世纪英国某一修道院安定繁荣的生活景象与19世纪40年代英国社会混乱、贫困的状况进行了对照，描述了当时英国社会贫富尖锐对立的情况，讽刺了资产阶级民主制的伪善，抨击了资产阶级的精神空虚、道德沦丧和对劳动群众的残酷剥削。这些对现代社会贫困、野蛮和道德堕落十分严厉的批判，恩格斯十分认可，并赞扬卡莱尔正确地理解了眼前的现状。

卡莱尔正视了眼前的社会灾难，却没有找对时代问题的症结所在。他把英国自“光荣革命”资产阶级取得统治地位以后出现的一些社会灾难归因于“无神论”，认为只要人们还在坚持无神论、还未重新得到自己的“灵魂”，那么一切都是无益的、无结果的，“宗教本身必须予以恢复”。简言之，卡莱尔解决问题的思路倚靠的是重新回归宗教的办法，还是到虚幻的彼岸，到置身世界的深处与我们对立的“神”那里寻找真理。但在具体的实现路径上，他深知回到基督教时代是不可能了，于是提出人们应确立劳动崇拜。不仅如此，为了实现对劳动的组织化而使人们获得真正的领导，还必须确立“英雄崇拜”。

卡莱尔的回答猜不中时代的谜，解不开时代的困局，恩格斯显然无法认同这样的观点。恩格斯一针见血地指出，所谓会带来精神空虚的“无神论”，“与其说是不相信神本身，不如说是不相信宇宙的内在本质及其无限性，不相信理性，对精神和真理感到失望”。这种精神空虚究其根本是由于未能完全脱离宗教方才产生的，因为宗教按其本质来说无非就是剥夺人和大自然的全部内容，把它转给彼岸之神的幻影，并认定只有这一虚幻的“他者”才能支撑精神的充盈。囚于宗教锁链之下的人，无法依靠自身获得主体的力量，也不能由自己主宰自己的精神。卡莱尔之所以会有这样的思想，是由于中世纪强烈的宗教信仰赋予这个时代以巨大的力量，而且这种力量不来自外部而来自人的本性，所以在宗教信仰被削弱以至于走向破产后，“人还是不了解，他在崇拜自己的本质，把自己的本质神化，变成一种别的本质”。

至于卡莱尔为时代开出的药方，恩格斯也从唯物主义的无神论立场批判了他想创立“劳动教”的企图。这不过是用新的“英雄崇拜”的宗教代替旧的“上帝救世”的宗教，基督教的“魅影”并未祛除，其所相信的其实是泛神论编织的谎言，卡莱尔并没有找寻到真正解决社会问题的正确方向和力量。恩格斯因此主张，对于陈旧的基督教世界，“我们惟一迫切的任务归根结底就是同它进行斗争，使我们摆脱它，使世界摆脱它”。而其写下的这篇批判卡莱尔的文章，就是他正在进行的斗争。

我们可以发现，恩格斯对卡莱尔泛神论的批判，以费尔巴哈的人本主义宗教观作为理论武器，这种批判尽管还存在一定的局限性，但在当时已经极具进步的意义。恩格斯超越以往青年黑格尔派抽象而空洞的理论，结合他所接触到的欧洲各国无产阶级革命实践的经验，提出了继基督教国家之后人类将进入共产主义社会的观点，这对于我们理解马克思主义社会形态学说、共产主义理论的演变至关重要。

财产公有并不是幻想

在19世纪，共产主义公社究竟是什么样子？有可能通过共产主义公社直接迈向共产主义道路吗？恩格斯根据美国共产主义移民区的状况，做出了分析和解答。

如果你同人们谈起社会主义或者共产主义，那么往往会发现：他们认为就事情本身来说你是完全正确的，并且表示共产主义是某种十分美好的东西；他们接着又说："但是，任何时候要使这类事情见诸实现是不可能的"。这种反对意见经常出现，本文作者认为，列举几个在德国还很少有人知道而且能把这种反对意见完全驳倒的事实作为回答，是有益的和必要的。共产主义，即以财产公有为基础的社会生活和活动，不仅是可能的，而且在美国的许多公社中以及在英国的一个地方已经真正实现，我们将在下面看到，它们还颇有成效。

……

我们再给这一记述补充一些有关这个公社内部的各种设备的情况。公社成员集体住在一幢大房子里，而且每人有自己的布置得十分舒适的单间卧室。家务由一部分妇女共同为大家料理，这样，自然就把许多小家小户操持家务所耗费的大量杂费、时间和精力节省下来，从而创造了许多在小户人家根本不可能有的方便条件。例如，厨房的炉子把暖气同时送到这幢房子的所有房间；冷水管和热水管可通到每个房间，而且还有其他一些只有在公共建筑里才可能有的诸如此类的方便条件和优越性。孩子被送进这个企业附设的学校，依靠公费受教育。家长想看孩子的时候就可以去看，教育不仅考虑到体育和德育而且考虑到集体生活。孩子们不受宗教争论和神学争论的折磨，也不受希腊文和拉丁文的折磨；这样他们就能更好地认识自然，锻炼自己的身体和发展他们的智力，而且要求他们坐课堂的时间不长，他们在野外能得到休息；因为教学不仅在室内进行，也经常在广阔的天地进行，而且劳动是教育的一部分。德育只限于运用这样一条准则：己所不欲，勿施于人，也就是只限于实行完全平等和兄弟友爱。

正如已经说过的那样，移民区受社会主义者协会的主席和管理委员会的领导；这个管理委员会每年由各分会派一名代表出席的代表大会选举产生，它在协会章程的范围内有无限的权力，并对代表大会负责。因此，公社由生活在公社以外的人管理，就免不了要发生误会和争吵；然而，即使"协和"的实验由于这一点和由于资金困难而失败——不过，这样的前景是绝对不可能有的，——这对于论证财产公有只是多了一个论据，因为发生上述两种情况的原因都在于公有还没有彻底实现。虽然如此，移民区的存在是有保证的，尽管它还不能如此迅速地获得发展和臻于完善，但是公社的反对者没有可能去庆祝公社的垮台。

因此，我们看到，财产公有并不是什么不可能的事，相反，所有这些实验都十分成功。我们也看到，共同生活的人花费的劳动比较少，而生活得很好，他们有很多空余时间用于智力的培育，同他们那些保留私人财产的邻居相比，他们是更好的、更有道德的人。所有这一切，美国人、英国人、法国人、比利时人以及很多德国人已经认识到了。所有国家都有一些人传播这种学说，并宣称自己是公有的拥护者。

如果说这件事情对所有人都是重要的，那么，它对一无所有的穷苦工人就更是重要，他们今天挣得的工资，明天就花完，并且随时都可能由于意外的和不可避免的事故而没有饭吃。这里展现在工人面前的前景是：独立的、有保障的、无忧无虑的生活，并且同那些现在靠自己的财富把工人变为自己的奴隶的人完全平等。这件事情同这些工人的关系最大。在其他国家，工人正组成要求财产公有的党的核心，德国工人也有责任严肃地考虑这件事情。

当工人彼此联合起来，团结一致并追求一个目的时，同富人相比，他们就无比强大。此外，如果他们抱有象财产公有这样一个合理的和为所有人谋福利的目的，那么，不言而喻，富人中比较好的和比较有理智的人就会宣布自己赞同工人，并且会支持工人。在德国各地已经有很多富裕而又有教养的人公开表示赞同财产公有，并捍卫人民对有产阶级所把持的世上财富的权利。

——节选自恩格斯《现代兴起的今日尚存的共产主义移民区记述》（写于1844年10月中），《马克思恩格斯全集》第四十二卷，人民出版社1979年版，第221—236页。标题为编者所加。

解读

这篇文章是恩格斯在居留巴门期间（1844年9月至1845年4月）写的两篇文章之一（另一篇是《大陆社会主义》），在参加了英、德两次工人运动之后，恩格斯的思想已经由革命民主主义转向了共产主义，这篇文章即是反映当时恩格斯积极宣传共产主义活动的情况。

在本文中，恩格斯运用了关于在美国建立共产主义移民区的报道材料，驳斥了那种认为共产主义思想实际上是不可能实现的论断，指出以集体所有制为基础的社会制度比以私有制为基础的社会制度优越。在首段中，恩格斯直面那些反对共产主义实现的抨击，认为只有通过举例论证的方法才能真正驳倒反对意见，恩格斯采纳的案例是美国的一些社会主义公社。当时恩格斯并没有去过美国，他的主要论据来源于当时报纸上对美国共产主义移民区的相关报道。恩格斯首先介绍了移民区的生活和内部设备情况，集体居住、集体料理家务、公费教育以及平等友爱的互助理念，带有鲜明的共产主义特质。随后，恩格斯介绍了移民区的政治生活状况，移民区管理者由代表大会选举产生，保障其有充分的群众基础。紧接着，恩格斯明确指出，在美国共产主义移民区的实验证明，财产公有完全是可能的，而且会带来工作效率和道德水平的提升。

但是，恩格斯不同意空想社会主义者认为的通过共产主义移民区可以逐渐过渡到共产主义的设想，指出这种移民区只是证明在集体所有制的基础上可以更合理地组织经济生活，而不是改造社会的手段，改造社会还得依靠工人阶级意识的觉醒以及具体的实践行动。恩格斯在文章中指出工人联合的重要性："当工人彼此联合起来，团结一致并追求一个目的时，同富人相比，他们就无比强大。"

关于废除私有制的问答

经典作家对“废除私有制”有着全面的阐述。这对于我们今天正确理解这一问题仍具有启示意义。

第十四个问题：这种新的社会制度应当是怎样的?

答：这种新的社会制度首先必须剥夺相互竞争的个人对工业和一切生产部门的经营权，而代之以所有这些生产部门由整个社会来经营，就是说，为了共同的利益、按照共同的计划、在社会全体成员的参加下来经营。这样，这种新的社会制度将消灭竞争，而代之以联合。因为个人经营工业的必然结果是私有制，竞争不过是单个私有者经营工业的一种方式，所以私有制同工业的个体经营和竞争是分不开的。因此私有制也必须废除，而代之以共同使用全部生产工具和按照共同的协议来分配全部产品，即所谓财产公有。废除私有制甚至是工业发展必然引起的改造整个社会制度的最简明扼要的概括。所以共产主义者完全正确地强调废除私有制是自己的主要要求。

第十五个问题：这么说，过去废除私有制是不可能的?

答：不可能。社会制度中的任何变化，所有制关系中的每一次变革，都是产生了同旧的所有制关系不再相适应的新的生产力的必然结果。私有制本身就是这样产生的。……对于工场手工业和大工业发展的最初阶段来说，除了私有制，不可能有其他任何所有制形式，除了以私有制为基础的社会制度，不可能有其他任何社会制度。……但是现在，由于大工业的发展，第一，产生了空前大规模的资本和生产力，并且具备了能在短时期内无限提高这些生产力的手段；第二，生产力集中在少数资产者手里，而广大人民群众越来越变成无产者，资产者的财富越增加，无产者的境遇就越悲惨和难以忍受；第三，这种强大的、容易增长的生产力，已经发展到私有制和资产者远远不能驾驭的程度，以致经常引起社会制度极其剧烈的震荡。只有这时废除私有制才不仅可能，甚至完全必要。

第十六个问题：能不能用和平的办法废除私有制?

答: 但愿如此，共产主义者当然是最不反对这种办法的人。共产主义者很清楚，任何密谋都不但无益，甚至有害。他们很清楚，革命不能故意地、随心所欲地制造，革命在任何地方和任何时候都是完全不以单个政党和整个阶级的意志和领导为转移的各种情况的必然结果。但他们也看到，几乎所有文明国家的无产阶级的发展都受到暴力压制，因而是共产主义者的敌人用尽一切力量引起革命。如果被压迫的无产阶级因此最终被推向革命，那时，我们共产主义者将用行动来捍卫无产者的事业，正像现在用语言来捍卫它一样。

第十七个问题：能不能一下子就把私有制废除?

答： 不，不能，正像不能一下子就把现有的生产力扩大到为实行财产公有所必要的程度一样。因此，很可能就要来临的无产阶级革命，只能逐步改造现今社会，只有创造了所必需的大量生产资料之后，才能废除私有制。

……

第二十个问题：最终废除私有制将产生什么结果?

答： 由于社会将剥夺私人资本家对一切生产力和交换手段的支配权以及他们对产品的交换和分配权，由于社会将按照根据实有资源和整个社会需要而制定的计划来管理这一切，所以同现在的大工业经营方式相联系的一切有害的后果，将首先被消除。危机将终止。扩大的生产在现今的社会制度下引起生产过剩，并且是产生贫困的极重要的原因，到那个时候，这种生产就会显得十分不够，还必须大大扩大。超出社会当前需要的生产过剩不但不会引起贫困，而且将保证满足所有人的需要，将引起新的需要，同时将创造出满足这种新需要的手段。这种生产过剩将成为新的进步的条件和起因，它将实现这种进步，而不会像过去那样总是因此造成社会秩序的混乱。摆脱了私有制压迫的大工业的发展规模将十分宏伟，相形之下，目前的大工业状况将显得非常渺小，正像工场手工业和我们今天的大工业相比一样。工业的这种发展将给社会提供足够的产品以满足所有人的需要。农业在目前由于私有制的压迫和土地的小块化而难以利用现有改良成果和科学成就，而在将来也同样会进入崭新的繁荣时期，并将给社会提供足够的产品。这样一来，社会将生产出足够的产品，可以组织分配以满足全体成员的需要。因此，社会划分为各个不同的相互敌对的阶级就是多余的了。这种划分不仅是多余的，甚至是和新的社会制度互不相容的。阶级的存在是由分工引起的，而迄今为止的分工方式将完全消失。因为要把工业和农业生产提高到上面说过的水平，单靠机械和化学的辅助手段是不够的，还必须相应地发展使用这些手段的人的能力。当上个世纪的农民和工场手工业工人被卷入大工业的时候，他们改变了自己的整个生活方式而成为完全不同的人，同样，由整个社会共同经营生产和由此而引起的生产的新发展，也需要完全不同的人，并将创造出这种人来。共同经营生产不能由现在这种人来进行，因为他们每一个人都只隶属于某一个生产部门，受它束缚，听它剥削，在这里，每一个人都只能发展自己才能的一方面而偏废了其他各方面，只熟悉整个生产的某一个部门或者某一个部门的一部分。就是现在的工业也越来越不能使用这样的人了。由整个社会共同地和有计划地来经营的工业，更加需要才能得到全面发展、能够通晓整个生产系统的人。因此，现在已被机器破坏了的分工，即把一个人变成农民、把另一个人变成鞋匠、把第三个人变成工厂工人、把第四个人变成交易所投机者的分工，将完全消失。教育将使年轻人能够很快熟悉整个生产系统，将使他们能够根据社会需要或者他们自己的爱好，轮流从一个生产部门转到另一个生产部门。因此，教育将使他们摆脱现在这种分工给每个人造成的片面性。这样一来，根据共产主义原则组织起来的社会，将使自己的成员能够全面发挥他们的得到全面发展的才能。于是各个不同的阶级也必然消灭。因此，根据共产主义原则组织起来的社会一方面不容许阶级继续存在，另一方面这个社会的建立本身为消灭阶级差别提供了手段。

由此可见，城市和乡村之间的对立也将消失。从事农业和工业的将是同一些人，而不再是两个不同的阶级，单从纯粹物质方面的原因来看，这也是共产主义联合体的必要条件。乡村农业人口的分散和大城市工业人口的集中，仅仅适应于工农业发展水平还不够高的阶段，这种状态是一切进一步发展的障碍，这一点现在人们就已经深深地感觉到了。

由社会全体成员组成的共同联合体来共同地和有计划地利用生产力；把生产发展到能够满足所有人的需要的规模；结束牺牲一些人的利益来满足另一些人的需要的状况；彻底消灭阶级和阶级对立；通过消除旧的分工，通过产业教育、变换工种、所有人共同享受大家创造出来的福利，通过城乡的融合，使社会全体成员的才能得到全面发展，——这就是废除私有制的主要结果。

——节选自恩格斯《共产主义原理》（写于1847年10月底—11月），《马克思恩格斯选集》第一卷，人民出版社2012年版，第302—309页。标题为编者所加。

解读

本文选自恩格斯于1847年10月底到11月写的《共产主义原理》。《共产主义原理》是《共产党宣言》的前一个稿本，马克思是在这个稿本的基础上形成《共产党宣言》的定稿的。

《共产主义原理》一文是以问答的形式写成的。全文提出并解答了25个问题，都是人们当时所关心的，也是科学社会主义理论中的重要问题。比如，什么是共产主义？什么是无产阶级？无产阶级是怎样产生的？无产者与奴隶、农奴、手工业工人之间有什么区别？工业革命产生了什么结果？资本主义周期性危机的后果是什么？新的社会制度是什么样的？共产主义怎样对待家庭、民族、宗教？共产党人怎样对待其他的政党？等等。

本文只是选取了其中与“废除私有制”有关的部分。恩格斯的这一部分论述，对于我们更好地理解《共产党宣言》中关于“消灭私有制”的观点是很有帮助的。恩格斯似乎是已经预见到未来的人们在“废除私有制”方面的疑问，他做出的回答不仅对当时，而且对今天都有启示意义。首先，“废除私有制”是有条件的，在条件不具备的历史阶段上不可能废除私有制。这个条件主要是社会生产力的发展程度。在资本主义机器大工业发展起来之前，由于生产力水平相对低下，因而不可能实现这一要求。伴随着大工业的发展，在“产生了空前大规模的资本和生产力，并且具备了能在短时期内无限提高这些生产力的手段”前提下，在“资产者的财富越增加，无产者的境遇就越悲惨和难以忍受”的境况下，在生产力“已经发展到私有制和资产者远远不能驾驭的程度，以致经常引起社会制度极其剧烈的震荡”的条件下，“废除私有制才不仅可能，甚至完全必要”。其次，“废除私有制”是一个历史过程。不仅物质条件的具备有一个积累的过程，而且在革命之后的社会主义改造中，废除私有制也有一个过程，要经过若干个不同的步骤，而不是一步到位。在这个过程中，新社会还必须不断扩大生产，增加生产力，以巩固废除私有制的成果。再次，“废除私有制”在可能的情况下应争取和平地实现。这样可以减少社会动荡和经济损失。但采取什么形式并不取决于主观愿望，而取决于实际斗争过程的需要和可能的条件。最后，“最终废除私有制”时将达到共产主义社会的发展阶段。那时生产力突破私有制的束缚而有更大的发展，特别是生产力的发展将是全体社会成员自觉地有计划地进行的行为，人们经过教育将摆脱私有制条件下的分工给每个人造成的片面性，可以在不同工作部门自由转换，全体社会成员的才能能够得到充分的发展与展现，同时阶级对立和城乡对立消失，每一个人最终将获得自由而全面的发展。

《资本论》：工人阶级的“圣经”

《资本论》第一卷出版后，恩格斯为一家报纸写了书评，不仅介绍和讲解了书中的基本观点，而且对这部著作的伟大意义做了最确切的评价。

自从世界上有资本家和工人以来，没有一本书像我们面前这本书那样，对于工人具有如此重要的意义。资本和劳动的关系，是我们全部现代社会体系所围绕旋转的轴心，这种关系在这里第一次得到了科学的说明，而这种说明之透彻和精辟，只有一个德国人才能做得到。欧文、圣西门、傅立叶的著作现在和将来都是有价值的，可是只有一个德国人才能攀登最高点，把现代社会关系的全部领域看得明白而清楚，就像一个观察者站在高山之巅俯视下面的山景一样。

以往的政治经济学告诉我们，劳动是一切财富的泉源，是一切价值的尺度，所以两件物品在生产上花费了同样的劳动时间，就具有同样的价值，而且，因为一般说来，只有相等的价值才能互相交换，所以这两件物品就应当能够互相交换。但在同时，它又告诉我们，存在着一种积蓄的劳动，它把这种劳动叫做资本；它认为，资本这种东西，由于里面包含有辅助的资源，可以使活劳动的生产率增加几百倍、几千倍，因此要求一定的报偿，这种报偿叫做利润。我们大家知道，事实上情况是这样：积蓄的死劳动的利润，变得越来越大，资本家的资本也变得越来越大，而活劳动的工资，却变得越来越少，只靠工资为生的工人大众越来越多，越来越穷。这个矛盾怎样解决呢？如果工人加在他的产品上的劳动的全部价值都得到补偿，那么，资本家能从哪里去得到利润呢？并且，既然只有相等的价值可以互相交换，在这个场合情形也应当是这样。从另一方面来说，既然如许多经济学家所承认的，产品是在工人与资本家之间分配的，相等的价值的交换怎么可能呢？工人又怎能得到他的产品的全部价值呢？在这个矛盾面前，以往的经济学束手无策，只是写一些或说一些毫无意义的空话。甚至以往从社会主义立场来批评经济学的人，也只能指出这一矛盾而已；在马克思以前，谁也没有解决这个矛盾，只有马克思才探寻了这种利润的产生过程，一直追溯到它的根源，把一切都弄明白了。

Das Kapital.

Kritik der politischen Oekonomie.

Von

Karl Marx.

Erster Band.

Buch I: Der Produktionsprocess des Kapitals.

Hamburg

Verlag von Otto Meissner.

1867.

New-York: L. W. Schmidt, 24 Barclay-Street.

《资本论》第一卷
1867 年德文版的封面

在阐述资本时，马克思从简单的众所周知的事实出发，这就是资本家通过交换而增殖了他的资本的价值：他用他的货币去购买商品，后来又把商品卖出去，使其所得的货币，多于开始时所投入的。例如，某个资本家以1000 塔勒购买棉花，后来以 1100 塔勒卖出，这样一来，他就“赚了”100 塔勒。这个超过原有资本的 100 塔勒的余额，马克思称为剩余价值。这种剩余价值是从哪里产生的呢？依照经济学家的假设，只有相等的价值才能互相交换，从抽象的理论的观点来看，这一假设也是正确的。因此，买进棉花，再把它卖出去，是和一个银塔勒兑换成 30 个银格罗申和这些辅币再兑换成一个银塔勒一样，不能产生任何剩余价值。这种兑换既不能使人变富，也不能使人变穷。同样，剩余价值是不能由卖者在商品价值以上卖出商品或买者在商品价值以下买进商品产生出来的，因为他们每一个人，依次作为买者和卖者，这样也就相互抵消了。剩余价值也不能由买者和卖者互相欺诈而产生，因为互相欺诈不会创造任何新价值或剩余价值，只不过使已经存在的资本在资本家之间的分配有所不同而已。尽管资本家依照价值购买商品，并且依照价值卖出商品，但他获得的价值仍然比他投入的多。这是怎么回事呢？

在现代社会关系中，资本家在商品市场上找到了一种商品，这种商品具有特别的性质，这就是，它的使用是新价值的泉源，是新价值的创造。这个商品，就是劳动力。

劳动力的价值是什么呢？每一个商品的价值，都是由生产该商品所必需的劳动来计量的。劳动力以活的工人的形式存在着。工人为维持他自己的生存并维持他的家庭——这保证在他死后劳动力继续存在——，需要一定量的生活资料。因此，生产这些生活资料所必需的劳动时间就代表了劳动力的价值。资本家按周支付劳动力的价值，并由此购买到工人一周劳动的使用权。关于劳动力价值的问题，就以上各点来说，经济学家先生们的意见和我们的意见大体上是一致的。

现在，资本家就使他的工人去工作了。经过一定的时间后，工人支出的一定的劳动量会与他一周工资所代表的劳动相等。假设一个工人一周的工资代表三个工作日，那么，这个工人从星期一开始工作，到星期三晚上，就把资本家所付的工资的全部价值偿还了。他就在这个时候停止他的工作吗？不，决不是的。资本家已经购买了工人一周的劳动，所以工人在剩下的三天中也必须继续工作。工人这种超过补偿工资所必要的时间以外的剩余劳动，便是剩余价值的、利润的泉源，是资本继续不断增大的泉源。

我们不能说这是一种随意的假定：工人在三天之内再生产他所得到的工资，其余三天为资本家工作。他是恰好用三天时间，还是用两天或者四天时间来补偿工资，在这里当然是无关紧要的，那是随情况而变化的。但主要的是，资本家在他支付报酬的劳动以外，还榨取了他不支付报酬的劳动。这决不是一个随意的假定，因为如果有一天资本家从工人那里取得的劳动总是与他所支付的工资相等，那时，他就会关闭自己的工厂。因为那时他的全部利润便落空了。

在这里，我们就解决了上述一切矛盾。现在，剩余价值（资本家的利润是它的一个重要部分）的起源，是十分明白而自然的了。劳动力的价值是被支付了的，但是这个价值比资本家从劳动力榨取出来的少得多。正是这二者之间的差额，即无酬劳动，构成资本家所得的部分，或者更准确地说，构成资本家阶级所得的部分。因为，拿我们前面的例子来说，棉花商人由棉花所赚得的利润，在棉花价格不提高的情况下，仍应由无酬劳动构成。商人要把棉花卖给一个棉纺织厂主，这个厂主从自己的产品中除上述 100 塔勒之外，还会为自己赚取利润，因此，他是把他所攫取的无酬劳动拿来和商人共分。一切不劳动的社会成员，都是依靠这种无酬劳动维持生活的。资本家阶级负担的国家的和地方的各种税收，土地所有者的地租等等，都是由无酬劳动支付的。全部现存的社会制度都是建立在这种无酬劳动之上的。

——节选自恩格斯《卡·马克思〈资本论〉第一卷书评——为〈民主周报〉作》（写于 1868 年 3 月 1 日—13 日），《马克思恩格斯选集》第二卷，人民出版社 2012 年版，第 70 — 73 页。标题为编者所加。

解读

《资本论》第一卷发表后，并没有引起热烈反响，反而遭遇到了一场“沉默的阴谋”。尽管这是一部政治经济学上的科学著作，完全以科学的方式写成，但由于它实质上是无产阶级的政治经济学，而不是资产阶级的政治经济学，是劳动的政治经济学而不是资本的政治经济学，所以遇到资产阶级学界的一致抵制是不奇怪的。为了打破这场沉默的阴谋，恩格斯担负起向外界介绍《资本论》的职责。他以不同的笔名，向不同的报纸为《资本论》撰写书评。本文就是其中一篇的节选。

在这篇书评中，恩格斯暂时抛开《资本论》中极为丰富的其他方面的内容，直接地介绍了其中关于剩余价值真正来源的崭新观点。恩格斯先从政治经济学中人们深感困惑的问题开始：人们都看到资本家发了财，那么他们多余的财富是从哪里来的呢？有人认为是从资本家的不合法的贱买贵卖中来的，这显然是一种肤浅的结论，因为不可能大家都能贱买贵卖。而如果资本家的一买一卖是遵守了公平交易的价值规律，那么多余的金钱又从何而来呢？这是令政治经济学家们苦恼而不能解决的问题。正如恩格斯所叙述的，“在这个矛盾面前，以往的经济学束手无策，只是写一些或说一些毫无意义的空话。甚至以往从社会主义立场来批评经济学的人，也只能指出这一矛盾而已”。

“在马克思以前，谁也没有解决这个矛盾，只有马克思才探寻了这种利润的产生过程，一直追溯到它的根源，把一切都弄明白了”，基于对现代社会关系的全部领域的清楚明白的认知，马克思提出了新看法，并最终解决了问题。关于这一问题的解答，马克思先从一个众所周知的现象切入，层层深入、抽丝剥茧，自然而然地引出结论。问题的关键在于“劳动力”这种商品的特殊性质——劳动力是所有价值的来源。它自身的价值是一个小数，而它的使用却可以创造出大数量的价值。工人在较短时间内生产出了自身的价值，而在剩余时间里生产出的价值——剩余价值，为资本家所占有了。因为资本家以周为结算单位支付劳动力的价值，“并由此购买到工人一周劳动的使用权”，工人工作一定时间后，其已经付出的劳动量与自身所获得的一周工资的劳动量相等，如果按照价值交换对等原则，此时工人就不再需要继续工作，但这是不可能的。资本家已经购买到了工人一周劳动的使用权了，因此工人只能继续工作，而继续工作所创造的价值即是剩余价值，是资本家所谓自身获得利润的来源。这就是资本主义剥削的秘密。而揭示这个秘密的关键在于，把以往对“劳动”的分析，转换为对“劳动力”的分析，对后者的使用产生了前者。

马克思的这一经典性分析具有双重意义，一是解决了政治经济学上的一个难题，具有学术史的重大意义；二是厘清了资本家和工人的利益关系，从而为现实中的工人运动和斗争提供了理论的依据。以往我们只重视了后者，而忽视了前者，是不够全面的。

论权威

为反驳巴枯宁分子反对一切权威的绝对无政府主义主张，恩格斯写作了《论权威》。他站在历史唯物主义立场上对权威进行了辩证分析，揭示出“权威”是基于社会条件所必然产生的现象，论证了权威的合法性，批驳了无政府主义者片面理解权威的小资产阶级唯心主义观点。

有些社会主义者近来开始了一次真正的十字军征讨，来反对他们称之为权威原则的东西。他们要想给这种或那种行为定罪，只要把它们说成是权威的就行了。这种简单化的方法竟被滥用到这种地步，迫使我们不得不较详细地考察一下。这里所说的权威，是指把别人的意志强加于我们；另一方面，权威又是以服从为前提的。但是，既然这两种说法都不好听，而它们所表现的关系又使服从的一方感到难堪，于是就产生了一个问题：是不是就没有以另外方式行事的办法呢，我们能不能——在现代的社会关系下——创造出另一种社会状态来，使这种权威成为没有意义的东西而归于消失呢。我们只要考察一下作为现代资产阶级社会基础的那些经济关系，即工业关系和农业关系，就会发现，它们有一种使各个孤立的活动越来越为人们的联合活动所代替的趋势。代替各个孤立的生产者的小作坊的，是拥有庞大工厂的现代工业，在这种工厂中有数百个工人照管着由蒸汽推动的复杂机器；大路上的客运马车和货运马车已被铁路上的火车所代替，小型划桨船和帆船已被轮船所代替。甚至在农业中，机器和蒸汽也越来越占统治地位，它们正缓慢地但却一贯地使那些靠雇佣工人耕作大片土地的大资本家来代替小自耕农。联合活动、互相依赖的工作过程的错综复杂化，正在到处取代各个人的独立活动。但是，联合活动就是组织起来，而没有权威能够组织起来吗？

我们假定，社会革命推翻了现在以自己的权威支配财富的生产和流通的资本家。我们再完全按照反权威主义者的观点来假定，土地和劳动工具都成了那些使用它们的工人的集体财产。在这种情况下，权威将会消失呢，还是只会改变自己的形式？我们就来看一看。

就拿棉纺厂作例子吧。棉花至少要经过六道连续工序才会成为棉纱，并且这些工序大部分是在不同的车间进行的。其次，为了使机器不断运转，就需要工程师照管蒸汽机，需要机械师进行日常检修，需要许多粗工把产品由一个车间搬到另一个车间等等。所有这些劳动者——男人、女人和儿童——都被迫按照那根本不管什么个人自治的蒸汽权威所确定的钟点开始和停止工作。所以，劳动者们首先必须就工作时间取得一致；而工作时间一经确定，大家就要毫无例外地一律遵守。其次，在每个车间里，时时都会发生有关生产过程、材料分配等的细节问题，要求马上解决，否则整个生产就会立刻停顿下来。不管这些问题是怎样解决的，是根据领导各劳动部门的代表的决定来解决的呢，还是在可能情况下用多数表决的办法来解决，个别人的意志总是要表示服从，这就是说，问题是靠权威来解决的。大工厂里的自动机器，比雇用工人的任何小资本家要专制得多。至少就工作时间而言，可以在这些工厂的大门上写上这样一句话：进门者请放弃一切自治！如果说人靠科学和创造性天才征服了自然力，那么自然力也对人进行报复，按人利用自然力的程度使人服从一种真正的专制，而不管社会组织怎样。想消灭大工业中的权威，就等于想消灭工业本身，即想消灭蒸汽纺纱机而恢复手纺车。

再拿铁路作例子。这里，无数人的协作也是绝对必要的；为了避免不幸事故，这种协作必须依照准确规定的时间来进行。在这里，运转的首要条件也是要有一个能处理一切所管辖问题的起支配作用的意志，不论体现这个意志的是一个代表，还是一个受托执行有关的大多数人的决议的委员会，都是一样。不论在哪一种场合，都要碰到一个显而易见的权威。不仅如此，假如铁路员工对乘客先生们的权威被取消了，那么，随后开出的列车会发生什么事情呢？

但是，能最清楚地说明需要权威，而且是需要专断的权威的，要算是在汪洋大海上航行的船了。那里，在危急关头，大家的生命能否得救，就要看所有的人能否立即绝对服从一个人的意志。

如果我拿这种论据来反对最顽固的反权威主义者，那他们就只能给我如下的回答："是的！这是对的，但是这里所说的并不是我们赋予我们的代表以某种权威，而是某种委托。"这些先生以为，只要改变一下某一事物的名称，就可以改变这一事物本身。这些深奥的思想家，简直是拿世界开玩笑。

这样，我们看到，一方面是一定的权威，不管它是怎样形成的，另一方面是一定的服从，这两者都是我们不得不接受的，而不管社会组织以及生产和产品流通赖以进行的物质条件是怎样的。

另一方面，我们也看到，生产和流通的物质条件，不可避免地随着大工业和大农业的发展而扩展起来，并且趋向于日益扩大这种权威的范围。所以，把权威原则说成是绝对坏的东西，而把自治原则说成是绝对好的东西，这是荒谬的。权威与自治是相对的东西，它们的应用范围是随着社会发展阶段的不同而改变的。如果自治论者仅仅是想说，未来的社会组织将只在生产条件所必然要求的限度内允许权威存在，那也许还可以同他们说得通。但是，他们闭眼不看使权威成为必要的种种事实，只是拼命反对字眼。

为什么反权威主义者不只限于高喊反对政治权威，反对国家呢？所有的社会主义者都认为，政治国家以及政治权威将由于未来的社会革命而消失，这就是说，公共职能将失去其政治性质，而变为维护真正社会利益的简单的管理职能。但是，反权威主义者却要求在产生权威的政治国家的各种社会条件消除以前，一举把权威的政治国家废除。他们要求把废除权威作为社会革命的第一个行动。这些先生见过革命没有？革命无疑是天下最权威的东西。革命就是一部分人用枪杆、刺刀、大炮，即用非常权威的手段强迫另一部分人接受自己的意志。获得胜利的政党如果不愿意失去自己努力争得的成果，就必须凭借它以武器对反动派造成的恐惧，来维持自己的统治。要是巴黎公社面对资产者没有运用武装人民这个权威，它能支持哪怕一天吗？反过来说，难道我们没有理由责备公社把这个权威用得太少了吗？

总之，二者必居其一。或者是反权威主义者自己不知所云，如果是这样，那他们只是在散布糊涂观念；或者他们是知道的，如果是这样，那他们就背叛了无产阶级运动。在这两种情况下，他们都只是为反动派效劳。

——（写于1872年10月—1873年3月），选自《马克思恩格斯选集》第三卷，人民出版社2012年版，第274—277页。

解读

巴黎公社失败后，基于不同利益诉求的理论家有着迥异的观点主张。巴枯宁作为小资产阶级的典型代表，声称自己是巴黎公社精神的真正继承者，宣扬无产阶级必须放弃成立自己的政党、不要任何国家权力，以追求“无须求得任何人批准而进行活动的绝对权利”的个人自由。为了反驳巴枯宁反对一切权威的绝对无政府主义主张，恩格斯在19世纪70年代写作了《论权威》。

在《论权威》中，恩格斯从社会现实的具体事例出发——无论是棉纺厂的纺纱工作，还是铁路的协作运转，乃至在汪洋大海上航行的船只，都需要权威，都需要通过权威进行有效的组织协调。抽丝剥茧，层层深入，自然而然地引出结论：一方面是一定的权威，不管它是怎样形成的，另一方面是一定的服从，这两者都是我们不得不接受的，而不管社会组织以及生产和产品流通赖以进行的物质条件是怎样的。由此出发，恩格斯将“权威”看作一个社会历史现象，有其深刻的生产生活基础，巴枯宁等反权威主义者的错误在于没有看到其在现阶段必然存在的社会条件，“所有的社会主义者都认为，政治国家以及政治权威将由于未来的社会革命而消失，这就是说，公共职能将失去其政治性质，而变为维护真正社会利益的简单的管理职能。但是，反权威主义者却要求在产生权威的政治国家的各种社会条件消除以前，一举把权威的政治国家废除”。更进一步，恩格斯批判巴枯宁等无政府主义者没有看到革命自身就是权威，“就是一部分人用枪杆、刺刀、大炮，即用非常权威的手段强迫另一部分人接受自己的意志”。

总而言之，恩格斯站在历史唯物主义的立场上对权威进行了辩证分析，揭示出“权威”是基于现实、基于社会条件所必然产生的现象，论证了权威的合法性，不存在绝对的好和绝对的坏，“权威与自治是相对的东西，它们的应用范围是随着社会发展阶段的不同而改变的”，从而批驳了巴枯宁等无政府主义者将“权威”与“自治”完全对立的小资产阶级的唯心主义观点。

真理和道德

这世界是否存在永恒的真理和绝对的道德？很显然，杜林先生认为是存在的。为了驳斥这种谬论，恩格斯从唯物辩证法和唯物史观出发，阐明了马克思主义的真理观、道德观和平等观。

杜林先生本人宣布下面这一点是一种必然性：意识，因而也包括思维和认识，都只能表现在一系列的个人中。我们能够说这些个人中的每一个人的思维具有至上性，这只是就这样一点而言的，即我们不知道有任何一种力量能够强制处在健康清醒状态的每一个人接受某种思想。但是，至于说到每一个人的思维所达到的认识的至上意义，那么我们大家都知道，它是根本谈不上的，而且根据到目前为止的一切经验看来，这些认识所包含的需要改善的东西，无例外地总是要比不需要改善的或正确的东西多得多。

换句话说，思维的至上性是在一系列非常不至上地思维着的人中实现的；拥有无条件的真理权的认识是在一系列相对的谬误中实现的；二者都只有通过人类生活的无限延续才能完全实现。

在这里，我们又遇到了在上面已经遇到过的矛盾：一方面，人的思维的性质必然被看做是绝对的，另一方面，人的思维又是在完全有限地思维着的个人中实现的。这个矛盾只有在无限的前进过程中，在至少对我们来说实际上是无止境的人类世代更迭中才能得到解决。从这个意义来说，人的思维是至上的，同样又是不至上的，它的认识能力是无限的，同样又是有限的。按它的本性、使命、可能和历史的终极目的来说，是至上的和无限的；按它的个别实现情况和每次的现实来说，又是不至上的和有限的。

永恒真理的情况也是一样。如果人类在某个时候达到了只运用永恒真理，只运用具有至上意义和无条件真理权的思维成果的地步，那么人类或许就到达了这样的一点，在那里，知识世界的无限性就现实和可能而言都穷尽了，从而就实现了数清无限数这一著名的奇迹。

然而，不正是存在着如此确凿的、以致在我们看来表示任何怀疑都等于发疯的那种真理吗？二乘二等于四，三角形三内角的和等于两个直角，巴黎在法国，人不吃饭就会饿死，等等，这些不都是这种真理吗？这不就是说，还是存在着永恒真理，最后的终极的真理吗？

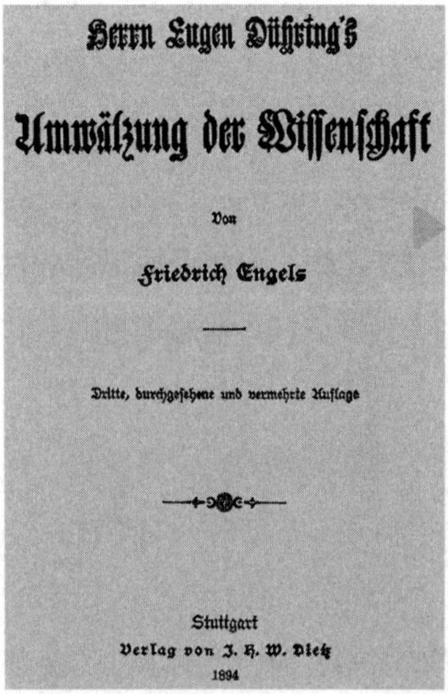

Herrn Eugen Dühring's

Umwälzung der Wissenschaft

Von

Friedrich Engels

Dritte, durchgesehene und vermehrte Auflage

Stuttgart
Verlag von J. H. W. Dietz
1894

《反杜林论》第 3 版的扉页

确实是这样。我们可以按照早已知道的方法把整个认识领域分成三大部分。第一个部分包括所有研究非生物界的并且或多或少能用数学方法处理的科学，即数学、天文学、力学、物理学、化学。如果有人喜欢对极简单的事物使用大字眼，那么也可以说，这些科学的某些成果是永恒真理，是最后的终极的真理，所以这些科学也叫做精密科学。然而决不是一切成果都是如此。由于变数的应用以及它的可变性被推广于无限小和无限大，一向非常循规蹈矩的数学犯了原罪；它吃了智慧果，这为它开辟了获得最大成就但也造成谬误的道路。数学上的一切东西的绝对适用性、不可争辩的确证性的童贞状态一去不复返了；争论的王国出现了，而且我们到了这样一种地步：大多数人进行微分和积分，并不是由于他们懂得他们在做什么，而是出于单纯的信任，因为直到现在得出的结果总是正确的。天文学和力学方面的情况更糟，而在物理学和化学方面，人们就像处在蜂群之中那样处在种种假说之中。情况也根本不可能不是这样。我们在物理学中研究分子的运动，在化学中研究分子的原子构成，如果光波的干扰不是一种虚构，那我们绝对没有希望在某个时候亲眼看到这些有趣的东西。最后的终极的真理在这里随着时间的推移变得非常罕见了。

地质学的情况还要糟，地质学按其性质来说主要是研究那些不但我们没有经历过而且任何人都没有经历过的过程。所以要挖掘出最后的终极的真理在这里要费很大的力气，而所得是极少的。

第二类科学是研究活的有机体的科学。在这一领域中，展现出如此错综复杂的相互关系和因果联系，以致不仅每个已经解决的问题都引起无数的新问题，而且每一个问题也多半都只能一点一点地、通过一系列常常需要花几百年时间的研究才能得到解决；此外，对各种相互联系作系统理解的需要，总是一再迫使我们在最后的终极的真理的周围造起茂密的假说之林。为了正确地确定像哺乳动物的血液循环这样简单的事实，需要经历从盖仑到马尔比基之间的多么长的一系列中间阶段！我们关于血球的形成知道得多么少！比如说为了确定某种疾病的现象和致病的原因之间的合理联系，我们今天还缺乏多少中间环节！此外还常常有像细胞的发现这样的发现，这些发现迫使我们对生物学领域中以前已经确立的一切最后的终极的真理作全面的修正，并且把它们整堆地永远抛弃掉。因此，谁想在这里确立确实是真正的不变的真理，那么他就必须满足于一些陈词滥调，如所有的人必定要死，所有的雌性哺乳动物都有乳腺等等；他甚至不能说，高等动物是靠胃和肠而不是靠头脑消化的，因为集中于头脑的神经活动对于消化是必不可少的。

但是，在第三类科学中，即在按历史顺序和现今结果来研究人的生活条件、社会关系、法的形式和国家形式及其由哲学、宗教、艺术等等组成的观念上层建筑的历史科学中，永恒真理的情况还更糟。在有机界中，我们至少是研究这样一些依次相继的过程，这些过程，就我们直接观察的领域而言，正在非常广阔的范围内相当有规律地重复着。自亚里士多德以来，有机体的种总的说来没有变化。在社会历史中情况则相反，自从我们脱离人类的原始状态即所谓石器时代以来，情况的重复是例外而不是通例；即使在某个地方发生这样的重复，也决不是在完全同样的状况下发生的。在一切文明民族那里，原始土地公有制的出现和这种所有制解体的形式就是如此。因此，我们在人类历史领域中的科学比在生物学领域中的科学还要落后得多；不仅如此，如果一旦例外地能够认识到某一时代的社会存在形式和政治存在形式的内在联系，那么这照例是发生在这些形式已经半衰退和濒于瓦解的时候。因此，在这里认识在本质上是相对的，因为它只限于了解只存在于一定时代和一定民族中的、而且按其本性来说是暂时的一定社会形式和国家形式的联系和结果。因此，谁要在这里猎取最后的终极的真理，猎取真正的、根本不变的真理，那么他是不会有什么收获的，除非是一些陈词滥调和老生常谈，例如，人一般地说不劳动就不能生活，人直到现在总是分为统治者和被统治者，拿破仑死于 1821 年 5 月 5 日，如此等等。

……

我们本来在上面还可以举出研究人的思维规律的科学，即逻辑学和辩证法。但是在这方面，永恒真理的情况也不见得好些。杜林先生把本来意义的辩证法宣布为纯粹的无稽之谈，而已经写成的和现在还在写的关于逻辑学的许多书籍充分证明，在这里播下的最后的终极的真理也远比有些人所想的要稀少得多。

此外，我们根本不用担心我们现在所处的认识阶段和先前的一切阶段一样都不是最后的。这一阶段已经包括大量的认识材料，并且要求每一个想在任何专业内成为内行的人进行极深刻的专门研究。但是认识就其本性而言，或者对漫长的世代系列来说是相对的而且必然是逐步趋于完善的，或者就像在天体演化学、地质学和人类历史中一样，由于历史材料不足，甚至永远是有缺陷的和不完善的，而谁要以真正的、不变的、最后的终极的真理的标准来衡量认识，那么，他只是证明他自己的无知和荒谬，即使真正的动机并不像在这里那样是要求个人不犯错误。真理和谬误，正如一切在两极对立中运动的逻辑范畴一样，只是在非常有限的领域内才具有绝对的意义；这一点我们刚才已经看到了，即使是杜林先生，只要他稍微知道一点正是说明一切两极对立的不充分性的辩证法的初步知识，他也会知道的。……

如果说，在真理和谬误的问题上我们没有什么前进，那么在善和恶的问题上就更没有前进了。这一对立完全是在道德领域中，也就是在属于人类历史的领域中运动，在这里播下的最后的终极的真理恰恰是最稀少的。善恶观念从一个民族到另一个民族、从一个时代到另一个时代变更得这样厉害，以致它们常常是互相直接矛盾的。但是，如果有人反驳说，无论如何善不是恶，恶不是善；如果把善恶混淆起来，那么一切道德都将完结，而每个人都将可以为所欲为了。杜林先生的意见，只要除去一切隐晦玄妙的词句，就是这样的。但是问题毕竟不是这样简单地解决的。如果事情真的这样简单，那么关于善和恶就根本不会有争论了，每个人都会知道什么是善，什么是恶。但是今天的情形是怎样的呢？今天向我们宣扬的是什么样的道德呢？首先是由过去信教时代传下来的基督教的封建的道德，这种道德主要又分成天主教的和新教的道德，其中又不乏不同分支，从耶稣会天主教的和正统新教的道德，直到松弛的启蒙的道德。和这些道德并列的，有现代资产阶级的道德，和资产阶级道德并列的，又有未来的无产阶级道德，所以仅仅在欧洲最先进国家中，过去、现在和将来就提供了三大类同时和并列地起作用的道德论。哪一种是合乎真理的呢？如果就绝对的终极性来说，哪一种也不是；但是，现在代表着现状的变革、代表着未来的那种道德，即无产阶级道德，肯定拥有最多的能够长久保持的因素。

但是，如果我们看到，现代社会的三个阶级即封建贵族、资产阶级和无产阶级都各有自己的特殊的道德，那么我们由此只能得出这样的结论：人们自觉地或不自觉地，归根到底总是从他们阶级地位所依据的实际关系中——从他们进行生产和交换的经济关系中，获得自己的伦理观念。

但是在上述三种道德论中还是有一些对所有这三者来说都是共同的东西——这不至少就是一成不变的道德的一部分吗？——这三种道德论代表同一历史发展的三个不同阶段，所以有共同的历史背景，正因为这样，就必然有许多共同之处。不仅如此，对同样的或差不多同样的经济发展阶段来说，道德论必然是或多或少地互相一致的。从动产的私有制发展起来的时候起，在一切存在着这种私有制的社会里，道德戒律一定是共同的：切勿偷盗。这个戒律是否因此而成为永恒的道德戒律呢？绝对不会。在偷盗动机已被消除的社会里，就是说在随着时间的推移顶多只有精神病患者才会偷盗的社会里，如果一个道德说教者想庄严地宣布一条永恒真理：切勿偷盗，那他将会遭到什么样的嘲笑啊！

因此，我们拒绝想把任何道德教条当做永恒的、终极的、从此不变的伦理规律强加给我们的一切无理要求，这种要求的借口是，道德世界也有凌驾于历史和民族差别之上的不变的原则。相反，我们断定，一切以往的道德论归根到底都是当时的社会经济状况的产物。而社会直到现在是在阶级对立中运动的，所以道德始终是阶级的道德；它或者为统治阶级的统治和利益辩护，或者当被压迫阶级变得足够强大时，代表被压迫者对这个统治的反抗和他们的未来利益。没有人怀疑，在这里，在道德方面也和人类认识的所有其他部门一样，总的说是有过进步的。但是我们还没有越出阶级的道德。只有在不仅消灭了阶级对立，而且在实际生活中也忘却了这种对立的社会发展阶段上，超越阶级对立和超越对这种对立的回忆的、真正人的道德才成为可能。……

——节选自恩格斯《反杜林论》（写于1876年9月—1878年6月），《马克思恩格斯选集》第三卷，人民出版社2012年版，第462—471页。标题为编者所加。

解读

恩格斯在1876—1878年写出了《反杜林论》。《反杜林论》是恩格斯为批判小资产阶级社会主义者欧根·杜林在哲学、经济学和社会主义领域宣扬的错误观点，回击杜林对马克思学说的进攻，并清除杜林思想在德国社会民主党中的影响而写的一部论战性著作。正像恩格斯在《序言》中所说："论战转变成对马克思和我所主张的辩证方法和共产主义世界观的比较连贯的阐述，而这一阐述包括了相当多的领域。"恩格斯通过对杜林错误观点的批判，全面系统地阐明了马克思主义哲学、政治经济学和科学社会主义的基本原理，阐明了马克思主义的三个主要组成部分的相互联系，阐明了辩证唯物主义和历史唯物主义是唯一科学的世界观和方法论。

道德在人类社会中扮演着非常重要的角色。人类社会是否具有一种普遍意义的、放之四海而皆准的永恒道德？如果这种永恒道德是存在的，那么是否说明了人类社会存在永恒的真理？德国小资产阶级学者欧根·杜林的回答是肯定的。在杜林看来，道德观念和道德要素具有超越人类的意义，道德原则是永恒的，它凌驾于"历史之上和现今的民族特性的差别之上"，所以"真正的真理是根本不变的"，它是不受时间、地点和条件限制的。因此，杜林承认永恒真理与终极真理的存在。

恩格斯在《反杜林论》这一章节，全面地回应并批判了杜林在哲学领域这一唯心主义的错误观点。他首先列举和批判了杜林在道德问题上的谬论；在此基础之上，接着批判杜林的形而上学真理观，阐明了马克思主义真理观；最后，恩格斯进一步批判杜林的永恒道德观，阐述了马克思主义关于道德的基本观点。

恩格斯揭露了杜林的先验主义，科学地阐明了思维和存在的关系，指出思维是存在的反映、原则是从自然界和人类历史中抽象出来的这一唯物主义观点。在道德和法的领域，恩格斯批驳了杜林鼓吹的“永恒真理”“终极真理”，阐明了人类认识的辩证发展过程，论述了相对真理和绝对真理的辩证关系。他指出人的思维是至上性和非至上性的辩证统一：“人的思维是至上的，同样又是不至上的，它的认识能力是无限的，同样又是有限的。按它的本性、使命、可能和历史的终极目的来说，是至上的和无限的。”既然人的认识是具有相对性的，那么人对真理的认识也是相对的，“在一系列相对的谬误中实现的”；“认识就其本性而言，或者对漫长的世代系列来说是相对的而且必然是逐步趋于完善的”。所以说，真理是绝对性与相对性的统一，绝对真理是通过相对真理的发展来实现的。如果我们承认永恒真理的存在，那么就等于取消了认识的任务。什么是真理呢？恩格斯指出，真理是事物本质规律的反映，不是感性现象的描述。人类认识的发展证明真理是发展的，人类每阶段的认识只能是相对的。

沿着这一唯物辩证法和唯物史观的思路，恩格斯继续批判了杜林的永恒道德观。他从历史和客观事实出发，指出道德不是永恒的，而是发展变化的。为什么是发展变化的？恩格斯指出，这跟道德产生的经济根源和阶级实质有关。继而，他又分析了共同道德的本质和存在条件，指出同一历史发展的共同历史背景是形成一些共同道德的社会历史基础，但是不能从共同道德的存在推出永恒道德的存在。因为作为任何一种共同道德，其本身也要随社会的发展而变化的。今天我们在不同的国度里发现有相近并接近一致的道德观念，是因为生活结构具有相同的特点。但是从这一点并不能否认不同民族国家道德观念的阶级性和民族性。恩格斯阐明了马克思主义的道德观。他指出：没有永恒的、终极的道德教条，一切道德观念都是社会经济状况的产物，在阶级社会中，“道德始终是阶级的道德”。“只有在不仅消灭了阶级对立，而且在实际生活中也忘却了这种对立的社会发展阶段上，超越阶级对立和超越对这种对立的回忆的、真正人的道德才成为可能。”

在马克思主义哲学的理论体系中，恩格斯对真理问题的研究做出了杰出的理论贡献。恩格斯对真理问题的理论观点在他所写作的《反杜林论》中阐述得最为充分。恩格斯通过对杜林所宣扬的“永恒真理”和“永恒道德”的批判，深刻地阐述了马克思主义的真理观。文章处处闪耀着辩证法的思想光辉，为我们今天在经济全球化时代认识复杂的道德现象提供了一把金钥匙。

如何看待“平等”

基于对杜林抽象的、脱离一切社会现实的平等论及其研究方法的批判，恩格斯从历史唯物主义的视角出发，阐明了马克思主义的平等观。

一切人，作为人来说，都有某些共同点，在这些共同点所及的范围内，他们是平等的，这样的观念自然是非常古老的。但是现代的平等要求与此完全不同；这种平等要求更应当是从人的这种共同特性中，从人就他们是人而言的这种平等中引申出这样的要求：一切人，或至少是一个国家的一切公民，或一个社会的一切成员，都应当有平等的政治地位和社会地位。要从这种相对平等的原始观念中得出国家和社会中的平等权利的结论，要使这个结论甚至能够成为某种自然而然的、不言而喻的东西，必然要经过而且确实已经经过几千年。在最古老的自然形成的公社中，最多只谈得上公社成员之间的平等权利，妇女、奴隶和外地人自然不在此列。在希腊人和罗马人那里，人们的不平等的作用比任何平等要大得多。如果认为希腊人和野蛮人、自由民和奴隶、公民和被保护民、罗马的公民和罗马的臣民（该词是在广义上使用的），都可以要求平等的政治地位，那么这在古代人看来必定是发了疯。在罗马帝国时期，所有这些区别，除自由民和奴隶的区别外，都逐渐消失了；这样，至少对自由民来说产生了私人的平等，在这种平等的基础上罗马法发展起来了，它是我们所知道的以私有制为基础的法的最完备形式。但是只要自由民和奴隶之间的对立还存在，就谈不上从一般人的平等得出的法的结论，这一点我们不久前在北美合众国各蓄奴州里还可以看得到。

基督教只承认一切人的一种平等，即原罪的平等，这同它曾经作为奴隶和被压迫者的宗教的性质是完全适合的。此外，基督教至多还承认上帝的选民的平等，但是这种平等只是在开始时才被强调过。在新宗教的最初阶段同样可以发现财产共有的痕迹，这与其说是来源于真正的平等观念，不如说是来源于被迫害者的团结。僧侣和俗人对立的确立，很快就使这种基督教平等的萌芽也归于消失。——日耳曼人在西欧的横行，逐渐建立了空前复杂的社会的和政治的等级制度，从而在几个世纪内消除了一切平等观念，但是同时使西欧和中欧卷入了历史的运动，在那里第一次创造了一个牢固的文化区域，并在这个区域内第一次建立了一个由互相影响和互相防范的、主要是民族国家所组成的体系。这样就准备了一个基础，后来只是在这个基础上才有可能谈人的平等和人权的问题。

此外，在封建的中世纪的内部孕育了这样一个阶级，这个阶级在它进一步的发展中，注定成为现代平等要求的代表者，这就是资产阶级。资产阶级本身最初是一个封建等级，当15世纪末海上航路的伟大发现为它开辟了一个新的更加广阔的活动场所时，它使封建社会内部的主要靠手工进行的工业和产品交换发展到比较高的水平。欧洲以外的、以前只在意大利和黎凡特（地中海东岸诸国的旧称。——编者注）之间进行的贸易，这时已经扩大到了美洲和印度，就重要性来说，很快就超过了欧洲各国之间的和每个国家内部的交换。美洲的黄金和白银在欧洲泛滥起来，它好似一种瓦解因素渗入封建社会的一切罅隙、裂缝和细孔。手工业生产不再能满足日益增长的需要；在最先进的国家的主要工业部门里，手工业生产为工场手工业代替了。

可是社会的政治结构决不是紧跟着社会经济生活条件的这种剧烈的变革立即

发生相应的改变。当社会日益成为资产阶级社会的时候，国家制度仍然是封建的。大规模的贸易，特别是国际贸易，尤其是世界贸易，要求有自由的、在行动上不受限制的商品占有者，他们作为商品占有者是有平等权利的，他们根据对他们所有人来说都平等的、至少在当地是平等的权利进行交换。从手工业向工场手工业转变的前提是，有一定数量的自由工人（所谓自由，一方面是他们摆脱了行会的束缚，另一方面是他们失去了自己使用自己劳动力所必需的资料），他们可以和厂主订立契约出租他们的劳动力，因而作为缔约的一方是和厂主权利平等的。最后，一切人类劳动由于而且只是由于都是一般人类劳动而具有的等同性和同等意义，在现代资产阶级经济学的价值规律中得到了自己的不自觉的，但最强烈的表现，根据这一规律，商品的价值是由其中所包含的社会必要劳动来计量的。——但是，在经济关系要求自由和平等权利的地方，政治制度却每一步都以行会束缚和各种特权同它对抗。地方特权、差别关税以及各种各样的特别法令，不仅在贸易方面打击外国人或殖民地居民，而且还时常打击本国的各类国民：行会特权处处和时时都一再阻挡着工场手工业发展的道路。无论在哪里，道路都不是自由通行的，对资产阶级竞争者来说机会都不是平等的，而自由通行和机会平等是首要的和愈益迫切的要求。

社会的经济进步一旦把摆脱封建桎梏和通过消除封建不平等来确立权利平等的要求提上日程，这种要求就必定迅速地扩大其范围。只要为工业和商业的利益提出这一要求，就必须为广大农民要求同样的平等权利。农民遭受着从十足的农奴制开始的各种程度的奴役，他们必须把自己绝大部分的劳动时间无偿地献给仁慈的封建领主，此外，还得向领主和国家交纳无数的贡税。另一方面，也不能不要求废除封建特惠、贵族免税权以及个别等级的政治特权。由于人们不再生活在像罗马帝国那样的世界帝国中，而是生活在那些相互平等地交往并且处在差不多相同的资产阶级发展阶段的独立国家所组成的体系中，所以这种要求就很自然地获得了普遍的、超出个别国家范围的性质，而自由和平等也很自然地被宣布为人权。这种人权的特殊资产阶级性质的典型表现是美国宪法，它最先承认了人权，同时确认了存在于美国的有色人种奴隶制：阶级特权不受法律保护，种族特权被神圣化。

可是大家知道，从资产阶级由封建时代的市民等级破茧而出的时候起，从中世纪的等级转变为现代的阶级的时候起，资产阶级就由它的影子即无产阶级不可避免地一直伴随着。同样地，资产阶级的平等要求也由无产阶级的平等要求伴随着。从消灭阶级特权的资产阶级要求提出的时候起，同时就出现了消灭阶级本身的无产阶级要求——起初采取宗教的形式，借助于原始基督教，以后就以资产阶级的平等理论本身为依据了。无产阶级抓住了资产阶级所说的话，指出：平等应当不仅仅是表面的，不仅仅在国家的领域中实行，它还应当是实际的，还应当在社会的、经济的领域中实行。尤其是从法国资产阶级自大革命开始把公民的平等提到重要地位以来，法国无产阶级就针锋相对地提出社会的、经济的平等的要求，这种平等成了法国无产阶级所特有的战斗口号。

因此，无产阶级所提出的平等要求有双重意义。或者它是对明显的社会不平等，对富人和穷人之间、主人和奴隶之间、骄奢淫逸者和饥饿者之间的对立的自发反应——特别是在初期，例如在农民战争中，情况就是这样；它作为这种自发反应，只是革命本能的表现，它在这里，而且仅仅在这里找到自己被提出的理由。或者它是从对资产阶级平等要求的反应中产生的，它从这种平等要求中吸取了或多或少正当的、可以进一步发展的要求，成了用资本家本身的主张发动工人起来反对资本家的鼓动手段；在这种情况下，它是和资产阶级平等本身共存亡的。在上述两种情况下，无产阶级平等要求的实际内容都是消灭阶级的要求。任何超出这个范围的平等要求，都必然要流于荒谬。我们已经举出了关于这方面的例子，当我们转到杜林先生关于未来的幻想时，我们还会发现更多的这类例子。

可见，平等的观念，无论以资产阶级的形式出现，还是以无产阶级的形式出现，本身都是一种历史的产物，这一观念的形成，需要一定的历史条件，而这种历史条件本身又以长期的以往的历史为前提。所以，这样的平等观念说它是什么都行，就不能说它是永恒的真理。如果它现在对广大公众来说——在这种或那种意义上——是不言而喻的，如果它像马克思所说的，“已经成为国民的牢固的成见”，那么这不是由于它具有公理式的真理性，而是由于18世纪的思想得到普遍传播和仍然合乎时宜。……

——节选自恩格斯《反杜林论》（写于1876年9月—1878年6月），《马克思恩格斯选集》第三卷，人民出版社2012年版，第480—485页。标题为编者所加。

解读

恩格斯认为平等观是一种历史产物，在不同的历史阶段，平等具有不同的社会形式和社会内容。随着社会和生产力的发展，对平等的要求也在发展。到了近代，资产阶级希望消除封建的不平等来确立权利的平等，随之自由和平等也就被宣布为人权，但是这种人权具有特殊的资产阶级性质，奴隶、有色人种和无产阶级并不在此列，因此，这是一种具有剥削性质的资产阶级平等。无产阶级的平等观要求伴随着资产阶级平等观的要求而产生，无产阶级的平等要求具有双重意义，无产阶级的平等内容是消灭阶级的要求，“消灭了阶级对立的存在条件，消灭了阶级本身的存在条件，从而消灭了它自己这个阶级的统治”。无产阶级平等本质上都是消灭阶级的内容，正如马克思所说：“平等，作为共产主义的基础，是共产主义的政治的论据。”

无产阶级的平等观是立足唯物主义的，它从现实的个人出发，提出经济关系是平等观念的起源，要消灭阶级、消灭政治和经济上的剥削，才能实现真正的平等。而不论是资产阶级的平等，还是杜林“两个意志的完全平等”的永恒公式和真理，都是抽象的、一部分人的平等，而不是所有人、一般人的平等。因此，恩格斯认为平等观念实际上起到了一种政治作用，对无产阶级运动有着巨大的价值。

恩格斯认为：“平等的观念，无论以资产阶级的形式出现，还是以无产阶级的形式出现，本身都是一种历史的产物。”平等都是需要一定的历史条件，而不是什么永恒真理。他说：资产者的平等（消灭阶级特权）完全不同于无产者的平等（消灭阶级本身）。如果超出后者的范围，即抽象地理解平等，那么平等就会变成荒谬。

恩格斯还从唯物辩证法和唯物史观出发，阐明了马克思主义的平等观。同真理、道德这些观念一样，平等观念是历史的产物，不能说它是永恒的真理。恩格斯阐明了无产阶级的平等要求与资产阶级的平等要求之间的根本区别，指出无产阶级要求的“平等应当不仅仅是表面的，不仅仅在国家的领域中实行，它还应当是实际的，还应当在社会的、经济的领域中实行”，“无产阶级平等要求的实际内容都是消灭阶级的要求”。

自然界是检验辩证法的试金石

恩格斯通过论述自然界作为整体的辩证过程，论证出辩证法思维较形而上学观念体现出的科学性。由此可以看出，自然界是检验辩证法的十分有用的试金石。

当我们通过思维来考察自然界或人类历史或我们自己的精神活动的时候，首先呈现在我们眼前的，是一幅由种种联系和相互作用无穷无尽地交织起来的画面，其中没有任何东西是不动的和不变的，而是一切都在运动、变化、生成和消逝。所以，我们首先看到的是总画面，其中各个细节还或多或少地隐藏在背景中，我们注意得更多的是运动、转变和联系，而不是注意什么东西在运动、转变和联系。这种原始的、素朴的、但实质上正确的世界观是古希腊哲学的世界观，而且是由赫拉克利特最先明白地表述出来的：一切都存在而又不存在，因为一切都在流动，都在不断地变化，不断地生成和消逝。但是，这种观点虽然正确地把握了现象的总画面的一般性质，却不足以说明构成这幅总画面的各个细节；而我们要是不知道这些细节，就看不清总画面。为了认识这些细节，我们不得不把它们从自然的或历史的联系中抽出来，从它们的特性、它们的特殊的原因和结果等等方面来分别加以研究。这首先是自然科学和历史研究的任务；而这些研究部门，由于十分明显的原因，在古典时代的希腊人那里只占有从属的地位，因为他们首先必须为这种研究搜集材料。只有当自然和历史的材料搜集到一定程度以后，才能进行批判的整理和比较，或者说进行纲、目和种的划分。因此，精确的自然研究只是在亚历山大里亚时期的希腊人那里才开始，而后来在中世纪由阿拉伯人继续发展下去；可是，真正的自然科学只是从 15 世纪下半叶才开始，从这时起它就获得了日益迅速的进展。把自然界分解为各个部分，把各种自然过程和自然对象分成一定的门类，对有机体的内部按其多种多样的解剖形态进行研究，这是最近 400 年来在认识自然界方面获得巨大进展的基本条件。但是，这种做法也给我们留下了一种习惯：把各种自然物和自然过程孤立起来，撇开宏大的总的联系去进行考察，因此，就不是从运动的状态，而是从静止的状态去考察；不是把它们看做本质上变化的东西，而是看做固定不变的东西；不是从活的状态，而是从死的状态去考察。这种考察方式被培根和洛克从自然科学中移植到哲学中以后，就造成了最近几个世纪所特有的局限性，即形而上学的思维方式。

在形而上学者看来，事物及其在思想上的反映即概念，是孤立的、应当逐个地和分别地加以考察的、固定的、僵硬的、一成不变的研究对象。他们在绝对不相容的对立中思维；他们的说法是："是就是，不是就不是；除此以外，都是鬼话。"在他们看来，一个事物要么存在，要么就不存在；同样，一个事物不能同时是自身又是别的东西。正和负是绝对互相排斥的；原因和结果也同样是处于僵硬的相互对立中。初看起来，这种思维方式对我们来说似乎是极容易理解的，因为它是合乎所谓常识的。然而，常识在日常应用的范围内虽然是极可尊敬的东西，但它一跨入广阔的研究领域，就会碰到极为惊人的变故。形而上学的考察方式，虽然在相当广泛的、各依对象性质而大小不同的领域中是合理的，甚至必要的，可是它每一次迟早都要达到一个界限，一超过这个界限，它就会变成片面的、狭隘的、抽象的，并且陷入无法解决的矛盾，因为它看到一个一个的事物，忘记它们互相间的联系；看到它们的存在，忘记它们的生成和消逝；看到它们的静止，忘记它们的运动；因为它只见树木，不见森林。例如，在日常生活中，我们知道并且可以肯定地说，某一动物存在还是不存在；但是，在进行较精确的研究时，我们就发现，这有时是极其复杂的事情。这一点法学家们知道得很清楚，他们为了判定在子宫内杀死胎儿是否算是谋杀，曾绞尽脑汁去寻找一条合理的界限，结果总是徒劳。同样，要确定死亡的那一时刻也是不可能的，因为生理学证明，死亡并不是突然的、一瞬间的事情，而是一个很长的过程。同样，任何一个有机体，在每一瞬间都既是它本身，又不是它本身；在每一瞬间，它消化着外界供给的物质，并排泄出其他物质；在每一瞬间，它的机体中都有细胞在死亡，也有新的细胞在形成；经过或长或短的一段时间，这个机体的物质便完全更新了，由其他物质的原子代替了，所以，每个有机体永远是它本身，同时又是别的东西。在进行较精确的考察时，我们也发现，某种对立的两极，例如正和负，既是彼此对立的，又是彼此不可分离的，而且不管它们如何对立，它们总是互相渗透的；同样，原因和结果这两个概念，只有应用于个别场合时才有其本来的意义；可是，只要我们把这种个别的场合放到它同宇宙的总联系中来考察，这两个概念就交汇起来，融合在普遍相互作用的看法中，而在这种相互作用中，原因和结果经常交换位置；在此时或此地是结果的，在彼时或彼地就成了原因，反之亦然。

所有这些过程和思维方法都是形而上学思维的框子所容纳不下的。相反，对辩证法来说，上述过程正好证明它的方法是正确的，因为辩证法在考察事物及其在观念上的反映时，本质上是从它们的联系、它们的联结、它们的运动、它们的产生和消逝方面去考察的。自然界是检验辩证法的试金石，而且我们必须说，现代自然科学为这种检验提供了极其丰富的、与日俱增的材料，并从而证明了，自然界的一切归根到底是辩证地而不是形而上学地发生的；自然界不是循着一个永远一样的不断重复的圆圈运动，而是经历着实在的历史。这里首先就应当提到达尔文，他极其有力地打击了形而上学的自然观，因为他证明了今天的整个有机界，植物和动物，因而也包括人类在内，都是延续了几百万年的发展过程的产物。可是，由于学会辩证地思维的自然科学家到现在还屈指可数，所以，现在理论自然科学中普遍存在的并使教师和学生、作者和读者同样感到绝望的那种无限混乱的状态，完全可以从已经发现的成果和传统的思维方式之间的这个冲突中得到说明。

因此，要精确地描绘宇宙、宇宙的发展和人类的发展，以及这种发展在人们头脑中的反映，就只有用辩证的方法，只有不断地注意生成和消逝之间、前进的变化和后退的变化之间的普遍相互作用才能做到。近代德国哲学一开始就是以这种精神进行活动的。康德一开始他的学术生涯，就把牛顿的稳定的太阳系和太阳系经过有名的第一推动后的永恒存在变成了历史的过程，即太阳和一切行星由旋转的星云团产生的过程。同时，他已经作出了这样的结论：太阳系的产生也预示着它将来的不可避免的灭亡。过了半个世纪，他的观点由拉普拉斯从数学上作出了证明；又过了半个世纪，分光镜证明了，在宇宙空间存在着凝聚程度不同的炽热的气团。

——节选自恩格斯《社会主义从空想到科学的发展》（写于1880年1月—3月上半月），《马克思恩格斯选集》第三卷，人民出版社2012年版，第790—793页。标题为编者所加。

解读

《社会主义从空想到科学的发展》是一部阐述科学社会主义的思想来源、理论基础和基本原理的重要著作。本篇节选自《社会主义从空想到科学的发展》的第二章，恩格斯在此章的开篇就指出了德国哲学恢复辩证法这一最高思维形式的功绩，并于其后展开了关于形而上学和辩证法两种思维方法的对比分析。我们节选的内容所呈现的，便是恩格斯通过论述自然界作为整体的辩证过程，旨在论证出辩证法思维较形而上学观念体现出的科学性。

顺着恩格斯的思路，我们得知辩证法才是科学的思维方式。人类最初将自然万物、社会历史视作一幅运动着的画卷来考察。在这种原始的观测过程中，我们得到了赫拉克利特所归纳出来的世界观，即一切都处在不断地生成和消逝之中。但人们没有满足于这种不见细节的粗糙观察，而是逐步推进了对于构成这幅画卷的细节的研究。自 15 世纪起，人们开始对自然界进行十分细化的分门别类的研究。这种考察撇开了宏观上运动着的状态，将万事万物看作静止的，如此考察的方式被培根和洛克从自然科学中移植到哲学中后，便造就了形而上学的思维方式。但形而上学“只见树木，不见森林”的思维方式，常常会因为它的局限而陷入无法解决的矛盾。在这里，恩格斯生动地举了几个例子来证明形而上学所遭遇的矛盾，使读者一下便明白了他想传递的道理。他继而论述道，形而上学容纳不下的问题，使用辩证法的思维方式便可迎刃而解，由此得出“自然界的一切归根到底是辩证地而不是形而上学地发生”“要精确地描绘宇宙、宇宙的发展和人类的发展，以及这种发展在人们头脑中的反映，就只有用辩证的方法，只有不断地注意生成和消逝之间、前进的变化和后退的变化之间的普遍相互作用才能做到”的结论。

为了展现自然界作为整体的辩证过程，恩格斯使用了包括细胞学说、生物进化论和牛顿力学等近代自然科学成果作为例证。对于宇宙星云的起源、生命的起源等科学前沿问题，恩格斯也极其关注。恩格斯鲜明地指出：“自然界是检验辩证法的试金石，而且我们必须说，现代自然科学为这种检验提供了极其丰富的、与日俱增的材料。”因此我们可以发现，恩格斯作为一位19世纪的思想家，对科学知识有着深厚的认识，对他那个时代的科学发现有着敏锐的洞察力和独到的理解。恩格斯思想开阔、学识渊博，着实值得我们敬佩与学习。

变革力量的诞生

恩格斯在《社会主义从空想到科学的发展》一书中生动形象地提出，资本主义生产力的本性一旦被我们理解，它就会在联合起来的生产者手中从魔鬼似的统治者变成顺从的奴仆。

社会力量完全像自然力一样，在我们还没有认识和考虑到它们的时候，起着盲目的、强制的和破坏的作用。但是，一旦我们认识了它们，理解了它们的活动、方向和作用，那么，要使它们越来越服从我们的意志并利用它们来达到我们的目的，就完全取决于我们了。这一点特别适用于今天的强大的生产力。只要我们固执地拒绝理解这种生产力的本性和性质（而资本主义生产方式及其辩护士正是抗拒这种理解的），它就总是像上面所详细叙述的那样，起违反我们、反对我们的作用，把我们置于它的统治之下。但是，它的本性一旦被理解，它就会在联合起来的生产者手中从魔鬼似的统治者变成顺从的奴仆。这里的区别正像雷电中的电的破坏力同电报机和弧光灯的被驯服的电之间的区别一样，正像火灾同供人使用的火之间的区别一样。当人们按照今天的生产力终于被认识了的本性来对待这种生产力的时候，社会的生产无政府状态就让位于按照社会总体和每个成员的需要对生产进行的社会的有计划的调节。那时，资本主义的占有方式，即产品起初奴役生产者而后又奴役占有者的占有方式，就让位于那种以现代生产资料的本性为基础的产品占有方式：一方面由社会直接占有，作为维持和扩大生产的资料；另一方面由个人直接占有，作为生活资料和享受资料。

资本主义生产方式日益把大多数居民变为无产者，从而就造成一种在死亡的威胁下不得不去完成这个变革的力量。这种生产方式日益迫使人们把大规模的社会化的生产资料变为国家财产，因此它本身就指明完成这个变革的道路。无产阶级将取得国家政权，并且首先把生产资料变为国家财产。但是这样一来，它就消灭了作为无产阶级的自身，消灭了一切阶级差别和阶级对立，也消灭了作为国家的国家。到目前为止在阶级对立中运动着的社会，都需要有国家，即需要一个剥削阶级的组织，以便维护这个社会的外部生产条件，特别是用暴力把被剥削阶级控制在当时的生产方式所决定的那些压迫条件下（奴隶制、农奴制或依附农制、雇佣劳动制）。国家是整个社会的正式代表，是社会在一个有形的组织中的集中表现，但是，说国家是这样的，这仅仅是说，它是当时独自代表整个社会的那个阶级的国家：在古代是占有奴隶的公民的国家，在中世纪是封建贵族的国家，在我们的时代是资产阶级的国家。当国家终于真正成为整个社会的代表时，它就使自己成为多余的了。当不再有需要加以镇压的社会阶级的时候，当阶级统治和根源于至今的生产无政府状态的个体生存斗争已被消除，而由此二者产生的冲突和极端行动也随着被消除了的时候，就不再有什么需要镇压了，也就不再需要国家这种特殊的镇压力量了。国家真正作为整个社会的代表所采取的第一个行动，即以社会的名义占有生产资料，同时也是它作为国家所采取的最后一个独立行动。那时，国家政权对社会关系的干预在各个领域中将先后成为多余的事情而自行停止下来。那时，对人的统治将由对物的管理和对生产过程的领导所代替。国家不是“被废除”的，它是自行消亡的。应当以此来衡量“自由的人民国家”这个用语，这个用语在鼓动的意义上暂时有存在的理由，但归根到底是没有科学根据的；同时也应当以此来衡量所谓无政府主义者提出的在一天之内废除国家的要求。

——节选自恩格斯《社会主义从空想到科学的发展》（写于1880年1月—3月上半月），《马克思恩格斯选集》第三卷，人民出版社2012年版，第811—813页。标题为编者所加。

解读

本篇节选自《社会主义从空想到科学的发展》一书的第三章。恩格斯首先提出，一旦我们认识了工业社会以来强大生产力所释放的社会力量，即了解这种生产力的本性和性质，我们便能扭转被其支配的局面，在把握其运行规律的基础之上将其改造成可被我们利用、服务于我们的力量。以此为前提，恩格斯紧接着论述了资本主义生产方式如何催生了变革的力量，并用生动的笔触向人们论证了国家自然消亡的历史必然性。具体而言，资本主义生产方式使大多数人变为无产者，并使他们在死亡威胁之下不得不去完成这个变革的力量。而具体的道路便是“无产阶级将取得国家政权，并且首先把生产资料变为国家财产”。但当一切阶级差别和对立都被消除，作为剥削阶级组织的国家也便自行消亡。

我们可以感受到，恩格斯善于使用极富文学性的笔法。为了让人直观地理解一旦认识、理解了社会力量，便能将其为我们所用，恩格斯将当今强大生产力所释放的社会力量类比为自然力量，唤醒人们从被自然支配发展到把握自然规律进而可以改造自然的记忆，一下便说通了这个道理。不仅如此，恩格斯还运用比喻，生动刻画了被生产力支配和利用生产力这两种鲜明对比的局面。“它的本性一旦被理解，它就会在联合起来的生产者手中从魔鬼似的统治者变成顺从的奴仆。这里的区别正像雷电中的电的破坏力同电报机和弧光灯的被驯服的电之间的区别一样，正像火灾同供人使用的火之间的区别一样。”“魔鬼似的统治者变成顺从的奴仆”的描绘，生动展现了“人们按照今天的生产力终于被认识了的本性来对待这种生产力”是多么的急不可待。恩格斯妙笔生花、引人入胜，足以使读者信服于其用高超笔法所描摹的图景。恩格斯作为一位伟大的革命导师，不仅思想立于高山之巅，他精湛的文笔和阐释功力也让其思想的传播更磅礴有力。

共产主义：从必然王国向自由王国的飞跃

共产主义社会是什么样的呢？共产主义社会的实现需要什么条件呢？恩格斯在下文简要地论述了这两个问题。

自从资本主义生产方式在历史上出现以来，由社会占有全部生产资料，常常作为未来的理想隐隐约约地浮现在个别人物和整个整个派别的头脑中。但是，这种占有只有在实现它的实际条件已经具备的时候，才能成为可能，才能成为历史的必然性。正如其他一切社会进步一样，这种占有之所以能够实现，并不是由于人们认识到阶级的存在同正义、平等等等相矛盾，也不是仅仅由于人们希望废除这些阶级，而是由于具备了一定的新的经济条件。社会分裂为剥削阶级和被剥削阶级、统治阶级和被压迫阶级，是以前生产不大发展的必然结果。只要社会总劳动所提供的产品除了满足社会全体成员最起码的生活需要以外只有少量剩余，就是说，只要劳动还占去社会大多数成员的全部或几乎全部时间，这个社会就必然划分为阶级。在这被迫专门从事劳动的大多数人之旁，形成了一个脱离直接生产劳动的阶级，它掌管社会的共同事务：劳动管理、国家事务、司法、科学、艺术等等。因此，分工的规律就是阶级划分的基础。但是，这并不妨碍阶级的这种划分曾经通过暴力和掠夺、欺诈和蒙骗来实现，这也不妨碍统治阶级一旦掌握政权就牺牲劳动阶级来巩固自己的统治，并把对社会的领导变成对群众加紧剥削。

但是，如果说阶级的划分根据上面所说具有某种历史的理由，那也只是对一定的时期、一定的社会条件才是这样。这种划分是以生产的不足为基础的，它将被现代生产力的充分发展所消灭。的确，社会阶级的消灭是以这样一个历史发展阶段为前提的，在这个阶段上，不仅某个特定的统治阶级的存在，而且任何统治阶级的存在，从而阶级差别本身的存在，都将成为时代错乱，成为过时现象。所以，社会阶级的消灭是以生产高度发展的阶段为前提的，在这个阶段上，某一特殊的社会阶级对生产资料和产品的占有，从而对政治统治、教育垄断和精神领导地位的占有，不仅成为多余的，而且在经济上、政治上和精神上成为发展的障碍。这个阶段现在已经达到了。资产阶级的政治和精神的破产甚至对他们自己来说也未必是一种秘密了，而他们的经济破产则有规律地每十年重复一次。在每次危机中，社会在它自己的而又无法加以利用的生产力和产品的重压下奄奄一息，面对着生产者没有什么可以消费是因为缺乏消费者这种荒谬的矛盾而束手无策。生产资料的扩张力撑破了资本主义生产方式所加给它的桎梏。把生产资料从这种桎梏下解放出来，是生产力不断地加速发展的唯一先决条件，因而也是生产本身实际上无限增长的唯一先决条件。但是还不止于此。生产资料由社会占有，不仅会消除生产的现存的人为障碍，而且还会消除生产力和产品的有形的浪费和破坏，这种浪费和破坏在目前是生产的无法摆脱的伴侣，并且在危机时期达到顶点。此外，这种占有还由于消除了现在的统治阶级及其政治代表的穷奢极欲的挥霍而为全社会节省出大量的生产资料和产品。通过社会化生产，不仅可能保证一切社会成员有富足的和一天比一天充裕的物质生活，而且还可能保证他们的体力和智力获得充分的自由的发展和运用，这种可能性现在第一次出现了，但它确实是出现了。

一旦社会占有了生产资料，商品生产就将被消除，而产品对生产者的统治也将随之消除。社会生产内部的无政府状态将为有计划的自觉的组织所代替。个体生存斗争停止了。于是，人在一定意义上才最终地脱离了动物界，从动物的生存条件进入真正人的生存条件。人们周围的、至今统治着人们的生活条件，现在受人们的支配和控制，人们第一次成为自然界的自觉的和真正的主人，因为他们已经成为自身的社会结合的主人了。人们自己的社会行动的规律，这些一直作为异己的、支配着人们的自然规律而同人们相对立的规律，那时就将被人们熟练地运用，因而将听从人们的支配。人们自身的社会结合一直是作为自然界和历史强加于他们的东西而同他们相对立的，现在则变成他们自己的自由行动了。至今一直统治着历史的客观的异己的力量，现在处于人们自己的控制之下了。只是从这时起，人们才完全自觉地自己创造自己的历史；只是从这时起，由人们使之起作用的社会原因才大部分并且越来越多地达到他们所预期的结果。这是人类从必然王国进入自由王国的飞跃。

——节选自恩格斯《社会主义从空想到科学的发展》（写于1880年1月—3月上半月），《马克思恩格斯选集》第三卷，人民出版社2012年版，第813—815页。标题为编者所加。

解读

本文选自恩格斯的《社会主义从空想到科学的发展》一书，该书是《共产党宣言》之外流传最广的科学社会主义著作，马克思称之为“科学社会主义的入门”。这本书实际上是从恩格斯的《反杜林论》一书中抽取出来的。1876—1878 年，恩格斯在马克思的支持下，对杜林做了全面批判，形成了《反杜林论》这一著作。该书从哲学、经济学和社会主义三个领域系统阐述了马克思主义的基本观点，被称为“马克思主义的百科全书”。

1880 年，恩格斯应马克思的女婿保尔·拉法格的请求，把《反杜林论》中的三章，改编成一本独立的通俗著作，由拉法格译成法文并经恩格斯审定，以《空想社会主义和科学社会主义》为题出版。1883 年出版德文单行本时，书名改为《社会主义从空想到科学的发展》。

本文选取该书的末尾部分，主要论述了共产主义理想实现的条件和可能性，并基于理论的推演预测了未来新社会的基本特征，还阐释了共产主义理想的实现对人类历史的意义。恩格斯提出，由社会占有生产资料的社会理想与资本主义生产方式相伴随，但在相当长的历史时期内并不具有实现的条件和可能性。私有制和阶级压迫产生于人类社会生产力的不足，只有在机器大工业昭示了生产力无限发展可能的时候，才会具备实现的可能性条件。这也就是说，资本主义生产方式催生变革的力量，社会主义代替资本主义是历史的必然。而在这种未来必将到来的新社会里，人类将实现从必然王国向自由王国的飞跃这一美好愿望。

具体而言，资本主义生产方式使大多数人变为无产者，并使他们在死亡威胁之下不得不去完成这个变革的力量。而具体的道路便是无产阶级夺取国家政权，并把生产资料变为国家财产。但当一切阶级差别和对立都被消除，作为剥削阶级组织的国家也便自行消亡。恩格斯还强调，这种由社会占有全部生产资料的理想时常出现在个别人的空想中，但“这种占有只有在实现它的实际条件已经具备的时候，才能成为可能，才能成为历史的必然性”。这种实际条件不是人们头脑中的希冀，而是现实的经济条件，即生产的高度发展使特殊阶级对生产资料和产品的占有成为一切发展的障碍，现实的举证便是“他们的经济破产则有规律地每十年重复一次”。而一旦实现了这种社会占有全部生产资料的理想，一切社会成员便可在经济上越来越富足、体力智力上也获得充分的自由发展。

当然，关于何时具备这些条件的具体形势的判断，他的预感可能偏于乐观，并不像我们今天所认为的那样漫长。但不论怎样，理论上的原则是正确的。

恩格斯关于共产主义社会对人类历史的意义的阐释十分精彩。那时，商品和货币对人的命运的统治结束了，人与人之间的生存斗争也终结了，人不仅成为自然界的主人，也成为自身命运的主人。人类进入了自觉创造自己历史的新纪元，从一定意义上讲，就是实现了从必然王国向自由王国的飞跃。

世界的形成、毁灭与再生

恩格斯的《自然辩证法》是一部令人惊叹的未完成作品。在该书的历史导论中，恩格斯用简短的篇幅描绘了我们生存的世界的诞生、发展、毁灭和再生的总画卷。

……整个自然界，从最小的东西到最大的东西，从沙粒到太阳，从原生生物到人，都处于永恒的产生和消逝中，处于不断的流动中，处于不息的运动和变化中。……

拉普拉斯以一种至今尚未被超越的方法详细地证明了一个太阳系是如何从一个单独的气团中发展起来的；以后的科学越来越证实了他的说法。

在这样形成的各个天体——太阳以及行星和卫星上，最初是我们称为热的那种物质运动形式占优势。甚至在今天太阳还具有的那种温度下，也是谈不上元素的化合物的；对太阳的进一步的观察将会表明，在这种场合下热会在多大程度上转变为电和磁；在太阳上发生的机械运动不过是由于热和重力发生冲突而造成的，这在现在几乎已成定论。

单个的天体越小，冷却得越快。首先冷却的是卫星、小行星和流星，正如我们的月球早已死寂一样。行星冷却较慢，而最慢的是中心天体。

随着进一步的冷却，相互转化的物理运动形式的交替就越来越占有重要地位，直到最后达到这样一点，从这一点起，化学亲和性开始起作用，以前化学上没有区分的元素现在彼此在化学上区分开来，获得了化学性质，相互发生化合作用。这些化合作用随着温度的下降（这不仅对每一种元素，而且对元素的每一种化合作用都产生不同的影响），随着一部分气态物质由于温度下降先变成液态，然后又变成固态，随着这样造成的新条件，而不断地变换。

当行星有了一层硬壳而且在其表面有了积水的时候，行星固有的热同中心天体传递给它的热相比就开始越来越处于次要地位。它的大气层变成我们现在所理解的气象现象的活动场所，它的表面成为地质变化的场所，在这些地质变化中，大气层的沉降物所起的沉积作用，同来自炽热而流动的地球内核的慢慢减弱的外张作用相比越来越占有优势。

最后，一旦温度降低到至少在相当大的一部分地面上不再超过能使蛋白质生存的限度，那么在具备其他适当的化学的先决条件的情况下，就形成了活的原生质。这些先决条件是什么，今天我们还不知道，这是不足为怪的，因为直到现在连蛋白质的化学式都还没有确定下来，我们甚至还不知道化学上不同的蛋白体究竟有多少，而且只是在大约十年前才认识到，完全无结构的蛋白质执行着生命的一切主要机能：消化、排泄、运动、收缩、对刺激的反应、繁殖。

也许经过了多少万年，才形成了进一步发展的条件，这种没有形态的蛋白质由于形成核和膜而得以产生第一个细胞。而随着这第一个细胞的产生，也就有了整个有机界的形态发展的基础；我们根据古生物学档案的完整类比材料可以假定，最初发展出来的是无数种无细胞的和有细胞的原生生物，其中只有加拿大假原生物留传了下来；在这些原生生物中，有一些逐渐分化为最初的植物，另一些则分化为最初的动物。从最初的动物中，主要由于进一步的分化而发展出了动物的无数的纲、目、科、属、种，最后发展出神经系统获得最充分发展的那种形态，即脊椎动物的形态，而在这些脊椎动物中，最后又发展出这样一种脊椎动物，在它身上自然界获得了自我意识，这就是人。

人也是由分化而产生的。不仅从个体方面来说是如此——从一个单独的卵细胞分化为自然界所产生的最复杂的有机体，而且从历史方面来说也是如此。经过多少万年的努力，手脚的分化，直立行走，最后终于确定下来，于是人和猿区别开来，于是奠定了分音节的语言的发展和人脑的巨大发展的基础，这种发展使人和猿之间的鸿沟从此不可逾越了。手的专业化意味着工具的出现，而工具意味着人所特有的活动，意味着人对自然界进行改造的反作用，意味着生产。狭义的动物也有工具，然而这只是它们的身躯的肢体，蚂蚁、蜜蜂、海狸就是这样；动物也进行生产，但是它们的生产对周围自然界的作用在自然界面前只等于零。只有人能够做到给自然界打上自己的印记，因为他们不仅迁移动植物，而且也改变了他们的居住地的面貌、气候，甚至还改变了动植物本身，以致他们活动的结果只能和地球的普遍灭亡一起消失。……

但是，一切产生出来的东西，都注定要灭亡。也许经过多少亿年，多少万代生了又死；但是这样一个时期会无情地到来，那时日益衰竭的太阳热将不再能融解从两极逼近的冰，那时人们越来越聚集在赤道周围，最终连在那里也不再能够找到足以维持生存的热，那时有机生命的最后痕迹也将渐渐地消失，而地球，一个像月球一样死寂的冰冻的球体，将在深深的黑暗里沿着越来越狭小的轨道围绕着同样死寂的太阳旋转，最后就落到太阳上面。有的行星遭到这种命运比地球早些，有的比地球晚些；代替配置得和谐的、光明的、温暖的太阳系的，只是一个寒冷的、死去的球体，它在宇宙空间里循着自己的孤寂的轨道运行着。像我们的太阳系一样，我们的宇宙岛的其他一切星系或早或迟地都要遭到这样的命运，无数其他的宇宙岛的星系都是如此，还有这样一些星系，它们发出的光在地球上还有活人的眼能接受时将不会达到地球，甚至连这样一些星系也要遭到同样的命运。

但是，当这样一个太阳系走完自己的生命旅程并且遭受一切有限物的命运，即死亡的时候，以后又会怎样呢？太阳的遗骸是否将永远作为遗骸在无限的空间里继续运转，而一切以前曾无限多样地分化了的自然力，是否将永远变成引力这样一种运动形式？

“或者”，如赛奇问道，“在自然界中是否存在着这样一些力，它们能使死了的星系恢复到最初的炽热的星云状态，重新唤起它的新的生命？我们不知道。”

当然，在这方面我们所知道的，并不像知道 2×2 = 4 或物质引力的增减取决于距离的平方一样。但是在理论自然科学中，我们往往不得不运用还不完全清楚的数量去进行计算，而且在任何时候都必须用思想的首尾一贯性去补救有缺陷的知识；理论自然科学把它的自然观尽可能地加工为一个和谐的整体，如今甚至连最没有思想的经验主义者离开理论自然科学也寸步难行。现在，现代自然科学必须从哲学那里采纳运动不灭的原理；离开这个原理它就无法继续存在下去。但是物质的运动不仅仅是粗糙的机械运动、单纯的位置移动，它也是热和光、电压和磁压、化学的化合和分解、生命乃至意识。有人说，物质在其整个无限悠久的存在中仅仅只有一次，而且是在与其永恒性相比只是极短的时间内，才有可能使自身的运动发生分化，从而展示这种运动的全部多样性，而在此以前和以后则永远局限于单纯的位置移动，这样说就等于宣称物质是会死亡的，而运动是短暂的。运动的不灭性不能仅仅从量上，而且还必须从质上去理解；一种物质的纯粹机械的位置移动即使有可能在适当条件下转化为热、电、化学作用、生命，但是这种物质如果不能从自身中产生这些条件，那么这样的物质就丧失了运动；一种运动如果失去了转化为它所能有的各种不同形式的能力，那么即使它还具有潜在力，但是不再具有活动力了，因而它部分地被消灭了。但是这两种情况都是不可想象的。

有一点是肯定的：曾经有一个时期，我们的宇宙岛的物质把如此大量的运动——究竟是何种运动，我们到现在还不知道——转化成了热，以致（依据梅特勒的说法）从中可能产生了至少包括了 2 000 万颗星的诸太阳系，而这些太阳系的逐渐死寂同样是不容置疑的。这个转化是怎样进行的呢？关于我们的太阳系的将来的遗骸是否总是重新变为新的太阳系的原料，我们和赛奇神父一样，一无所知。在这里，我们要么必须求助于造物主，要么不得不作出如下的结论：形成我们的宇宙岛的太阳系的炽热原料，是按自然的途径，即通过运动的转化产生出来的，而这种转化是运动着的物质天然具有的，因而转化的条件也必然要由物质再生产出来，尽管这种再生产要到亿万年之后才或多或少偶然地发生，然而也正是在这种偶然中包含着必然性。

这种转化的可能性越来越得到承认。现在人们得出了这样的见解：诸天体的最终命运是互相碰在一起。人们甚至已经计算这种碰撞必然产生的热量。天文学所报道的新星的突然闪现和已知旧星的同样突然的亮度增加，用这种碰撞最容易说明。同时，不仅我们的行星群绕着太阳运动，我们的太阳在我们的宇宙岛内运动，而且我们的整个宇宙岛也在宇宙空间中不断运动，和其余的宇宙岛处于暂时的相对的平衡中；因为连自由浮动的物体的相对平衡也只有在相互制约的运动中才能存在；此外，还有一些人认为宇宙空间中的温度不是到处都一样的。最后，我们知道，我们的宇宙岛的无数个太阳的热，除了极小的一部分以外，都消失在空间里，甚至不能把宇宙空间的温度提高百万分之一摄氏度。这全部巨大的热量变成了什么呢？它是不是永远用于为宇宙空间供暖的尝试，是不是实际上已不复存在而只在理论上仍然存在于宇宙空间的温度已上升百亿分之一度或更低度数这一事实中？这个假定否认了运动的不灭性；它认可这样一种可能：由于诸天体不断地相互碰在一起，一切现存的机械运动都变为热，而且这种热将发散到宇宙空间中去，因此尽管存在“力的不灭性”，一切运动还是会停下来（在这里顺便可以看出，用力的不灭性这个说法替代运动的不灭性这个说法，这是多么错误）。于是我们得出这样一个结论：发散到宇宙空间中去的热一定有可能通过某种途径（指明这一途径，将是以后某个时候自然研究的课题）转变为另一种运动形式，在这种运动形式中，它能够重新集结和活动起来。因此，阻碍已死的太阳重新转化为炽热气团的主要困难便消除了。

此外，诸天体在无限时间内永恒重复的先后相继，不过是无数天体在无限空间内同时并存的逻辑补充——这一原理的必然性，甚至德雷帕的反理论的美国人头脑也不得不承认了。

这是物质运动的一个永恒的循环，这个循环完成其轨道所经历的时间用我们的地球年是无法量度的，在这个循环中，最高发展的时间，即有机生命的时间，尤其是具有自我意识和自然界意识的人的生命的时间，如同生命和自我意识的活动空间一样，是极为有限的；在这个循环中，物质的每一有限的存在方式，不论是太阳或星云，个别动物或动物种属，化学的化合或分解，都同样是暂时的，而且除了永恒变化着的、永恒运动着的物质及其运动和变化的规律以外，再没有什么永恒的东西了。但是，不论这个循环在时间和空间中如何经常地和如何无情地完成着，不论有多少亿个太阳和地球产生和灭亡，不论要经历多长时间才能在一个太阳系内而且只在一个行星上形成有机生命的条件，不论有多么多的数也数不尽的有机物必定先产生和灭亡，然后具有能思维的脑子的动物才从它们中间发展出来，并在一个很短的时间内找到适于生存的条件，而后又被残酷地毁灭，我们还是确信：物质在其一切变化中仍永远是物质，它的任何一个属性任何时候都不会丧失，因此，物质虽然必将以铁的必然性在地球上再次毁灭物质的最高的精华——思维着的精神，但在另外的地方和另一个时候又一定会以同样的铁的必然性把它重新产生出来。

——节选自恩格斯《自然辩证法》（写于 1873 — 1882 年），《马克思恩格斯选集》第三卷，人民出版社 2012 年版，第 856 — 864 页。标题为编者所加。

解读

唯物主义世界观应该有一个完整的关于世界的看法，这是不言而喻的。但是，通常我们想象的世界，只是以地球和人类社会为中心，没有想到地球和太阳系之外，而且讲世界的变化时基本上都是谈发展，认为其是一个不断上升的过程。对于人类在茫茫宇宙中的无限渺小，对于人类所生存的地球和太阳系的毁灭，没有好好想过，而且也似乎有些怕去想它。因为它们容易动摇人的生存信念，让人失去生存的意义。但是，一个彻底的唯物主义者，一个完整的唯物主义世界观，就不能不直面无限的宇宙，就不能不直面我们的家园最终走向毁灭的必然性。

在一个半世纪之前，我们的革命导师恩格斯就已经把这些说透了。他的《自然辩证法》一书，是他观察和思考大自然、观察和思考人类生存的物质世界的结晶。其中所阐述的宇宙运行的大道理，为我们树立科学唯物主义世界观奠定了基础。尽管当时天文学的发展还不够成熟，观察和研究的范围远远没有达到今天的宇宙学所达到的广度，因而恩格斯在具体叙述太阳系走向毁灭的过程的时候，有些与现代天文学不同的说法，以及带有一些不可避免的猜测的成分。但是，从哲学的高度上看，恩格斯则已经很清楚地阐述了唯物主义世界观的宏观图景。而且恩格斯对这一世界观的叙述并不停留于天体和大自然的演化，而是把人类在地球上的出现和人类社会的演进与之连在一起，形成完整的历史叙述。这样，把对宇宙观察的广度与对人类历史的研究的深度结合起来，才真正形成马克思主义的立体的完整世界观。

恩格斯在文中讲的道理很多，其中有两点特别值得注意：一是物质不灭的原理，二是与之相联系的运动不灭的原理。如果说前者是前人已经讲过的，那么后者则主要是恩格斯阐发出来的。运动不灭的原理，对于我们树立唯物主义的科学世界观，坚定科学的人生信念具有极为重要的意义。如果没有这一条，那么一个陷入死寂状态的物质世界对人类是没有什么意义的。而正是由于物质的运动具有不灭的性质，由于物质运动形式具有多样性和相互转化的能力，因而在地球和太阳系最终毁灭之后，在物质宇宙的某个地方和某个时候，还会以同样的必然性，把生命，特别是智慧生命再生产出来。这一论述简直无与伦比！这是唯物主义世界观的真正的宇宙乐观主义——坦然面对未来，面对毁灭和虚无，并仍然抱有坚定的希望和信念。

劳动在从猿到人的转变中的作用

人类的历史从人的诞生开始，即开始于从猿到人的转变。恩格斯考察了这种转变的过程，阐述了猿的本能式的劳动在这种转变中的决定性作用。

……劳动是整个人类生活的第一个基本条件，而且达到这样的程度，以致我们在某种意义上不得不说：劳动创造了人本身。

在好几十万年以前，在地质学家叫做第三纪的那个地质时代的某个还不能确切肯定的时期，大概是在这个时代的末期，在热带的某个地方——可能是现在已经沉入印度洋底的一大片陆地上，生活着一个异常高度发达的类人猿的种属。达尔文曾经向我们大致地描述了我们的这些祖先：它们浑身长毛，有胡须和尖耸的耳朵，成群地生活在树上。

这种猿类，大概首先由于它们在攀援时手干着和脚不同的活这样一种生活方式的影响，在平地上行走时也开始摆脱用手来帮忙的习惯，越来越以直立姿势行走。由此就迈出了从猿过渡到人的具有决定意义的一步。

现在还活着的一切类人猿，都能直立起来并且单凭两脚向前运动。但是只有在迫不得已时才会如此，并且非常笨拙。它们的自然的步态是采取半直立的姿势，而且用手来帮忙。大多数的类人猿是以握成拳头的手指骨支撑地面，两腿收起，身体在长臂之间摆动前进，就像跛子撑着双拐行走一样。一般说来，我们现在还可以在猿类中间观察到从用四肢行走到用两条腿行走的一切过渡阶段。但是一切猿类都只是在迫不得已时才用两条腿行走。

如果说我们的遍体长毛的祖先的直立行走一定是先成为习惯，并且随着时间的推移才成为必然，那么这就必须有这样的前提：手在此期间已经越来越多地从事其他活动了。在猿类中，手和脚的使用也已经有某种分工了。正如我们已经说过的，在攀援时手和脚的使用方式是不同的。手主要是用来摘取和抓住食物，就像低级哺乳动物用前爪所做的那样。有些猿类用手在树上筑巢，或者如黑猩猩甚至在树枝间搭棚以避风雨。它们用手拿着木棒抵御敌人，或者以果实和石块掷向敌人。它们在被圈养的情况下用手做出一些简单的模仿人的动作。但是，正是在这里我们看到，甚至和人最相似的猿类的不发达的手，同经过几十万年的劳动而高度完善化的人手相比，竟存在着多么大的差距。骨节和筋肉的数目和一般排列，两者是相同的，然而即使最低级的野蛮人的手，也能做任何猿手都模仿不了的数百种动作。任何一只猿手都不曾制造哪怕是一把最粗笨的石刀。

因此，我们的祖先在从猿过渡到人的好几十万年的过程中逐渐学会的使自己的手能做出的一些动作，在开始时只能是非常简单的。最低级的野蛮人，甚至那种可以认为已向更近乎兽类的状态倒退而同时躯体也退化了的野蛮人，也远远高于这种过渡性的生物。在人用手把第一块石头做成石刀以前，可能已经过了一段漫长的时间，和这段时间相比，我们所知道的历史时间就显得微不足道了。但是具有决定意义的一步迈出了：手变得自由了，并能不断掌握新的技能，而由此获得的更大的灵活性便遗传下来，并且一代一代地增加着。

所以，手不仅是劳动的器官，它还是劳动的产物。只是由于劳动，由于总是要去适应新的动作，由于这样所引起的肌肉、韧带以及经过更长的时间引起的骨骼的特殊发育遗传下来，而且由于这些遗传下来的灵巧性不断以新的方式应用于新的越来越复杂的动作，人的手才达到这样高度的完善，以致像施魔法一样产生了拉斐尔的绘画、托瓦森的雕刻和帕格尼尼的音乐。

但是手并不是单独存在的。它只是整个具有极其复杂的结构的机体的一个肢体。凡是有益于手的，也有益于手所服务的整个身体，而且这是以二重的方式发生的。

首先这是由于达尔文所称的生长相关律。依据这一规律，一个有机生物的个别部分的特定形态，总是和其他部分的某些形态息息相关，哪怕在表面上和这些形态似乎没有任何联系。例如，一切具有无细胞核的红血球并以一对关节（髁状突）来联结后脑骨和第一节脊椎骨的动物，无例外地也都长有乳腺来哺养幼仔。又如，在哺乳动物中，偶蹄通常是和进行反刍的多囊的胃相联系的。身体的某些特定形态的改变，会引起其他部分的形态的改变，虽然我们还不能解释这种联系。蓝眼睛的纯白猫总是或差不多总是聋的。人手的逐渐灵巧以及与之相应的脚适应直立行走的发育，由于上述相关律的作用，无疑会反过来影响机体的其他部分。但是这种影响现在研究得还太少，所以我们在这里只能作一般的叙述。

更加重要得多的是手的发展对机体其余部分的直接的、可证明的反作用。我们已经说过，我们的猿类祖先是一种群居的动物，人，一切动物中最爱群居的动物，显然不可能来源于某种非群居的最近的祖先。随着手的发展、随着劳动而开始的人对自然的支配，在每一新的进展中扩大了人的眼界。他们在自然对象中不断地发现新的、以往所不知道的属性。另一方面，劳动的发展必然促使社会成员更紧密地互相结合起来，因为劳动的发展使互相支持和共同协作的场合增多了，并且使每个人都清楚地意识到这种共同协作的好处。一句话，这些正在生成中的人，已经达到彼此间不得不说些什么的地步了。需要也就造成了自己的器官：猿类的不发达的喉头，由于音调的抑扬顿挫的不断加多，缓慢地然而肯定无疑地得到改造，而口部的器官也逐渐学会发出一个接一个的清晰的音节。

语言是从劳动中并和劳动一起产生出来的，这个解释是唯一正确的，拿动物来比较，就可以证明。动物，甚至高度发达的动物，彼此要传递的信息很少，不用分音节的语言就可以互通信息。在自然状态下，没有一种动物会感到不能说话或不能听懂人的语言是一种缺陷。它们经过人的驯养，情形就完全不同了。狗和马在和人的接触中所养成的对于分音节的语言的听觉十分敏锐，以致它们在它们的想象力所及的范围内，能够很容易地学会听懂任何一种语言。此外，它们还获得了如对人表示依恋、感激等等的表达感受的能力，而这种能力是它们以前所没有的。和这些动物经常接触的人几乎不能不相信：有足够的情况表明，这些动物现在感到没有说话能力是一个缺陷。不过，它们的发音器官可惜过分地专门朝特定方向发展了，再也无法补救这种缺陷。但是，只要有发音器官，这种不能说话的情形在某种限度内是可以克服的。鸟的口部器官和人的口部器官肯定是根本不同的，然而鸟是唯一能学会说话的动物，而且在鸟里面叫声最令人讨厌的鹦鹉说得最好。人们别再说鹦鹉不懂得它自己所说的是什么了。它一连几个小时唠唠叨叨重复它那几句话，的确纯粹是出于喜欢说话和喜欢跟人交往。但是在它的想象力所及的范围内，它也能学会懂得它所说的是什么。如果我们把骂人话教给鹦鹉，使它能够想象到这些话的意思（这是从热带回来的水手们的一种主要娱乐），然后惹它发怒，那么我们马上会看到，它会像柏林卖菜的女贩一样正确地使用它的骂人话。它在乞求美味食品时也有这样的情形。

首先是劳动，然后是语言和劳动一起，成了两个最主要的推动力，在它们的影响下，猿脑就逐渐地过渡到人脑；后者和前者虽然十分相似，但是要大得多和完善得多。随着脑的进一步的发育，脑的最密切的工具，即感觉器官，也进一步发育起来。正如语言的逐渐发展必然伴随有听觉器官的相应的完善化一样，脑的发育也总是伴随有所有感觉器官的完善化。鹰比人看得远得多，但是人的眼睛识别东西远胜于鹰。狗比人具有锐敏得多的嗅觉，但是它连被人当做各种物的特定标志的不同气味的百分之一也辨别不出来。至于触觉，在猿类中刚刚处于最原始的萌芽状态，只是由于劳动才随着人手本身而一同形成。——脑和为它服务的感官、越来越清楚的意识以及抽象能力和推理能力的发展，又反作用于劳动和语言，为这二者的进一步发展不断提供新的推动力。这种进一步的发展，并不是在人同猿最终分离时就停止了，而是在此以后大体上仍然大踏步地前进着，虽然在不同的民族和不同的时代就程度和方向来说是不同的，有时甚至由于局部的和暂时的退步而中断；由于随着完全形成的人的出现又增添了新的因素——社会，这种发展一方面便获得了强有力的推动力，另一方面又获得了更加确定的方向。

从攀树的猿群进化到人类社会之前，一定经过了几十万年——这在地球的历史上只不过相当于人的生命中的一秒钟。但是人类社会最后毕竟出现了。人类社会区别于猿群的特征在我们看来又是什么呢？是劳动。……劳动是从制造工具开始的。我们所发现的最古老的工具是些什么东西呢？根据已发现的史前时期的人的遗物来判断，并且根据最早历史时期的人群和现在最不开化的野蛮人的生活方式来判断，最古老的工具是些什么东西呢？是打猎的工具和捕鱼的工具，而前者同时又是武器。但是打猎和捕鱼的前提是从只吃植物过渡到同时也吃肉，而这又是向人转变的重要一步。肉类食物几乎现成地含有身体的新陈代谢所必需的各种最重要的物质；它缩短了消化过程以及身体内其他植物性过程即同植物生活相应的过程的时间，因此为过真正动物的生活赢得了更多的时间、更多的物质和更多的精力。这种正在生成中的人离植物界越远，他超出动物界的程度也就越高。如果说除吃肉外还要习惯于吃植物这一情况使野猫和野狗变成了人的奴仆，那么除吃植物外也要吃肉的习惯则大大促进了正在生成中的人的体力和独立性。但是最重要的还是肉食对于脑的影响；脑因此得到了比过去丰富得多的为脑本身的营养和发展所必需的物质，因而它就能够一代一代更迅速更完善地发育起来。请素食主义者先生们恕我直言，如果不吃肉，人是不会到达现在这个地步的……

肉食引起了两个新的有决定意义的进步，即火的使用和动物的驯养。前者更加缩短了消化过程，因为它为嘴提供了可说是已经半消化了的食物；后者使肉食更加丰富起来，因为它在打猎之外开辟了新的更经常性的肉食来源，除此以外还提供了奶和奶制品之类的新的食品，而这类食品就其养分来说至少不逊于肉类。这样，对于人来说，这两种进步就直接成为新的解放手段。这里逐一详谈它们的各种间接的影响，未免扯得太远，虽然对于人类和社会的发展来说，这些影响也具有非常重大的意义。

正如人学会吃一切可以吃的东西一样，人也学会了在任何气候下生活。人分布在所有可居住的地面上，人是唯一能独立自主地这样做的动物。其他的动物，虽然也习惯于各种气候，但这不是独立自主的行为，而只是跟着人学会这样做的，例如家畜和有害小动物就是这样。从原来居住的常年炎热的地带，迁移到比较冷的、一年中分成冬季和夏季的地带，就产生了新的需要：要有住房和衣服以抵御寒冷和潮湿，要有新的劳动领域以及由此而来的新的活动，这就使人离开动物越来越远了。

——节选自恩格斯《自然辩证法》（写于1873－1882年），《马克思恩格斯选集》第三卷，人民出版社2012年版，第988—995页。标题为编者所加。

解读

人类从哪里来？向哪里去？这是哲学社会科学始终关注的根本性问题，也是马克思主义历史观研究的重大课题。首先是人类的起源问题。在这方面，历史上曾长期流传着各式各样的神话传说，诸如上帝造人、女娲抟土造人等。这样的说法，毕竟不是科学的结论，而只是人类童年时期自我意识萌发的一种隐喻。近代以来，以达尔文为代表的进化论做出了人类从古猿类进化而来的结论，尽管其仍有一些不尽完善的地方，但毕竟为人类探寻自己的起源指明了方向和道路。

在恩格斯的论述之中，他首先指出了人的自然属性。他肯定了人类起源于猿类，是生物进化的结果。这是已经被生物学、动物学等研究所证明的自然演化过程。在肯定了人的自然属性之后，恩格斯进一步指出了人的社会属性在人类进化过程中的重要意义。他指出，人是一切动物中最爱群居的动物。因此，人类的进化不能仅仅从生物进化的角度，而应该更多从人作为群居动物的社会性活动方面去考察。他指出了古猿的本能性劳动在其向人转变过程中的决定性作用。他认为，从一定意义上可以说，是劳动创造了人本身。这就为马克思主义的社会历史理论补上了一个重大的缺环。

恩格斯从猿的手和脚的分工开始，考察了猿的直立行走以及猿手在运用中的进化，确定了猿用手开始劳动的意义。人类作为群居动物，在协作劳动的过程中产生了复杂交流的需要，因此逐渐产生了语言。恩格斯进一步考察了语言在劳动中的产生以及发展。此外他还指出，劳动和语言对大脑的进化具有推动作用。恩格斯同时指出，人类的生存发展离不开自然环境，大自然为人类的进化、发展提供了物质条件，比如肉食对大脑发展的滋养作用。在这个过程中，猿群转变为人的社会，从而确定了从猿到人转变的方向，巩固了进化的成果并推进着人类的成长发展。

当然，恩格斯的论述主要依据的是19世纪的科学发现和材料，因而在材料的细节上难免有一定的局限性。到现在，一个半世纪过去了，人类的科学探索在这方面有了更丰富的材料，但这些材料只能进一步充实和丰富恩格斯的论断，并没有从根本上影响恩格斯的结论。因为恩格斯不是从某个具体科学的领域中，而是从社会理论的层面上分析问题，他因为掌握了唯物主义历史观这一分析人类社会的最锐利的分析工具，对劳动有极为深刻的理解，从而能够在这方面超出自然科学家而做出规律性的概括。我们应该在恩格斯研究的基础上，沿着恩格斯指出的方向，充分利用现代各门科学的发现和提供的新材料，深化马克思主义关于人类起源的学说。

不要过分陶醉于对自然界的胜利

生态环境的破坏是当代世界的突出问题。其实早在19世纪，马克思和恩格斯就已初步探讨和回应过类似的问题。恩格斯的《自然辩证法》一书就考察了人们对自然的一厢情愿的改造活动所引起的自然界对人类的报复。

一句话，动物仅仅利用外部自然界，简单地通过自身的存在在自然界中引起变化；而人则通过他所作出的改变来使自然界为自己的目的服务，来支配自然界。这便是人同其他动物的最终的本质的差别，而造成这一差别的又是劳动。

但是我们不要过分陶醉于我们人类对自然界的胜利。对于每一次这样的胜利，自然界都对我们进行报复。每一次胜利，起初确实取得了我们预期的结果，但是往后和再往后却发生完全不同的、出乎预料的影响，常常把最初的结果又消除了。美索不达米亚、希腊、小亚细亚以及其他各地的居民，为了得到耕地，毁灭了森林，但是他们做梦也想不到，这些地方今天竟因此而成为不毛之地，因为他们使这些地方失去了森林，也就失去了水分的积聚中心和贮藏库。阿尔卑斯山的意大利人，当他们在山南坡把那些在山北坡得到精心保护的枞树林砍光用尽时，没有预料到，这样一来，他们就把本地区的高山畜牧业的根基毁掉了；他们更没有预料到，他们这样做，竟使山泉在一年中的大部分时间内枯竭了，同时在雨季又使更加凶猛的洪水倾泻到平原上。在欧洲推广马铃薯的人，并不知道他们在推广这种含粉块茎的同时也使瘰疬症传播开来了。因此我们每走一步都要记住：我们决不像征服者统治异族人那样支配自然界，决不像站在自然界之外的人似的去支配自然界——相反，我们连同我们的肉、血和头脑都是属于自然界和存在于自然界之中的；我们对自然界的整个支配作用，就在于我们比其他一切生物强，能够认识和正确运用自然规律。

事实上，我们一天天地学会更正确地理解自然规律，学会认识我们对自然界习常过程的干预所造成的较近或较远的后果。特别自本世纪自然科学大踏步前进以来，我们越来越有可能学会认识并从而控制那些至少是由我们的最常见的生产行为所造成的较远的自然后果。而这种事情发生得越多，人们就越是不仅再次地感觉到，而且也认识到自身和自然界的一体性，那种关于精神和物质、人类和自然、灵魂和肉体之间的对立的荒谬的、反自然的观点，也就越不可能成立了，这种观点自古典古代衰落以后出现在欧洲并在基督教中得到最高度的发展。

但是，如果说我们需要经过几千年的劳动才多少学会估计我们的生产行为在自然方面的较远的影响，那么我们想学会预见这些行为在社会方面的较远的影响就更加困难得多了。我们曾提到过马铃薯以及随之而来的瘰疬症的蔓延。但是，同工人降低到以马铃薯为生这一事实对各国人民大众的生活状况所带来的影响比起来，同 1847 年爱尔兰因马铃薯遭受病害而发生的大饥荒比起来，瘰疬症算得了什么呢？在这次饥荒中，有 100 万吃马铃薯或差不多专吃马铃薯的爱尔兰人进了坟墓，并有 200 万人逃亡海外。当阿拉伯人学会蒸馏酒精的时候，他们做梦也想不到，他们由此而制造出来的东西成了使当时还没有被发现的美洲的土著居民灭绝的主要工具之一。以后，当哥伦布发现美洲的时候，他也不知道，他因此复活了在欧洲早已被抛弃的奴隶制度，并奠定了贩卖黑奴的基础。17 世纪和 18 世纪从事制造蒸汽机的人们也没有料到，他们所制作的工具，比其他任何东西都更能使全世界的社会状态发生革命，特别是在欧洲，由于财富集中在少数人一边，而另一边的绝大多数人则一无所有，起初使得资产阶级赢得社会的和政治的统治，尔后使资产阶级和无产阶级之间发生阶级斗争，而这一阶级斗争的结局只能是资产阶级的垮台和一切阶级对立的消灭。但是，就是在这一领域中，我们也经过长期的、往往是痛苦的经验，经过对历史材料的比较和研究，渐渐学会了认清我们的生产活动在社会方面的间接的、较远的影响，从而有可能去控制和调节这些影响。

但是要实行这种调节，仅仅有认识还是不够的。为此需要对我们的直到目前为止的生产方式，以及同这种生产方式一起对我们的现今的整个社会制度实行完全的变革。

到目前为止的一切生产方式，都仅仅以取得劳动的最近的、最直接的效益为目的。那些只是在晚些时候才显现出来的、通过逐渐的重复和积累才产生效应的较远的结果，则完全被忽视了。原始的土地公有制，一方面同眼界极短浅的人们的发展状态相适应，另一方面以可用土地的一定剩余为前提，这种剩余为应付这种原始经济的意外的灾祸提供了某种回旋余地。这种剩余的土地用光了，公有制也就衰落了。而一切较高的生产形式，都导致居民分为不同的阶级，因而导致统治阶级和被压迫阶级之间的对立；这样一来，生产只要不以被压迫者的最贫乏的生活需要为限，统治阶级的利益就会成为生产的推动因素。在西欧现今占统治地位的资本主义生产方式中，这一点表现得最为充分。支配着生产和交换的一个个资本家所能关心的，只是他们的行为的最直接的效益。不仅如此，甚至连这种效益——就所制造的或交换的产品的效用而言——也完全退居次要地位了；销售时可获得的利润成了唯一的动力。

资产阶级的社会科学，即古典政治经济学，主要只研究人以生产和交换为取向的行为在社会方面所产生的直接预期的影响。这同以这种社会科学为其理论表现的社会组织是完全相适合的。在各个资本家都是为了直接的利润而从事生产和交换的地方，他们首先考虑的只能是最近的最直接的结果。当一个厂主卖出他所制造的商品或者一个商人卖出他所买进的商品时，只要获得普通的利润，他就满意了，至于商品和买主以后会怎么样，他并不关心。关于这些行为在自然方面的影响，情况也是这样。西班牙的种植场主曾在古巴焚烧山坡上的森林，以为木灰作为肥料足够最能赢利的咖啡树利用一个世代之久，至于后来热带的倾盆大雨竟冲毁毫无保护的沃土而只留下赤裸裸的岩石，这同他们又有什么相干呢？在今天的生产方式中，面对自然界和社会，人们注意的主要只是最初的最明显的成果，可是后来人们又感到惊讶的是：取得上述成果的行为所产生的较远的后果，竟完全是另外一回事，在大多数情况下甚至是完全相反的；……

——节选自恩格斯《自然辩证法》（写于 1873 — 1882 年），《马克思恩格斯选集》第三卷，人民出版社 2012 年版，第 997 — 1001 页。标题为编者所加。

解读

在许多人的印象中，经典作家是主张通过劳动改造自然和“人定胜天”的，这当然是对的，但并不全面。通过阅读节选自《自然辩证法》的上文，我们可以得知，马克思主义并不是一味地讲改造自然，更不是片面地强调“人定胜天”，而是辩证地看待人与自然的相互作用，并从客观规律的高度去观察和处理二者的关系。

事实上，人对自然的态度是随着它们相互关系的变化而变化的。当自然界远比人类强大而人类几乎没有任何反抗能力的时候，人们对自然持一种顺服和崇拜的态度，甚至匍匐在自然的脚下，祈求自然的恩典。而当人类初步具有改造自然的能力，甚至已经显现出人类力量的强大之时，人们便开始持有“人定胜天”的态度，主张大胆地对自然进行改造，使自然能够适应人类生活的种种需要甚至是欲求。而当人类的能力已经十分强大，而自然界却成为弱小一方的时候，人类就会遭遇因自然过度承载等原因所引发的一系列生态环境问题，此时人们才发现保护环境、保卫自然的重要性。

其实，马克思和恩格斯已经对刚出现的生态环境问题的苗头做了考察，初步阐述了关于生态环境的观点。现在国内外有不少学者研究马克思和恩格斯的生态思想，取得了可观的成绩，向我们展示了经典作家思想的另一个维度。今天，有些人看到恩格斯的论述时，感到十分惊讶，惊叹经典作家有先见之明。这里当然有他们目光敏锐的原因，看到了别人还注意不到的事实，但只要我们考虑到他们对客观规律的认识，就会知道他们能有这样敏锐的眼光并不奇怪。在本文中，恩格斯对问题阐述的角度与我们今天不同，他不是从生存环境问题切入的，而是在论述人对自然规律以及社会规律的认识和掌握的问题。在恩格斯看来，人对自然的改造活动，要遵循自然界本身的规律，特别是要遵循自然界长期起作用的规律。我们通过对规律的认识，不但要看到近期的成果和影响，更要看到长远的影响和结果。不但要看到人对自然界的活动所引起的自然界的长远变动，而且要考虑到这种活动对人类社会制度可能产生的长远影响。所以恩格斯才明确地警示人们:“不要过分陶醉于我们人类对自然界的胜利。对于每一次这样的胜利，自然界都对我们进行报复。”这就是经典作家看问题的高度和马克思主义思考问题的深度。我们学习经典作家这种认识问题、分析问题的高度和深度，不仅有利于思考生态环境问题，而且有利于培养高瞻远瞩的战略思维。

国家：凌驾于社会之上的力量

人们长期以来一直在国家中生活，国家成为人们生存的背景和条件。可是，国家究竟是怎样一种事物呢？它是怎样产生的，将来的命运是什么呢？

可见，国家决不是从外部强加于社会的一种力量。国家也不像黑格尔所断言的是“伦理观念的现实”，“理性的形象和现实”。确切地说，国家是社会在一定发展阶段上的产物；国家是承认：这个社会陷入了不可解决的自我矛盾，分裂为不可调和的对立面而又无力摆脱这些对立面。而为了使这些对立面，这些经济利益互相冲突的阶级，不致在无谓的斗争中把自己和社会消灭，就需要有一种表面上凌驾于社会之上的力量，这种力量应当缓和冲突，把冲突保持在“秩序”的范围以内；这种从社会中产生但又自居于社会之上并且日益同社会相异化的力量，就是国家。

国家和旧的氏族组织不同的地方，第一点就是它按地区来划分它的国民。正如我们所看到的，由血缘关系形成和联结起来的旧的氏族公社已经很不够了，这多半是因为它们是以氏族成员被束缚在一定地区为前提的，而这种束缚早已不复存在。地区依然，但人们已经是流动的了。因此，按地区来划分就被作为出发点，并允许公民在他们居住的地方实现他们的公共权利和义务，不管他们属于哪一氏族或哪一部落。这种按照居住地组织国民的办法是一切国家共同的。因此，我们才觉得这种办法很自然；但是我们已经看到，当它在雅典和罗马能够代替按血族来组织的旧办法以前，曾经需要进行多么顽强而长久的斗争。

第二个不同点，是公共权力的设立，这种公共权力已经不再直接就是自己组织为武装力量的居民了。这个特殊的公共权力之所以需要，是因为自从社会分裂为阶级以后，居民的自动的武装组织已经成为不可能了。奴隶也包括在居民以内；9万雅典公民，对于365 000奴隶来说，只是一个特权阶级。雅典民主制的国民军，是一种贵族的、用来对付奴隶的公共权力，它控制奴隶使之服从；但是如前所述，为了也控制公民使之服从，宪兵队也成为必要了。这种公共权力在每一个国家里都存在。构成这种权力的，不仅有武装的人，而且还有物质的附属物，如监狱和各种强制设施，这些东西都是以前的氏族社会所没有的。在阶级对立还没有发展起来的社会和偏远的地区，这种公共权力可能极其微小，几乎是若有若无的，像有时在美利坚合众国的某些地方所看到的那样。但是，随着国内阶级对立的尖锐化，随着彼此相邻的各国的扩大和它们人口的增加，公共权力就日益加强。就拿我们今天的欧洲来看吧，在这里，阶级斗争和争相霸占已经把公共权力提升到大有吞食整个社会甚至吞食国家之势的高度。

为了维持这种公共权力，就需要公民缴纳费用——捐税。捐税是以前的氏族社会完全没有的。但是现在我们却十分熟悉它了。随着文明时代的向前进展，甚至捐税也不够了；国家就发行票据，借债，即发行公债。关于这点，老欧洲也已经屡见不鲜了。

官吏既然掌握着公共权力和征税权，他们就作为社会机关而凌驾于社会之上。从前人们对于氏族制度的机关的那种自由的、自愿的尊敬，即使他们能够获得，也不能使他们满足了；他们作为同社会相异化的力量的代表，必须用特别的法律来取得尊敬，凭借这种法律，他们享有了特殊神圣和不可侵犯的地位。文明国家的一个最微不足道的警察，都拥有比氏族社会的全部机构加在一起还要大的“权威”；但是文明时代最有势力的王公和最伟大的国家要人或统帅，也可能要羡慕最平凡的氏族酋长所享有的，不是用强迫手段获得的，无可争辩的尊敬。后者是站在社会之中，而前者却不得不企图成为一种处于社会之外和社会之上的东西。

由于国家是从控制阶级对立的需要中产生的，由于它同时又是在这些阶级的冲突中产生的，所以，它照例是最强大的、在经济上占统治地位的阶级的国家，这个阶级借助于国家而在政治上也成为占统治地位的阶级，因而获得了镇压和剥削被压迫阶级的新手段。因此，古希腊罗马时代的国家首先是奴隶主用来镇压奴隶的国家，封建国家是贵族用来镇压农奴和依附农的机关，现代的代议制的国家是资本剥削雇佣劳动的工具。但也例外地有这样的时期，那时互相斗争的各阶级达到了这样势均力敌的地步，以致国家权力作为表面上的调停人而暂时得到了对于两个阶级的某种独立性。17 世纪和 18 世纪的专制君主制，就是这样，它使贵族和市民等级彼此保持平衡；法兰西第一帝国特别是第二帝国的波拿巴主义，也是这样，它唆使无产阶级去反对资产阶级，又唆使资产阶级来反对无产阶级。使统治者和被统治者都显得同样滑稽可笑的这方面的最新成就，就是俾斯麦国家的新的德意志帝国：在这里，资本家和工人彼此保持平衡，并为了破落的普鲁士土容克的利益而遭受同等的欺骗。

此外，在历史上的大多数国家中，公民的权利是按照财产状况分级规定的，这直接地宣告国家是有产阶级用来防御无产阶级的组织。在按照财产状况划分阶级的雅典和罗马，就已经是这样。在中世纪的封建国家中，也是这样，在那里，政治上的权力地位是按照地产来排列的。现代的代议制国家的选举资格，也是这样。但是，对财产差别的这种政治上的承认，决不是本质的东西。相反，它标志着国家发展的低级阶段。国家的最高形式，民主共和国，在我们现代的社会条件下正日益成为一种不可避免的必然性，它是无产阶级和资产阶级之间的最后决定性斗争只能在其中进行到底的国家形式——这种民主共和国已经不再正式讲什么财产差别了。在这种国家中，财富是间接地但也是更可靠地运用它的权力的。其形式一方面是直接收买官吏（美国是这方面的典型例子），另一方面是政府和交易所结成联盟，而公债越增长，股份公司越是不仅把运输业而且把生产本身集中在自己手中，越是把交易所变成自己的中心，这一联盟就越容易实现。除了美国以外，最新的法兰西共和国，也是这方面的一个显著例证，甚至一本正经的瑞士，在这方面也做出了自己的成绩。不过，为了使政府和交易所结成这种兄弟般的联盟，并不一定要有民主共和国，除英国以外，新的德意志帝国也证明了这一点，在德国，很难说普选制究竟是把谁抬得更高，是把俾斯麦还是把布莱希勒德。最后，有产阶级是直接通过普选制来统治的。只要被压迫阶级——在我们这里就是无产阶级——还没有成熟到能够自己解放自己，这个阶级的大多数人就仍将承认现存的社会秩序是唯一可行的秩序，而在政治上成为资本家阶级的尾巴，构成它的极左翼。但是，随着被压迫阶级成熟到能够自己解放自己，它就作为独立的党派结合起来，选举自己的代表，而不是选举资本家的代表了。因此，普选制是测量工人阶级成熟性的标尺。在现今的国家里，普选制不能而且永远不会提供更多的东西；不过，这也就足够了。在普选制的温度计标示出工人的沸点的那一天，他们以及资本家同样都知道该怎么办了。

所以，国家并不是从来就有的。曾经有过不需要国家，而且根本不知国家和国家权力为何物的社会。在经济发展到一定阶段而必然使社会分裂为阶级时，国家就由于这种分裂而成为必要了。现在我们正在以迅速的步伐走向这样的生产发展阶段，在这个阶段上，这些阶级的存在不仅不再必要，而且成了生产的真正障碍。阶级不可避免地要消失，正如它们从前不可避免地产生一样。随着阶级的消失，国家也不可避免地要消失。在生产者自由平等的联合体的基础上按新方式来组织生产的社会，将把全部国家机器放到它应该去的地方，即放到古物陈列馆去，同纺车和青铜斧陈列在一起。

——节选自恩格斯《家庭、私有制和国家的起源》（写于1884年4月初—5月26日），《马克思恩格斯选集》第四卷，人民出版社2012年版，第186－190页。标题为编者所加。

解读

国家学说是社会历史观的重要内容。恩格斯在《家庭、私有制和国家的起源》一书中，通过对人类早期历史的考察，揭示了国家这一神秘事物的产生过程和未来命运。

国家并不是从来就有的。国家来自社会本身，产生于社会的需要，是适应控制社会的阶级冲突、维持社会共同体的存在而形成的一种凌驾于社会生活之上的强大力量。在人类历史漫长的早期阶段，即在原始社会中并不存在国家。那时阶级并未出现，当时的人们也就自然不知国家为何物，更不存在一个阶级与另一个阶级不可调和的矛盾，也就不需要国家这一超出社会力量的存在。国家是在原始社会解体的过程中，随着三次社会大分工导致的社会经济政治结构的改变，在私有制产生和社会发生阶级分化的基础上产生的。

国家与原来的氏族和部落的一个明显的不同，是它以共同地域而不是以共同血缘为纽带。这样，国家就可以比氏族和部落以及部落联盟有更大的扩展余地。国家的另一个特点，是它包含脱离社会的公共权力。这种公共权力的实施，有一定的强制措施、组织和设施，比如军队、警察和监狱等。而为了维持这种公共权力机构的存在，就需要有捐税以及国债等。这样，国家就越来越庞大。

从历史上看，国家公共权力往往是由有钱有势的人所掌握的，是由社会的剥削阶级所掌握的，因为他们通过剥削而具有强大的经济实力。而对公共权力的掌握，又反过来维护他们的剥削权力。“国家是文明社会的概括，它在一切典型的时期毫无例外地都是统治阶级的国家，并且在一切场合在本质上都是镇压被压迫被剥削阶级的机器。”马克思和恩格斯通过对历史的研究，发现了这一事实，从而得出了国家是阶级统治的暴力工具的结论。其实，这只是对历史事实的如实反映，是基于现实的对国家本质的认识，而不是意味着马克思和恩格斯愿意或希望国家是这样一种事物。马克思主义在揭示出国家公共权力的阶级统治属性的同时，也承认和重视国家公共权力的社会管理和社会服务功能，并且，希望国家能够淡化阶级统治职能，更多地实现自己的社会管理和服务职能。而这也正是现代社会中国家发展的一种趋势，也是我国当前致力于完善社会治理以实现国家的社会服务职能的背景。

不仅如此，马克思主义还认为国家将来会走向消亡。也就是说，社会治理的公共权力也还会继续存在和发挥作用，但是它已经不再具有阶级压迫和政治统治的属性，不再是原来意义上的“国家”了。而且，国家消亡后，人类不再以地域为限实行隔离甚至对立，因而最终会实现人类的大同社会。

文明时代的
三大奴役形式

在原始社会解体之后，人类进入了所谓的“文明时代”，即有私有制和阶级存在的时代。恩格斯没有被“文明”的进展遮住眼睛，而是入木三分地揭示了文明时代的阶级奴役。

……文明时代是社会发展的这样一个阶段，在这个阶段上，分工、由分工而产生的个人之间的交换，以及把这两者结合起来的商品生产，得到了充分的发展，完全改变了先前的整个社会。

……

随着在文明时代获得最充分发展的奴隶制的出现，就发生了社会分成剥削阶级和被剥削阶级的第一次大分裂。这种分裂继续存在于整个文明期。奴隶制是古希腊罗马时代世界所固有的第一个剥削形式；继之而来的是中世纪的农奴制和近代的雇佣劳动制。这就是文明时代的三大时期所特有的三大奴役形式；公开的而近来是隐蔽的奴隶制始终伴随着文明时代。

文明时代所由以开始的商品生产阶段，在经济上有下列特征：（1）出现了金属货币，从而出现了货币资本、利息和高利贷；（2）出现了作为生产者之间的中间阶级的商人；（3）出现了土地私有制和抵押；（4）出现了作为占统治地位的生产形式的奴隶劳动。与文明时代相适应并随之彻底确立了自己的统治地位的家庭形式是专偶制、男子对妇女的统治，以及作为社会经济单位的个体家庭。国家是文明社会的概括，它在一切典型的时期毫无例外地都是统治阶级的国家，并且在一切场合在本质上都是镇压被压迫被剥削阶级的机器。此外，文明时代还有如下的特征：一方面，是把城市和乡村的对立作为整个社会分工的基础固定下来；另一方面，是实行所有者甚至在死后也能够据以处理自己财产的遗嘱制度。这种同古代氏族制度直接冲突的制度，在雅典直到梭伦时代之前还没有过；在罗马，它很早就已经实行了，究竟在什么时候我们不知道；在德意志人中间，这种制度是由教士引入的，为的是使诚实的德意志人能够毫无阻碍地将自己的遗产遗赠给教会。

文明时代以这种基本制度完成了古代氏族社会完全做不到的事情。但是，它是用激起人们的最卑劣的冲动和情欲，并且以损害人们的其他一切禀赋为代价而使之变本加厉的办法来完成这些事情的。鄙俗的贪欲是文明时代从它存在的第一日起直至今日的起推动作用的灵魂；财富，财富，第三还是财富——不是社会的财富，而是这个微不足道的单个的个人的财富，这就是文明时代唯一的、具有决定意义的目的。如果说在文明时代的怀抱中科学曾经日益发展，艺术高度繁荣的时期一再出现，那也不过是因为现代的一切积聚财富的成就不这样就不可能获得罢了。

由于文明时代的基础是一个阶级对另一个阶级的剥削，所以它的全部发展都是在经常的矛盾中进行的。生产的每一进步，同时也就是被压迫阶级即大多数人的生活状况的一个退步。对一些人是好事，对另一些人必然是坏事，一个阶级的任何新的解放，必然是对另一个阶级的新的压迫。这一情况的最明显的例证就是机器的采用，其后果现在已是众所周知的了。如果说在野蛮人中间，像我们已经看到的那样，不大能够区别权利和义务，那么文明时代却使这两者之间的区别和对立连最愚蠢的人都能看得出来，因为它几乎把一切权利赋予一个阶级，另方面却几乎把一切义务推给另一个阶级。

但是，这并不是应该如此的。凡对统治阶级是好的，对整个社会也应该是好的，因为统治阶级把自己与整个社会等同起来了。所以文明时代越是向前进展，它就越是不得不给它所必然产生的种种坏事披上爱的外衣，不得不粉饰它们，或者否认它们——一句话，即实行流俗的伪善，这种伪善，无论在较早的那些社会形式下还是在文明时代初期阶段都是没有的，并且最后在下述说法中达到了极点：剥削阶级对被压迫阶级进行剥削，完全是为了被剥削阶级本身的利益；如果被剥削阶级不懂得这一点，甚至想要造反，那就是对行善的人即对剥削者的一种最卑劣的忘恩负义行为。

现在把摩尔根对文明时代的评断引在下面作一个结束：

“自从进入文明时代以来，财富的增长是如此巨大，它的形式是如此繁多，它的用途是如此广泛，为了所有者的利益而对它进行的管理又是如此巧妙，以致这种财富对人民说来已经变成了一种无法控制的力量。人类的智慧在自己的创造物面前感到迷惘而不知所措了。然而，总有一天，人类的理智一定会强健到能够支配财富，一定会规定国家对它所保护的财产的关系，以及所有者的权利的范围。社会的利益绝对地高于个人的利益，必须使这两者处于一种公正而和谐的关系之中。只要进步仍将是未来的规律，像它对于过去那样，那么单纯追求财富就不是人类的最终的命运了。自从文明时代开始以来所经过的时间，只是人类已经经历过的生存时间的一小部分，只是人类将要经历的生存时间的一小部分。社会的瓦解，即将成为以财富为唯一的最终目的的那个历程的终结，因为这一历程包含着自我消灭的因素。管理上的民主，社会中的博爱，权利的平等，教育的普及，将揭开社会的下一个更高的阶段，经验、理智和科学正在不断向这个阶段努力。这将是古代氏族的自由、平等和博爱的复活，但却是在更高级形式上的复活。”（摩尔根《古代社会》第552页）

——节选自恩格斯《家庭、私有制和国家的起源》（写于1884年4月初—5月26日），《马克思恩格斯选集》第四卷，人民出版社2012年版，第190－195页。标题为编者所加。

解读

本文节选自恩格斯晚年的重要著作《家庭、私有制和国家的起源》，这是一部为进一步完善和发展历史唯物主义理论体系和马克思主义国家理论而撰写的著作。恩格斯在该书中利用美国人类学家摩尔根《古代社会》提供的材料以及自己积累的其他材料，以历史唯物主义为分析工具，科学阐释了人类历史的早期发展，考察了家庭的产生和发展，以及私有制和国家的起源。

该书的写作利用了马克思所作的摩尔根《古代社会》一书的摘要和批注，并把该书的写作当作执行马克思的遗嘱。马克思生前曾想运用唯物主义历史观来阐释摩尔根的研究成果，从而揭示人类早期历史之谜，但由于身体原因未能如愿。马克思去世后，恩格斯在整理马克思手稿的时候，发现了这一份摘要，产生了撰写这样一部著作的愿望，并在短短的两个月内完成了这项任务。那么，马克思为什么对摩尔根的书如此重视呢？恩格斯指出：“原来，摩尔根在美国，以他自己的方式，重新发现了40年前马克思所发现的唯物主义历史观，并且以此为指导，在把野蛮时代和文明时代加以对比的时候，在主要点上得出了与马克思相同的结果。”这一点确实是十分难能可贵的，而从本文最后恩格斯所引用的摩尔根的一大段话来看，他实质上是以自己的方式描绘了未来的共产主义社会。

恩格斯从历史的角度出发，阐明了不同历史发展阶段统治阶级财产状况与政治统治联系的不同方式。在本文中，把“文明时代”与原始社会的“野蛮时代”相比较，从几个方面概括了“文明时代”的特征：首先，随着分工和交换的发展，商品经济逐步发展起来，从而打破了以前氏族和部落共同体的共同生产和直接分配。其次，随着剩余产品的增加和被少数人所占有，出现了私有制以及经济剥削。再次，家庭采取了个体家庭的形式并主要成为一个经济单位。最后，社会分化为不同的阶级，并出现了统治阶级对被统治阶级的奴役。三种基本的奴役形式分别是：奴隶主对奴隶的奴役，封建主对农民和农奴的奴役，资本家对工人的奴役。对应这三种奴役形式，产生了三种奴役制度。恩格斯指出：“奴隶制是古希腊罗马时代世界所固有的第一个剥削形式；继之而来的是中世纪的农奴制和近代的雇佣劳动制。这就是文明时代的三大时期所特有的三大奴役形式；公开的而近来是隐蔽的奴隶制始终伴随着文明时代。”奴役者为了维护自己的特权，会通过思想文化的方式，把自己的奴役合理化，并以此愚弄广大群众。

虽然人类社会在进入文明时代之后一直存在着统治阶级对被统治阶级的奴役，但是恩格斯深刻地洞察到阶级矛盾和阶级斗争是推动文明时代向前发展的动力，并且乐观地预见到，人类社会最终的结局是共产主义新文明的曙光。

我们的理论不是教条

19世纪的美国，工人运动以燎原之势不断高涨。作为全世界无产阶级革命导师的恩格斯是如何看待美国工人运动及其前景的呢？

亲爱的威士涅威茨基夫人：

很遗憾，您 11 月 13 日的来信我根本没有收到；不然的话，我写序言就会方便得多，而且也会有更多的时间。

但是首先让我祝贺您家中以您为主角的大喜事，并祝您和新生的小宝宝健康。

当然，附录（弗·恩格斯《〈英国工人阶级状况〉美国版附录》。——编者注）现在有些过时了；我在某种程度上已经预见到了这一点，所以当时我建议等书即将印好时再写。现在非常需要有一篇序言，我一定给您写一篇；但是首先我必须等艾威林夫妇回来，以便得到关于美国情况的完整报告。不过，我觉得我的序言不会完全符合您的要求。

第一、我觉得您好象有点把纽约看作是美国的巴黎，并过高地估计了带有地方特点的纽约地方性运动对全国的意义。毫无疑问，纽约的运动有很大的意义，可是，拥有无数农业人口和具有独立运动的西北部，未必会盲目地接受乔治的理论。

第二、在这本书的序言里恐怕也不宜彻底批判这一理论，甚至也没有那么多的篇幅来做这种批判。

第三、我势必要认真地研究亨·乔治的各种著作和演说（其中大部分我这里没有），使他不可能用各种诡辩和次要因素进行任何反驳。

我的序言（弗·恩格斯《美国工人运动.〈英国工人阶级状况〉美国版序言》。——编者注）当然将完全论述美国工人最近十个月来所取得的巨大进展，自然也要涉及亨·乔治和他的土地纲领。但是这篇序言不可能详尽地谈论这个问题。而且我并不认为这样做的时机已经到了。使运动扩大，和谐地向前进，扎下根子并尽可能地包括整个美国无产阶级，要比使它从一开始就按照理论上完全正确的路线出发和前进重要得多。要明确地懂得理论，最好的道路就是从本身的错误中、从痛苦的经验中学习。而对于整整一个大的阶级来说，特别是对于象美国人这样一个如此重视实践而轻视理论的民族来说，别的道路是没有的。最主要的是要使工人阶级作为阶级来行动；一旦做到了这一步，他们就会很快找到正确的方向，而一切进行阻挠的人，不论是亨·乔治还是鲍德利，都将同他们自己的小宗派一起被抛弃。因此，我也认为“劳动骑士”是运动中的一个极重要的因素，不应当从外面嘲讽它，而要从内部使之革命化，而且我认为，那里的许多德国人犯了一个严重的错误，他们面临一个不是由他们自己创造出来的强大而出色的运动时，竟企图把他们那一套从外国输入的、常常是没有弄懂的理论变成一种唯一能救世的教条，并且和任何不接受这种教条的运动保持一个遥远的距离。我们的理论不是教条，而是对包含着一连串互相衔接的阶段的那种发展过程的阐明。希望美国人一开始行动就完全了解在比较老的工业国里制定出来的理论，那是希望实现不可能的事情。如果德国人象我们在1845—1848年那样懂得理论的话，那末他们就应当根据自己的理论去行动，他们应当参加工人阶级的一切真正的普遍性的运动，实事求是地考虑运动的实际出发点，并通过下列办法逐步地把它提到理论高度：指出所犯的每一个错误、遭到的每一次失败都是原来纲领中的各种错误的理论观点的必然结果。用《共产党宣言》里的话来说，就是他们应当在当前的运动中代表运动的未来。可是，首先要让运动有巩固自己的时间，不要硬把别人在开始时还不能正确了解、但很快就会学会的一些东西灌输给别人，因而使初期不可避免的混乱现象变本加厉。一两百万工人在明年11月投票拥护真正的工人政党，在目前来说，要比十万人投票拥护一个在理论上十全十美的纲领更有价值得多。一旦运动向前发展，马上要做的第一个尝试，就是要在全国规模上把运动中的群众联合起来，从而使所有的人——乔治的拥护者、“劳动骑士”、工联主义者以及所有其他人都处于面对面的地位。如果我们的德国朋友们到那时把这个国家的语言学得很好，能够参加讨论，那时他们就能批评别人的观点，通过揭发各种立场的内在矛盾，逐步地使工人们了解他们本身所处的实际地位，即资本和雇佣劳动的相互关系给他们造成的地位。可是，任何可能拖延或阻挠工人政党在全国范围内巩固起来（不管根据什么样的纲领）的举动，我都认为是巨大的错误，因此，我不认为全面而详尽地谈论亨·乔治或“劳动骑士”的时机已经到来。

我没有给您打电报说“是”，因为我不清楚，您将怎样解释这个“是”字。

至于书名，我不能省略“1844年”，因为这会使读者对他们所期待的东西产生一种完全错误的概念。我写了序言和附录就负有一定的责任，所以我不能同意删去这个日期。要是您认为合适的话，可以加上：“附有作者所写的序言和附录”。

校样已改好，随同一邮班寄还。

忠实于您的　弗·恩格斯

——（写于1886年12月28日），选自《马克思恩格斯全集》第三十六卷，人民出版社1975年版，第574—577页。标题为编者所加。

解读

威士涅威茨基夫人是美国社会主义者，也是恩格斯《英国工人阶级状况》美国版的译者。在1886年12月10日的信中，威士涅威茨基夫人请求恩格斯为她翻译的《英国工人阶级状况》一书的美国版写一篇序言。她为此提出的理由是，恩格斯在1886年2月为这本书的美国版所写的跋已经过时，所以请他写篇新的序言，着重批判一下亨·乔治的学说。作为革命导师的恩格斯，在晚年不仅致力于整理和出版马克思《资本论》的工作，还紧密关注和参与世界各地的无产阶级运动，在这封信中，恩格斯充分表达了自己对19世纪美国工人运动的灼见。

19世纪美国工人运动的进展状况，我们可以从恩格斯在后来的《英国工人阶级状况》美国版序言的描述中得知一二："宾夕法尼亚的煤矿工人和其他许多行业的工人举行罢工，特别是全国都在准备争取八小时工作日的声势浩大的运动……"恩格斯很早就已经预估了在美国会有一个全国性的工人阶级运动，但是并没有预料到这场运动会在很短的时间内以不可遏制的力量爆发、以燎原烈火般的速度蔓延，并且会极大震撼美国社会。12月28日，恩格斯在给威士涅威茨基夫人的回信中阐述了美国在工人运动中运用马克思主义的条件与方法，"我们的理论不是教条，而是对包含着一连串互相衔接的阶段的那种发展过程的阐明。希望美国人一开始行动就完全了解在比较老的工业国里制定出来的理论，那是希望实现不可能的事情”。1887年1月，恩格斯在致威士涅威茨基夫人的信中再次强调：“我们的理论是发展着的理论，而不是必须背得烂熟并机械地加以重复的教条。越少从外面把这种理论硬灌输给美国人，而越多由他们通过自己亲身的经验（在德国人的帮助下）去检验它，它就越会深入他们的心坎。”马克思主义是指导全世界无产阶级运动的理论指南，但绝不是适配于任何时代任何地区工人运动的“理论万金油”，更不是可以直接照搬、不加思考和转换就应用的生硬教条。恩格斯反复强调“我们的理论不是教条”，就是希望全世界的无产阶级都能准确理解和把握马克思主义的精髓，真正以马克思主义的立场、方法和观点去指导特定地区的实践活动，而非直接复制异地的经验。

在信中，恩格斯还充分肯定了美国的“劳动骑士”。“劳动骑士”是1869年在费拉得尔菲亚创建的美国工人组织，在1878年以前，是一个秘密团体。“劳动骑士”主要联合了非熟练工人，其中包括许多黑人，它的目的是建立合作社和组织互助，参加工人阶级发起的运动。恩格斯认为“劳动骑士”是当时美国工人运动中最典型、最强有力的组织，它是美国整个雇佣工人阶级的产物，是把所有雇佣工人联合起来的唯一的全国性的纽带，是美国工人阶级未来取得胜利的希望所在。除了“劳动骑士”，美国工人运动还有两个派别，分别是亨·乔治领导的纽约的运动和社会主义工人党。亨·乔治要求不改变现在的社会生产方式来争取工人利益，恩格斯认为这是狭隘的、缺乏远见的。社会主义工人党则徒有虚名，并不具有足够的凝聚力和战斗力。恩格斯最终提出必须把各个独立的派别联合起来，组成一支全国性的劳工大军，制定真正属于工人阶级的斗争纲领，这样才有希望谋得斗争的胜利。

恩格斯在信中也引用了《共产党宣言》的原文：“共产党人为工人阶级的最近的目的和利益而斗争，但是他们在当前的运动中同时代表运动的未来。”恩格斯认为这就是马克思主义者40多年来所遵循的策略，他坚信这个策略会把包括美国在内的全世界工人运动引向胜利，全世界的无产阶级将会像支统一的军队一样在同一旗帜下顽强战斗。

后记

2020年时值恩格斯200周年诞辰，我和我的团队决定策划与开展一项对恩格斯美文进行赏析的工作。我们长期从事马克思主义理论和思想政治教育研究，阅读与研习马克思主义经典著作是我们必不可少的本领。诚然，深入研究恩格斯的学术思想、推出系列研究成果是纪念恩格斯的很好的途径，但此类作品一般供专业学者参考使用，阅读门槛不低。对于不从事专业研究的广大读者来说，接近和读懂恩格斯，最好先从恩格斯那些兼具思想力、通俗性与审美效应的文稿入手。细细品鉴这些精彩篇章，同样也是邀请更多读者走近恩格斯、纪念恩格斯的重要方式。

恩格斯作为“第二提琴手”，不但协同马克思创建了马克思主义、整理出版了马克思的多本著作，其本人也创作了大量的经典佳作。读懂恩格斯，既要了解恩格斯的重要著述及其思想历程，也要关注其个人成长经历和内在情感。我们阅读了恩格斯的全部文稿后，经过认真研读和多次讨论，遴选并编辑出了47篇文稿，涉及散文、札记、政论、书信等若干文体，其中有的是广为人知的名篇，有的则并未得到充分关注和挖掘。我们根据文章所涉主题的不同将其分成了四卷：卷一为“体悟多彩生活”，卷二为“科学评论人物”，卷三为“敏锐洞察社会”，卷四为“透彻阐述哲理”，期待读者可以从不同维度接近恩格斯、理解恩格斯、感悟恩格斯。除筛选篇目之外，对这些文章进行反复品味、耐心琢磨，并以通俗易懂的语言进行解析，是我们的另一项重要工作。在每篇文章的“解读”部分，我们着重从写作背景、结构内容、语言风格、细节阐释等方面进行解析，以便读者有更全面的把握和更深入的理解。我们不光探索了恩格斯广袤而深邃的思想世界，也游弋徜徉在恩格斯丰富多彩的心灵世界和斑斓有趣的生活世界，深感这是一项激动人心又获益颇丰的精神之旅。当然，“解读”是一项渗透着主观见解的见仁见智的阐释性活动，我们不可避免地携带着自身的思维和观念“滤镜”去品读恩格斯，因此我们相信读者在阅读过程中也会形成自身对恩格斯及其作品的独到见解。

在本书即将付梓之际，感谢教育部高校思想政治理论课教学指导委员会“马克思主义基本原理”分委员会的指导，感谢中国人民大学“习近平新时代中国特色社会主义思想研究工程”的支持。本书的出版得到黄山书社的鼎力支持，特别感谢张锐副编审为本书的编辑和出版所付出的辛勤劳动。这本书是由我来整体规划和统筹的，我的学生赵宇飞、梁祯婕、朱倩、邱安琪、王婷婷共同合作完成了全书的编写和勘校等工作，也向他们表示感谢！

品鉴经典作品作为一项不同于严谨学术研究的工作，能够相对活泼、开放地向读者推介经典作家的佳作，也许能成为连接广大读者与经典著作、伟大心灵的一道“桥梁”。事实上，读懂恩格斯并不容易，一本书读懂恩格斯更是难上加难，我们也只是作出了初步而简单的尝试。希望借由这本书，读者朋友们特别是青年朋友们能同我们一道，继续感受与品味恩格斯，继续靠近思想巨匠的头脑和灵魂，从而增强理想信念和干事创业的精神力量。最后，受限于学识与能力，本书难免有疏忽错漏之处，恳请读者朋友不吝赐教！

刘建军

2024 年初春